U0097079

古代歷史文化研究輯刊

二八編

王明蓀 主編

第 4 冊

隋唐方術述要（上）

王逸之、李浩淼、張千帆 著

國家圖書館出版品預行編目資料

隋唐方術述要（上）／王逸之、李浩淼、張千帆 著 -- 初版
-- 新北市：花木蘭文化事業有限公司，2022〔民111〕
目 6+186 面；19×26 公分
（古代歷史文化研究輯刊 二八編；第4冊）
ISBN 978-626-344-078-4（精裝）
1.CST：術數 2.CST：隋唐
618   111010273

ISBN-978-626-344-078-4

9 786263 440784

古代歷史文化研究輯刊
二八編 第 四 冊   ISBN：978-626-344-078-4

隋唐方術述要（上）

作　　者　王逸之、李浩淼、張千帆
主　　編　王明蓀
總 編 輯　杜潔祥
副總編輯　楊嘉樂
編輯主任　許郁翎
編　　輯　張雅淋、潘玟靜、劉子瑄　美術編輯　陳逸婷
出　　版　花木蘭文化事業有限公司
發 行 人　高小娟
聯絡地址　235 新北市中和區中安街七二號十三樓
　　　　　電話：02-2923-1455／傳真：02-2923-1452
網　　址　http://www.huamulan.tw 信箱 service@huamulans.com
印　　刷　普羅文化出版廣告事業
初　　版　2022 年 9 月
定　　價　二八編 27 冊（精裝）新台幣 80,000 元
版權所有・請勿翻印

隋唐方術述要（上）

王逸之、李浩淼、張千帆　著

作者簡介

王逸之，1985 年生，河南周口人，博士，湖南師範大學歷史文化學院講師，主要研究中國古代思想史。主持國家社科基金一般項目、及省級和教育廳課題多項。擔任國家重大學術文化工程項目《（新編）中國通史・中國思想史》核心作者，參與國家社科基金重大項目、重點項目。發表論文 20 餘篇，其中 CSSCI 刊物 10 餘篇。負責本書術數類部分撰寫。

李浩淼，1989 年生，湖南衡山人，湖南大學嶽麓書院在讀博士，長沙師範學院馬克思主義學院助教，主要研究中國哲學。長沙師範學院中國傳統文化教育研究中心理論研究部研究人員。參與編撰國家出版基金項目《湖湘學案》。負責本書神仙類部分撰寫。

張千帆，1991 年生，河南新鄭人，湖南大學嶽麓書院在讀博士，主要研究中國古代思想史。負責本書醫籍類部分撰寫。

提　要

方術作為一種在一定社會歷史階段存在的文化現象，在隋唐兩代呈現出多元化的發展態勢，術數和方技在繼承中發展。

隋唐相者來自各個階層，有著不同社會背景，大致可分成職業相者和業餘相者兩類。他們所用相法大都以形貌、骨法為主，對當時政治人物的選拔任命或謀奪政權產生了廣泛而深刻的影響。通過對隋唐風水名士的堪輿活動，以及民眾選宅卜葬風俗的研究，揭示出「五姓相宅」等陰宅學說的虛妄本質和堪輿陽宅理論的科學合理性。同樣，通過對隋唐日月食、五星占進行剖析，也揭示出了占星學說的虛妄本質及科學合理性。時間禁忌在唐代社會生活習俗中隨處可見，如干支日期禁忌、月份禁忌、節令曆法禁忌等諸多方面，反映了在雄闊豪邁、意氣高昂的唐代主流精神世界之外，也存在恐懼、懷疑態度的另一側面。

隋唐時期的神仙術，於廣度和深度上都有了長足進步。服食術在醫術基礎上，進一步追求更高的性命延展，其中的外丹術更是產生了影響世界的早期火藥、化學技術。導引術在前代的基礎上吸收了很多域外知識與方法，其中的房中術對性健康的重視在同時代少有。存想術也隨著宗教的興盛而內容豐富了起來，其中的內丹術更是集各類神仙術之精要。隋唐時期的醫術，在汲取先唐醫術精華基礎上又有了深入發展。官方醫術機構體系職能更加豐富，民間醫人不斷增加，甚至大量儒士也競相修習醫術。隋唐社會對醫術重視也促進醫經和經方的大量湧現，醫籍數量較前代顯著增加，醫學理論體系也進一步豐富。醫術不僅影響隋唐政治，而且與民間社會聯繫也日益緊密。

隋唐方術既蘊含有一定的科學合理內核，然亦不乏虛妄糟粕，唯有釐清其精華與糟粕，方能真正揭開方術的神秘面紗。

目

次

緒　論

第一章　方術的名實界定

　　方術是一個歷史性的集合概念，包含了「數術」和「方技」兩大方面。
〔註1〕李零先生明確指出：「『方術』也叫『數術方技』。『數術』（亦稱『術數』）
以研究『大宇宙』（macro-cosmos），即『天道』或『天地之道』為主，內容涉
及天文、曆法、算術、地理學、氣象學等學科；而『方技』是以研究『小宇
宙』（micro-cosmos），即『生命』（或『性命』）和『人道』為主，內容涉及醫
學、藥劑學、性學、營養學，以及與藥劑學有關的植物學、動物學、礦物學
和化學等學科。……前者是以合天人、通古今的『預測學』，即占星候氣、式
占選擇、龜卜筮占等占卜為特點；後者也是雜糅針藥與巫詛禁咒（祝由）。」
〔註2〕筆者認為它在不同的歷史階段，具體所指也不盡相同。這些名稱雖有
交集，但並不能等同視之。（如「數術」和「術數」的區別聯繫）欲明晰方術
的名實，須分而論之，尤其是繁複駁雜的術數，常與方術混為一談。釐清術
數的外延和內涵，方術的名實問題也即迎刃而解。

　　術數作為一種在一定社會歷史階段存在的文化現象，廣泛而深刻地影響
著中國古代社會生活的方方面面。何為術數？概而言之，一般指用陰陽五行
生克制化的數理，來推測人和國家的氣數和命運，如占候、卜筮、星命等。
〔註3〕術數自古以來都堪稱中華傳統文化的重要組成部分，曾是我國歷史上

〔註1〕參見李零著：《中國方術正考》，北京：中華書局，2006年，第1～24頁。
〔註2〕李零主編，陳詠明、鮑博、陳明點校：《中國方術概觀‧卜筮卷》（序言），北
　　　京：人民中國出版社，1993年。
〔註3〕有學者將其定義為：「以各種方術，觀察自然界可注意的現象，來推測人和國
　　　家的氣數和命運。」參見王玉德、林立平著：《神秘的術數——中國算命術研
　　　究與批判》，南寧：廣西人民出版社，2013年，第1頁。

社會生活中的時尚，但它的內涵和外延至今仍不甚清晰。在當今學術界，對術數也未有一個統一的界定，眾說紛紜，莫衷一是。〔註4〕如王玉德先生在《神秘的術數》中稱：「普遍認為術數大致可以分為三大部分：第一部分是長生類，有養生術、醫藥術、氣功術、煉丹術、房中術、服食術、辟穀術。第二部分是預測類，有卜筮類、易占術、雜占術、擇吉術、三式術、占夢術、測字術、堪輿術、占星術、占候術、相人術、算命術。第三部分是雜類，有幻術、招魂術、禁咒術、巫蠱術。」〔註5〕筆者認為如此把術數看做一個大籮筐或大拼盤，不加以細分界定而都放進來，這種劃分似乎不妥。因為當什麼都是術數的時候，也即術數什麼都不是了。

明確術數的外延和內涵，對於我們瞭解中國傳統文化和整理古代典籍，具有相當的必要性。由於對術數概念的不瞭解，在許多典籍都出現了舛誤。正如劉逸生先生在《中國方術大辭典‧序》中所稱：

> 有些學者，碰到方術語詞，常會弄出錯誤。不妨舉幾例：中華書局校點本《南齊書‧高帝紀論》：「主人與客俱得吉，計先舉事者勝」。將「吉計」分逗，不知「吉計，即吉課」，是太乙占中的術語。北京大學校注《論衡》，把「飛屍流凶」解為「會飛的屍體，行走的凶怪」，而不知「飛屍」是叢辰之名。上海辭書出版社《漢語大詞典》把「伏吟」解為「占卜吉凶時所得卦爻之象」，把「反吟」解為「以人的生辰八字，附會人事，推其吉凶禍福及婚姻成敗」，而不知反吟和伏吟原指用「式」占卜時天盤和地盤顯示出的某種關係。臺灣出版的《中國文化大全》第四冊的術數章，舉出四個主要神煞進行解釋時，把「暗金的煞」，改為「暗金之煞」，誤以為「的」是助詞。《辭源》釋「七損八益」，以為「中醫以七指女，八指男」。但據馬王堆出土的《養生方》，七損是七種有害健康的房事，八益則為八種有益健康的房術。〔註6〕

由此足見，在當今學術界當中，關於術數之名實釐定的必要性。之所以

〔註4〕誠如何麗野所言：「我們很難找到一個定義能完全概括所有術數活動，總是有例外。」參見何麗野：《儒家與術數的關係及其意義》，《浙江社會科學》，2018年第10期，第103頁。

〔註5〕王玉德、林立平著：《神秘的術數——中國算命術研究與批判》，南寧：廣西人民出版社，2013年，第7～8頁。

〔註6〕陳永正主編：《中國方術大辭典》，廣州：中山大學出版社，1991年，第5～6頁。

有關術數的概念和起源，聚訟千年，各執一詞，蓋因術數是一個歷史的概念，其外延、內涵在長期的歷史發展中發生過重大的變化。下文將對術數與巫術、數術、象數易學等概念，以及術數的歷史流變，予以詳論。

一、上古至商：巫術與術數辨釋

在《中國術數文化史》一書中，作者提出術數最早起源於巫術的觀點：他把巫術與術數的關係分為三個階段，文中稱「甲、原始社會階段。術數知識體系從屬於巫知識體系，術數是從巫術中起源的，作為術數本質的占卜功能，本來就是巫術體系中的一部分，『巫咸作筮』反映的就是巫術和術數之間的淵源關係。乙、夏商周秦漢階段。原始巫體系分化為巫、史、卜、祝等門類，專職的巫術範圍縮小，在這種社會大背景下，巫術和數術分道揚鑣。嚴格地講，是術數從巫術中分化出來，不僅建立了陰陽、五行、八卦等規模宏大的占卜理論，而且具有了星占、式占、夢占、卜筮、相術、形法等眾多的術數門類，成為一種專門獨立的知識系統。丙、魏晉以後。純以『降神』為能事的巫體系逐漸衰落，而術數體系則有更大的發展，至唐宋時，達到了最高峰。巫為求生存，大批的轉向數術，成為術數的附庸。有一部分則轉向道教系統」，但他同時也認為兩者是既有聯繫又有區別的兩個文化序列。〔註7〕當代有些學者之所以把術數導源於巫術，在一定程度上是受馬克斯・韋伯的理性化理論，其在《儒教與道教》中曾把陰陽五行宇宙觀稱作「巫術的樂園」〔註8〕。高國藩先生在《中國巫術史》中對巫術的外延和內涵加以界定，稱「人類為了生存，便憑藉著對大自然的一些神秘與虛幻的認識，創造了各種法術，以期能夠寄託和實現某些願望，這種法術就叫巫術」〔註9〕。李澤厚先生認為，巫具有——直接為物質利益服務、有相關一整套行為與禮儀、通過巫的活動對鬼神天地施加影響，以及有著強烈的情感因素等四點「特質」。〔註10〕這顯然與術數「要其旨不出乎陰陽五行、生克制化，實皆易之支派」〔註11〕，

〔註7〕　宋會群：《中國術數文化史》，開封：河南大學出版社，1999 年，第 47～49 頁。

〔註8〕　（德）馬克斯・韋伯：《中國的宗教：儒教與道教》，簡惠美譯，桂林：廣西師範大學出版社，2004 年，第 277 頁。

〔註9〕　高國藩：《中國巫術史》，上海：三聯書店，1999 年，第 1 頁。

〔註10〕李澤厚：《歷史本體論・己卯五說》，北京：生活・讀書・新知三聯書店，2003 年，第 163～164 頁。

〔註11〕（清）永瑢等撰：《四庫全書總目》卷 108《子部・術數類一》，北京：中華書局，1965 年，第 914 頁。

是有本質區別的。

對於術數的起源，容肇祖先生則認為它的源起追溯到商代，但未必起於商代〔註12〕；還有學者直接稱「日書的來源甚早，商代應有日書」〔註13〕。商代雖然有諏日之事，但這種時日禁忌未必是以陰陽五行為基礎構建的系統。春秋戰國時期，諸如占星術、相人（地）術、太乙六壬術等，形形色色的術數業已基本形成，後世不過在此基礎上的擴充變化而已。〔註14〕故而，筆者贊同陶磊先生術數肇始於東周之後的觀點，他認為「在西周以前，存在著所謂巫統與血統的分別，巫統所代表的是巫術信仰，血統代表的是祖宗崇拜。西周統一了巫統與血統，出現了統一的信仰體系，即所謂周禮。春秋以後，因為社會的動盪，這個信仰體系也隨之崩潰，新的天道信仰出現，數術即在此時出現。……巫術時代以鬼神信仰為特徵，數術時代以對數的信仰為特徵，這是數術與巫術的根本差別之所在」，從巫術到數術雖有萬千關聯，但它們應是完全不同的範式。〔註15〕術數的理論成熟於東周時期，以鬼神信仰為特徵的「神性」已然有了相當程度地淡化。從《周易·繫辭上》所稱「陰陽不測之為神」〔註16〕，可見「神性」在術數中變成了神秘莫測的東西。神性主題功能的淡出，是術數有別於巫術的最顯著特徵。對此，何麗野先生亦稱：「那些產生於《周易》之前，不以陰陽五行的思辨為基礎，而是建立在神秘力量及預言上的巫祝、漢代的讖諱等，便不能算是術數了。」〔註17〕此外，我們從上文術數與數術二詞的交替使用，似乎能隱隱約約感覺到兩者之間有很大交集，但能否劃等號呢？這可以從夏商以降諸多文獻中，予以考證。

二、殷商以降：術數與數術析正

欲釐清術數、數術兩者的關係，必先明「術」、「數」之含義。「數」字的最初本義，一般是指計數、計算、數字等。《說文解字》即將其釋為「計也」，

〔註12〕容肇祖：《占卜的源流》，載《古史辨》（第三冊），上海：上海古籍出版社，1982年。

〔註13〕連劭名：《商代的日書與卜日》，《江漢考古》，1997年第4期。

〔註14〕王玉德、林立平著：《神秘的術數——中國算命術研究與批判》，南寧：廣西人民出版社，2009年，第4頁。

〔註15〕陶磊：《從巫術到數術——上古信仰的歷史嬗變》，濟南：山東人民出版社，2008年，第5頁。

〔註16〕周振甫：《周易譯注·繫辭上傳》，北京：中華書局，1991年，第235頁。

〔註17〕何麗野：《儒家與術數的關係及其意義》，《浙江社會科學》，2018年第10期。

段玉裁注曰「引申之義，分析之音甚多」。〔註18〕可見除本義外，「數」尚有其他含義：1. 技術、技藝。如《孟子‧告子上》稱「今夫弈之為數，小數也。不專心致志。則不得也」，其注釋云「數，技也，雖小技，不專心則不得也」。〔註19〕2. 規律、道理，且兼有天命或天數的意思。如《荀子‧仲尼》稱齊桓公「其霸也宜哉！非幸也，數也」〔註20〕。3. 有占卜之義。如《楚辭‧卜居》有云：「夫尺有所短，寸有所長；物有所不足，智有所不明；數有所不逮，神有所不通。用君之心，行君之意。龜策誠不能知事。」〔註21〕對此，李零先生也認為「數卻並不限於數字，還包括『理數』（邏輯）和『命數』（機運）的概念在內，所謂的『術』也不是一般的推算，而是指占卜」〔註22〕。「數術」與「術數」之所以皆離不開「數」字，這誠如《中國術數概觀‧卜筮卷》中所論：「人為自然界天與地作用的產物，人在天地間生存、運動；宇宙萬物都在時間與空間中運動，人、天、地及宇宙萬物的運動無一不受著一種數的制約。古人認為，對這種數，人們可以通過卜筮等術數手段，得到神的指點和啟示，感知和認識它。」〔註23〕而關於「術」字，本來指道路。《說文解字》稱「術，邑中道也」，段玉裁將之「引申為技術」。〔註24〕如《孟子‧公孫丑上》曰：「矢人唯恐不傷人，函人唯恐傷人，巫匠亦然，故術不可不慎也。」迨至漢代，「術」字已有占卜等意蘊，《後漢書‧伏湛傳》有云：「永和元年，詔無忌與議郎黃景校定中書《五經》、諸子百家、藝術。注：藝謂書、數、射，術謂醫、方、卜筮」〔註25〕，可見「術」所涉及範圍

〔註18〕（東漢）許慎撰，（清）段玉裁注：《說文解字注》卷6《攴部》，上海：上海古籍出版社，1991年，第122頁。

〔註19〕（清）焦循撰，沈文倬點校：《孟子正義》卷23《告子上》，北京：中華書局，1987年，第779頁。

〔註20〕（清）王先謙撰，沈嘯寰、王星賢點校：《荀子集解》卷3《仲尼篇第七》，北京：中華書局，1988年，第107頁。

〔註21〕（宋）洪興祖撰，白化文等點校：《楚辭補注》，北京：中華書局，1983年，第178頁。

〔註22〕李零：《中國方術續考》，北京：中華書局，2006年，第3頁。

〔註23〕參見郭志誠等編著：《中國術數概觀‧卜筮卷》（前言），北京：中國書籍出版社，1991年，第7頁。

〔註24〕參見（漢）許慎撰，（清）段玉裁注：《說文解字注》卷4《行部》，上海：上海古籍出版社，1991年，第78頁。

〔註25〕（宋）范曄撰，（唐）李賢等注：《後漢書》卷26《伏湛傳》，北京：中華書局，1965年，第898頁。

之廣。「術」字還有方法之意,《商君書‧算地》載「故為國之數,務在墾草」,其注釋曰:「數,術」。〔註26〕此處的「數」與「術」皆指方法、措施,並進一步影響到了「術數」所涵蓋的「治國相關的方法、謀略」。

　　關於數術與術數概念之間的差異,諸多學者認為兩者可以等同。〔註27〕細而究之,兩者涵義在不同的歷史時段不盡相同。「術數」和「數術」早在戰國時期就已出現,《墨子‧節用上》有云:「聖人為政,特無此,此不聖人為政、其所以眾人之道亦數術而起與?故子墨子曰:『去無用之務,行聖王之道,天下之大利也。』」〔註28〕此處「數術」是將「數」(几個、几種)與「術」(方法、辦法)的基本含義加以組合,即指与治國相關的几種方法。《墨子‧非儒下》又云:「三年之內,齊吳破國之難,伏屍以言術數,孔丘之誅也。」〔註29〕《鶡冠子‧天則》曰:「臨利而後可以見信,臨財而後可以見仁,臨難而後可以見勇,臨事而後可以見術數之士。」〔註30〕《韓非子‧姦劫弒臣》亦曰:「夫姦臣得乘信幸之勢以毀譽進退群臣者,人主非有術數以御

〔註26〕蔣禮鴻撰:《商君書錐指》卷2《算地第六》,北京:中華書局,1986年,第44頁。

〔註27〕如張永堂稱「術數也就是數術,在以往這是可以互通的名詞其涵義有三:一是指權謀、策略……二是指法制治國之術……三是指以天干地支、陰陽五行生克制化等數理,推測人事與社會發展與吉凶者,總稱術數。」參見張永堂:《中國古代術數的流傳與運用》,《歷史月刊》,1993年第66期;宋宇農稱「『術數』,又稱『數術』;三國韋昭認為,術指占術,數指曆數;也就是說『術數』為易學家、陰陽家、占筮家,以觀察、分析宇宙大自然環境的變化現象,所產生的陰陽理論;用五行(現代之物理元素)生、克、制、化的數理,來推測國家、人類的命運,以及事物榮枯、窮達的一種方術。」參見《術數珍藏‧敘》,臺北:宋林出版社,1995年;殷善培稱「什麼是『術數』?簡單的說,就是陰陽卜筮之術。或做『數術』,兩者實無區別。」參見殷善培:《四庫全書子部術數類圖書著錄評議》,《淡江中文學報》,1997年第4期;俞曉群稱「數術一詞出現在兩漢之際,又稱數術。」參見俞曉群:《數術對哲學與科學史研究的意義》,《科學史通訊》,1997年第16期;李零稱「中國古代的『方術』包括『數術』(也叫『術數』)和『方技』兩個方面。」參見李零:《中國方術續考》,北京:東方出版社,2000年,第98頁;劉國忠先生稱「數術,也寫作術數,是中國古代學科分類中的一個重要門類。」參見劉國忠:《中國古代數術研究綜論》,《湖南科技學院學報》,2005年第3期。

〔註28〕吳毓江撰,孫啟治點校:《墨子校注》卷3《節用上》,北京:中華書局,1993年,第248頁。

〔註29〕吳毓江撰,孫啟治點校:《墨子校注》卷9《非儒下第三十九》,北京:中華書局,1993年,第440頁。

〔註30〕黃懷信撰:《鶡冠子匯校集注》,北京:中華書局,2004年,第42頁。

之也。」〔註31〕這三處「術數」基本和「數術」的涵義是相同的，但是這兩者的外延和內涵都還比較模糊，並沒有具體所指。「術數（數術）」作為一個有別於其他的學術派別，尚未正式形成，處於一個初期的原始階段。迨至兩漢，典籍中所出現「數術」一詞，已與當今通常認為的「數術」比較接近了。如《漢書‧藝文志》中稱：「太史令尹咸校數術（顏師古注云『占卜之書』）。」〔註32〕《後漢書‧王景傳》亦載：「初，景以為《六經》所載，皆有卜筮，作事舉止，質於蓍龜，而眾書錯糅，吉凶相反，乃參紀眾家數術文書，冢宅禁忌，堪輿日相之屬，适於事用者，集為《大衍玄基》云。」〔註33〕我們從中可以看出「數術」基本涵義已經明確，它包含卜筮、禁忌、日相、堪輿等主要內容，《史記‧日者列傳》也有相關記載「孝武帝時，聚會占家問之，某日可取婦乎？五行家曰可，堪輿家曰不可，建除家曰不吉，叢辰家曰大凶，曆家曰小凶，天人家曰小吉，太一家曰大吉。辯訟不決，以狀聞。制曰：『避諸死忌，以五行為主』」〔註34〕。「數術」所具備占卜預測的意蘊十分明顯，故《漢志‧數術略》稱「小數家因此以為吉凶，而行於世，寖以相亂」〔註35〕。由漢自唐，「數術」的基本內涵變化不大。〔註36〕我們從歷代重要的文獻目錄中可以進一步得以印證，漢代劉歆在《七略‧數術略》中將其分為天文、曆譜、五行、蓍龜、雜占、形法等六大類，班固《漢書‧藝文志》繼續使用了這一分法〔註37〕。隋代以後，一般卜筮、雜占、形法合於五

〔註31〕（清）王先慎撰，鍾哲點校：《韓非子集解》卷4《姦劫弒臣第十四》，北京：中華書局，2003年，第98頁。

〔註32〕（漢）班固撰：《漢書》卷30《藝文志第十》，北京：中華書局，1962年，第1701頁。

〔註33〕（宋）范曄撰，（唐）李賢等注：《後漢書》卷76《王景傳》，北京：中華書局，1965年，第2466頁。

〔註34〕（漢）司馬遷撰：《史記》卷127《日者列傳》，北京：中華書局，1959年，第3222頁。

〔註35〕（漢）班固撰：《漢書》卷30《藝文志第十》，北京：中華書局，1962年，第1769頁。

〔註36〕這一期間，像龜卜、占候、望氣等逐漸消亡，而如易占、式占在原來的基礎上進一步發展，但是「數術」整體含義及範疇基本沒變。

〔註37〕《漢書‧藝文志》稱「數術者，皆明堂羲和史卜之職也。史官之廢久矣，其書既不能具，雖有其書而無其人……蓋有因而成易，無因而成難，故因舊書以序數術為六種」，並進一步對此進行了系統闡述「天文者，序二十八宿，步五星日月，以紀吉凶之象，聖王所以參政也。……曆譜者，序四時之位，正分至之節，會日月五星之辰，以考寒暑殺生之實。……五行者，五常之形氣

行〔註38〕，《隋書‧經籍志》稱「五行者，金、木、水、火、土五常之形氣者也……是以聖人推其終始，以通神明之變。為卜筮以考其吉凶；占百事以觀於來物；睹形法以辨其貴賤」〔註39〕。宋代以降，隨著儒學逐步興盛，理學、心學、樸學等先後成為主流意識形態。「數術」的外延和內涵被逐步壓縮，天文、曆法、算術逐步從其中脫離出來。〔註40〕宋初官修《崇文總目》將「數術」分為卜筮、天文占書、曆數、五行等，而單列算術一類。〔註41〕明清時期，《千頃堂書目》与《明史‧藝文志》除天文、曆數、五行三類外，也將算學劃歸小學類。《四庫全書總目》子部則把天文算法類和術數類予以並列，〔註42〕《書目答問》又將之完全繼承了下去，這也就意味著此時「數術」概念之中，只剩下了以陰陽五行為基礎的堪輿、相術、命理術等一類了。而「術數」一詞，在大多數情況下與「數術」常互為通用。如《北史‧晁崇傳》稱「今各因其事，以類區分。先載天文數術，次載醫方伎巧云」，接著又稱「晁崇字子業，遼東襄平人也。善天文術數，為慕容垂太史郎」。〔註43〕筆者認為「術數」與「數術」不同之處在於：「數術」的內容主要是以數字推算為主（重在「數」，包含有天文、曆法、算術等），進而引申成推斷未知事物

也……其法亦起五德終始，推其極則無不至。……著龜者，聖人之所用也。《書》曰：『女則有大疑，謀及卜筮。』……雜占者，紀百事之象，候善惡之徵。……形法者，大舉九州之勢之以立城郭室舍形，人及六畜骨法之度數、器物之形容以求其聲氣貴賤吉凶。」參見（漢）班固撰：《漢書》卷30《藝文志第十》，北京：中華書局，1962年，第1765～1775頁。

〔註38〕《隋書‧經籍志》將之分為天文、曆數、五行三類，《舊唐書‧經籍志》與《新唐書‧藝文志》則分為天文、曆算、五行三類。

〔註39〕（唐）魏徵等撰：《隋書》卷34《經籍三》，北京：中華書局，1973年，第1039頁。

〔註40〕宋會群：《中國術數文化史》，開封：河南大學出版社，1999年，第15頁；陳侃理也認為「到了宋代，天文曆算已經獨立」。參見陳侃理：《儒學、數術與政治——災異的政治文化史》，北京：北京大學出版社，2015年，第275頁。

〔註41〕其後《郡齋讀書志》只將天文、星曆、五行三類收入「數術」，把算術歸入藝術類。《直齋書錄解題》在劃分為曆象、陰陽家、卜筮、形法四類的同時，亦把算術歸進入雜藝類。《遂初堂書目》不僅把算術歸進雜類，而且將「數術」單列入術家類，其意在說明算術已不是「數術」了。

〔註42〕天文算法類分推步、算書等2屬，術數類又分數學、占侯、相宅相墓、占卜、命書相書、陰陽五行、雜技術等7屬。

〔註43〕（唐）李延壽撰：《北史》卷89《晁崇傳》，北京：中華書局，1974年，第2923頁。

和未來變化的技術。「術數」則重在「術」〔註44〕，如《北史·高允傳》記載
稱其「博通經史、天文、術數，尤好《春秋公羊》」〔註45〕，這裡把天文、術
數予以並列，已明確說明天文不屬術數之類。隨著天文、曆法、算術等逐步
被排除於「數術」之外，故《四庫全書總目》方將「數術」改作「術數」。清
中期以後，「術數」（數術）也即專指以預測吉凶為主的方術。

　　綜上所述，「數術」與「術數」雖然在不同時期，兩者的含義不盡相同。
但總體來講「數術」的外延和內涵包含了「術數」，在絕大多數情況下兩者是
可以互相通用的。由於《四庫全書總目》的巨大影響力，使得「術數」一詞被
廣泛應用。

三、術數與象數易學辨析

　　普羅大眾常將易學或《周易》和術數混為一談，尤其是象數易學與術數
的關係，甚至包括很多學者在內都將其等量齊觀。秦漢至今，諸多「術數」的
確深深打上了象數易學的烙印，成為了易學視域下的術數。然而細而究之，
並非完全如此。關於易學流派有兩派六宗之說，兩派即指義理派和象數派，
老莊宗、儒理宗、史事宗歸屬於義理派，而占卜、禨祥、造化三宗則屬於象數
派。〔註46〕漢代象數易學之所以得到空前的發展，是通過借助於當時發達天
文曆算，以及融會了戰國時期的五行術。以卦氣、八宮、爻辰、納甲等的象數
體系被构建起來，它們都是緣於占筮的目的。這自然也被術數家用來丰富發
展自己的占筮體系，而成為象數易學影響下的「術數」。象數易學並非不談義
理，義理易學也並非不講象數，只是兩者的側重點有所不同而已。象數易學
專以《周易》的象和數兩個最基本的要素來探討易學問題，義理易學則側重

〔註44〕　「術」是指各種具有可操作性的占卜和方術。
〔註45〕　（唐）李延壽撰：《北史》卷31《高允傳》，北京：中華書局，1974年，第1117
　　　　頁。
〔註46〕　這一說法出自《四庫全書總目提要》，其稱「《易》之為書，推天道以明人事
　　　　者也。《左傳》所記諸占，蓋猶太卜之遺法。漢儒言象數，去古未遠也。一變
　　　　而為京（房）、焦（贛），入於禨祥；再變而為陳（摶）、邵（雍），務窮造化，
　　　　《易》遂不切於民用。王弼盡黜象數，說以老莊。一變而胡瑗、程子（頤），
　　　　始闡明儒理；再變而李光、楊萬里，又參證史事，《易》遂日啟其論端。此兩
　　　　派六宗，已互相攻駁。又《易》道廣大，無所不包，旁及天文、地理、樂律、
　　　　兵法、韻學、算術以逮於方外之爐火，皆可以援《易》以為說，而好異者又
　　　　援以入《易》，故易說愈繁」。參見（清）紀昀等撰：《欽定四庫全書總目》（整
　　　　理本），北京：中華書局，1997年，第3頁。

探討《易經》卦義和道理的學說。關於象數學不同於術數學這一點，其實在諸多典籍中早已作了區分。如《漢書·藝文志》把象數易學代表人物孟喜、京房等著作歸列到《六藝略》而非《數術略》，又如《四庫全書》把象數易學之書劃歸經部易類，亦非子部術數類。這是因為象數易學屬於官方經學，一般是學者才從事的一門關於形而上的學問，而術數則被看成是一門形而下的應用之學。〔註47〕有學者認為兩者的分水嶺是在漢代，其主要區別有兩點：從目的和功用的角度而言，象數學是為了解釋《周易》經傳，而術數則是為預測吉凶禍福。象數學不僅解釋《易》，而且具有闡發義理和影響科技的作用，而術數僅僅就只是預測吉凶禍福；從內涵和外延上來講，象數學是用象、數來闡釋《周易》及宇宙萬物的理論體系，術數指的是預測吉凶禍福的操作方法。五行、卦爻、太極圖等和解《易》體例都屬於象數學的範疇，而術數主要涵蓋了以陰陽五行為理論基礎的風水、命理、奇門、相術等。〔註48〕由此可見，象數易學和術數是大相徑庭的。

正因如此，宋代象數易學代表人物邵雍，其思想是把「數」作為宇宙的本源，將整個宇宙萬物的變化還原成一種數量關係。〔註49〕後世將《梅花易數》託名于邵雍，並將之誤認為一代術數大師，是以訛傳訛嚴重有違歷史事實的。邵雍云：「天下之數出於理，違乎理則入於術。世人以數而入於術，故失於理也。」〔註50〕又曰：「物理之學或有所不通，不可以強通。強通則有我，有我則失理而入於術矣。」〔註51〕他認為的「理」是事物發展變化的規律，若談數不及理，就流於術數了。他本人還身體力行，據《邵氏見聞錄》載「康節（邵雍）謀葬大父，與程正叔（頤）同卜地於伊川神陰原。不盡用葬書，大抵以五音擇地，以昭穆序葬，陰陽拘忌之說，皆所不信」〔註52〕。正因「（邵）堯夫深斥術家」〔註53〕，朱伯崑先生也曾明確指出：「邵雍的易學，談數，並

〔註47〕劉雲超：《易學與術數辨析》，《周易研究》，2006年第4期。
〔註48〕張其成：《象數易學》，北京：中國書店，2003年，第91～92頁。
〔註49〕如邵雍不僅稱「乾坤起自奇偶，奇偶生自太極」，還稱「有象必有數」。參見邵雍：《皇極經世書》卷64《觀物外篇下》，北京：九州出版社，2003年，第559、592頁。
〔註50〕（宋）邵雍著，郭彧整理：《邵雍集》，北京：中華書局，2010年，第148頁。
〔註51〕（宋）邵雍著，郭彧整理：《邵雍集》，北京：中華書局，2010年，第154頁。
〔註52〕（宋）邵伯溫撰，李劍雄、劉德權點校：《邵氏聞見錄》卷20，北京：中華書局，1983年，第221頁。
〔註53〕（宋）張行成：《易通變》卷12，見《景印文淵閣四庫全書》第804冊，臺

非江湖數術之流。……他是反對數術的。他預知未來事物變化的動向，所依據的是陰陽消長的規律，不是其他。……這同後來的江湖數術偽託邵雍之名所炮製的《梅花易數》有天壤之別。」〔註54〕

四、小結

　　長期以來，在儒學等雅文化的研究居主導地位學術氛圍下，術數（方術）文化歷來被學者所嚴重低估〔註55〕，甚至被詆斥為「封建迷信」而橫加彈壓。術數體系繁複駁雜，涉及相術、八字、紫微斗數、星占、堪輿等諸多門類。加之各種術數門類之間差異比較大，如風水、星占等又會涉及其他諸多學科。故而，若不對術數名實進行釐定與分疏，便無從對其釋正。

　　關於術數的名實，張榮明先生曾一針見血地指出：「五花八門的古代術數，不管內容如何千變萬化，它們的共同本質都是預測吉凶。」〔註56〕對此，清四庫館臣的觀點最具代表性，《四庫全書總目提要》術數類《序》云：「術數之興，多在秦漢以後，要其旨不出乎陰陽五行、生克制化，實皆易之支派，傳以雜說耳。物生有象，象生有數，乘除推闡，務究造化之源者，是為數學。星土雲物，見於經典，流傳妖妄，寖失其真，然不可謂古無其說，是為占候，自是以外，末流猥雜，不可彌名，史志總概以五行。今參驗古書，旁稽近法，析而別之者三，曰相宅相墓，曰占卜，曰命書相書，並而合之者一，曰陰陽五行。雜技術之有成書者，亦別為一類附焉。中惟數學一家為易外別傳，不切事猶近理，其餘則皆百偽一真，遞相煽動，必謂古無是說，亦無是理，固儒者之遷談。必謂今之術士能得其傳，亦世俗之惑志，徒以冀福畏禍。今古同情，趨避之念一萌，方技者流各乘其際以中之，故悠謬之談，彌變彌多耳。然眾志所趨，雖聖人有所弗能禁。其可通者存其理，其不可通者姑存其說可也。」〔註57〕這段話清楚表明了三層含義：第一，術數的哲學

　　　　北：臺灣商務印書館，1986年，第348頁。
〔註54〕參見朱伯崑：《談儒家人文主義占筮觀》，見呂紹綱編：《金景芳九五誕辰紀念文集》，長春：吉林文史出版社，1996年，第306～315頁。
〔註55〕何麗野：《八字易象與哲學思維》，北京：中國社會科學出版社，2004年，第127頁。
〔註56〕參見顧頡：《相術集成》（總序），重慶：重慶出版社，1993年，第1頁。
〔註57〕（清）永瑢等撰：《四庫全書總目》卷108《子部・術數類一》，北京：中華書局，1965年，第914頁。

基礎是陰陽五行、生克制化。〔註58〕第二，術數中如數學、占候之類屬於比較正宗的學問，其他的末流猥雜總括為陰陽五行，百偽一真。第三，術數是客觀存在的，對待術數的態度應當是既存其理又存其疑。李零先生曾將占卜分為三個並行系統，即「一個系統是與天文曆算有關的星占、式占等術，一個系統是與『動物之靈』或『植物之靈』崇拜有關的龜卜、筮占，一個系統是與人體生理、心理、疾病、鬼怪有關的占夢、厭劾、祠禳等術。這三個系統皆有古老淵源，可以反映原始思維所涉及到的各主要方面：天地—動植物—人體、靈魂、疾病和鬼怪」。〔註59〕其所列三大系統，也可以說是術數的原生系統。因為占卜是中國傳統術數的本質，術數系統把占卜的預測功能發揮到了極致，這是有別於其他知識系統的最主要特徵。〔註60〕

綜上所述，筆者認為一般而言，術數應專指以預測吉凶為主的方術，且其理論內核為陰陽五行。諸如龜蓍占、求籤、扶乩等，嚴格意義上不應屬於術數範疇。與此同時，術數作為中國本土文化兩大系統之一〔註61〕，其被忽視的普世意義和現代價值，也正是當代學人亟待去理性正視的。

此外，因「術數」在大多數情況下與「數術」常互為通用，且《四庫全書總目》已將「數術」改作「術數」，故本書所論以「術數」為基準。而中國古代最早著錄方技之書的目錄，當屬《別錄》和《七略》。兩書雖早佚，但書目存於《漢書・藝文志》。《漢書・藝文志》將「方技略」分為四類，分別為醫經、經方、房中、神仙。〔註62〕對此，李零先生指出：「《七錄》的《術伎錄》

〔註58〕李零：《從占卜方法的數字化看陰陽五行說的起源》，見《中國方術續考》，北京：中華書局，2006 年，第 62～72 頁。

〔註59〕李零：《中國方術正考》，北京：中華書局，2006 年，第 67 頁。

〔註60〕宋會群：《中國術數文化史》，開封：河南大學出版社，1999 年，第 17～18 頁。

〔註61〕李零認為（秦漢以降）中國本土文化分為兩大系統：一是以儒家文化為代表，「不僅以保存和闡揚詩書禮樂為職任，還雜糅進刑名法術，常扮演著官方意識形態的角色，與上層政治緊密結合」；二是「以數術方技為代表，上承原始思維，下啟陰陽家和道家，以及道教文化的線索」。參見李零：《中國方術正考》，北京：中華書局，2006 年，第 11～12 頁。

〔註62〕《漢志》的《方技略》分四類：（1）醫經。屬於醫學理論，即所謂「原人血脈、經落（絡）、骨髓、陰陽表裏，以起百病之本，死生之分」，應與生理學、病理學和診斷學有關。其中尤以脈學為最重要。而治療方法則包括各種外治法（「度箴石湯火所施」）和方劑學（「調百藥齊和之所宜」）。（2）經方。中國古代醫方所收的藥物是以天然植物、動物和礦物為主，但也包含一些化學製劑（如魏晉以來流行的各種丹散）。記錄這些藥物的產地和藥性在古代不僅屬

是分『醫經』和『經方』兩類，把『房中』和『神仙』列人《仙道錄》，稱為『房中』、『服餌』。《隋志》、《見在書目》、《通志》統稱這四類為『醫方』。兩《唐志》稱『醫經』為『明堂經脈』，餘為『醫術』。《舊唐志》並分『醫術』為若干小類，其中『本草』、『病源單方』、『雜經方』、『類聚方』相當『經方』；『養生』、『食經』相當『房中』、『神仙』，還基本上保持著《漢志》的傳統。」〔註63〕故而，本書所論「方技」內容分類，以《漢書·藝文志》對「方技略」分類為基準。鑒於方術的繁複駁雜，本書選取最具代表性的方術種類，以期收「一斑而窺全豹」之效，故名「述要」。

<hr>

於藥劑學，還帶有博物學（natural science）的性質。古代的博物學知識，除見於地志性質的古書（西方的博物學知識也與旅遊有關）和某些訓詁書（如《爾雅》、《廣雅》），更多的是保存於醫方之中。植物學的知識尤其是如此。中國古代的藥劑是以草藥為主，所以後世也稱專講藥性的書為「本草」。古代的「方」往往與「經」相附，如房中書《素女經》即附有《素女方》，所以也叫「經方」。（3）房中。「房中」一詞本指女人（猶今語所謂「屋裏的」），也叫「房內」，這裡是指與房事有關的書。它主要與性學（sexology）的內容有關，並包含求子、優生和房中禁忌等內容。（4）神仙。是房中以外的其他養生術。古代所說的「神仙」是一種養生境界，專指卻老延年、達到不死的人。它包括服食（特殊的飲食法）、導引（配合有呼吸方法的體操）、行氣（也叫「服氣」、「調氣」，今稱「氣功」）等多種方法。其中服食並有「芝菌」、「黃冶」等不同名目。前者分石芝、木芝、草芝、肉芝、菌芝（見《抱朴子·仙藥》），後者屬煉丹術。參見李零：《中國方術正考》，北京：中華書局，2006年，第17～18頁。

〔註63〕李零：《中國方術正考》，北京：中華書局，2006年，第21頁。

第二章　陰陽五行：方術的理論內核

陰陽五行是中華民族最為核心的思維模式，構撐著宏偉的華夏文明殿堂。作為傳統文化基本的唯物觀與認識論，古代學者由於受階級和時代的侷限性，不可能對其有突破性認識。迨至近代，無論是梁啟超詆之為「二千年來迷信之大本營」，抑或被顧頡剛、齊思和、龐樸譽之為「中國人的思想律」、「中國傳統學術思想之中心」、「中國文化之骨架」〔註1〕。前文已論，陰陽五行理論作為術數和方技的理論內核，故須分疏陰陽與五行的流變。

在中華文化系統中，陰陽與五行水乳交融，渾然天成，然其肇端則是涇渭分明，各成體系。歷來學者對二者的研究，可謂「仁者見仁，智者見智」。

一、先秦陰陽起源

（一）「自然」說

陰陽觀念，起源於我國先民在生活實踐中對自然界的深刻觀察和體悟。聚居在黃河流域的華夏先民，社會生產活動受天象、氣候及河水漲落等自然因素的制約，太陽升落和月亮圓缺的週期交替，形成了明暗往復的天象，給原始初民以重大啟示。《商周金文錄遺·伯子銘》載：「其陰其陽，以征以行」〔註2〕，

〔註 1〕梁啟超：《陰陽五行說之來歷》、顧頡剛：《五德終始說下的歷史與政治》，分別參見顧頡剛：《古史辨》第 5 冊，上海：上海古籍出版社，1982 年 9 月，第 343～404 頁；齊思和《五行說之起源》，載《中國史探研》，北京：中華書局，2000 年 12 月，第 366 頁；龐樸：《陰陽五行探源》，載《稂莠集》，上海：上海人民出版社，1988 年 3 月，第 356 頁。

〔註 2〕于省吾：《商周金文錄遺》177，北京：科學出版社，1957 年。

《說文通訓定聲》曰：「陰者見雲不見日也，陽者雲開而見日也」〔註3〕，《詩經·大雅·公劉》云：「既景迺岡，相其陰陽」〔註4〕，皆是陰陽原始意義的直接體現。隨著社會生活的不斷進步，原始先民通過「近取諸身，遠取諸物」〔註5〕、「取象比類」等抽象思維，陰陽概念的外延被引申拓展。大凡具有光明、溫暖、高貴等屬性的事物歸之於陽；陰暗、寒冷、卑下等事物則屬陰，故而諸如晝夜、寒暑、動靜、君臣……，都抽象成了具有陰陽的屬性。

圖1　先天陰陽八卦方位

（二）《周易》說

縱觀《易經》六十四卦爻，並無「陰」、「陽」對舉之辭。然雖無「陰陽」之名，卻有「陰陽」之實。莊子曰：《易》以道陰陽。」〔註6〕，朱熹亦言：「易只是陰一陽一，其始一陰一陽而已。」〔註7〕《周易·繫辭上》首次將「--」、「—」解讀為陰陽爻，提出了「一陰一陽謂之道」〔註8〕的千古命題。

〔註3〕（清）朱駿聲：《說文通訓定聲》，北京：中華書局，1984年，第889頁。
〔註4〕周振甫：《詩經譯注》卷7，北京：中華書局，2002年，第437頁。
〔註5〕周振甫：《周易譯注》，北京：中華書局，1991年，第257頁。
〔註6〕（東周）莊周撰，方勇譯注：《莊子》，北京：中華書局，2010年，第568頁。
〔註7〕（宋）朱熹撰，朱傑人、嚴佐之等主編：《朱子全書》第26冊，上海：上海古籍出版社；合肥：安徽教育出版社，2002年，第461頁。
〔註8〕周振甫：《周易譯注》，北京：中華書局，1991年，第235頁。

古今學者皆視純陽乾卦和純陰坤卦為學《易》之綱領，正如明代吳桂森《周易像象述》中所言：「讀易之法，先看陰陽；陰陽大分明，然後看八卦；八卦性情得，然後看六十四象」〔註9〕。否卦《彖》曰：「內陰而外陽，內柔而外剛，內小人而外君子。」〔註10〕乾卦《象》曰：『『潛龍勿用』，陽在下也。」〔註11〕《繫辭上傳》曰：「天尊地卑，乾坤定矣。卑高以陳，貴賤位矣。動靜有常，剛柔斷矣……日月運行，一寒一暑。乾道成男，坤道成女。」〔註12〕《繫辭下傳》曰：「乾，陽物也；坤，陰物也。」〔註13〕從這些辭句中，不僅可以看出陰陽思維是其理論的基石，更為重要的是，《易傳》把「陰陽」提升到了形而上「道」的層面。因而，言陰陽源自《周易》亦有一定的思想淵藪。

（三）「性器」說

持此說者，是在探究《周易》陰陽爻來源問題時應運而生的。上個世紀20年代，著名學者錢玄同中首次指出：「原始的《易》卦，是生殖器崇拜時代底東西，『乾』『坤』二卦即是兩性底生殖器底記號。」〔註14〕《周易·繫辭上傳》亦稱：「夫乾，其靜也專，其動也直，是以大生焉；夫坤，其靜也翕，其動也闢，是以廣生焉」〔註15〕，「乾」、「坤」就是分別指代男女的性器官。郭沫若進一步言道：「八卦的根柢我們很鮮明地可以看出是古代生殖器崇拜的孑遺。畫一以像男根，分而為二以像女陰，所以由此演出男女、陰陽、剛柔、天地的觀念。」〔註16〕「性器」說顯然受到了弗洛伊德學說的影響，同時又和「周易」說相互交叉融合。此外，男女（性器）分別取之「陰陽」之象，因而又與自然取象說有一定關係。

除以上三種主流觀點外，還有「十月太陽曆」說〔註17〕、「枚卜」說〔註18〕

〔註9〕　（明）吳桂森：《周易像象述》，見《景印文淵閣四庫全書》第34冊，臺北：
　　　　臺灣商務印書館，1986年，第371頁。
〔註10〕　周振甫：《周易譯注》，北京：中華書局，1991年，第50頁。
〔註11〕　周振甫：《周易譯注》，北京：中華書局，1991年，第3頁。
〔註12〕　周振甫：《周易譯注》，北京：中華書局，1991年，第230頁。
〔註13〕　周振甫：《周易譯注》，北京：中華書局，1991年，第267頁。
〔註14〕　錢玄同：《簽顧頡剛先生書》，見《古史辨》（一），上海：上海古籍出版社，
　　　　1982年，第77頁。
〔註15〕　周振甫：《周易譯注》，北京：中華書局，1991年，第236頁。
〔註16〕　郭沫若：《中國古代社會研究》，北京：人民出版社，1964年，第23頁。
〔註17〕　陳久金：《陰陽五行八卦起源新說》，《自然科學史研究》，1986年第2期。
〔註18〕　龐樸：《陰陽五行探源》，《中國社會科學》，1984年第3期。

等，但這些尚屬於「陰陽」樸素直觀的雛形階段。直至陰陽的「氣」化，始具備形而上的哲學內涵。周幽王二年，西周山川皆震，伯陽父釋曰：「周將亡矣！夫天地之氣，不失其序；若過其序，民亂之也。陽伏而不能出，陰迫而不能蒸，於是有地震。」〔註19〕西周末年以降，伯陽父的陰陽「氣」化說已成為一種流行的思維理念，如「萬物負陰而抱陽，沖氣以為和」〔註20〕、「陰陽者，氣之大者也」〔註21〕（《莊子·則陽》）等，並且普遍應用於社會和自然中的諸多事物。

《老子》有云：「道生一，一生二，二生三，三生萬物。萬物負陰而抱陽，沖氣以為和。」〔註22〕此時陰陽不僅演變為既對立又統一的萬物根源，而且被嫁接移植到「剛柔」這對頻繁見於《老子》的範疇概念當中。隨後，《易傳·說卦》提出：「是以立天之道曰陰與陽；立地之道曰柔與剛；立人之道曰仁與義。」〔註23〕已將陰陽、柔剛、仁義三者相提並論。《易傳·說卦》進一步說：「觀變於陰陽而立卦，發揮於剛柔而生爻，和順於道德而理於義，窮理盡性以至於命。」〔註24〕陰陽、柔剛、道德已然成為一個渾然有機體系，這也正如徐復觀先生在《中國人性論史》中所說：「作為宇宙創生萬物的二基本元素，及由此二元素之有規律性的變化活動而形成宇宙創生的大原則、大規範，並以之貫注於人生萬物之中，而作為人生萬物的性命。」〔註25〕後來又經陰陽學派的不斷豐富發展，逐步奠定了陰陽的對立、互根、消長、轉化的基本框架。

二、先秦五行起源

（一）「五材」說

關於「五材」說最早見於《洪範·五行》：「五行一曰水，二曰火，三曰木，四曰金，五曰土」〔註26〕，五行被認為是自然界五種最基本的原始物質。這種思想應產生於農田、水利及金屬工業得到了相當發展之後，《尚書大傳·

〔註19〕鄔國義等：《國語譯注》，上海：上海古籍出版社，2017年，第23頁。
〔註20〕陳鼓應：《老子注譯及評介》，北京：中華書局，2015年，第216頁。
〔註21〕（東周）莊周撰，方勇譯注：《莊子》，北京：中華書局，2010年，第450頁。
〔註22〕陳鼓應：《老子注譯及評介》，北京：中華書局，2015年，第216頁。
〔註23〕周振甫：《周易譯注》，北京：中華書局，1991年，第281頁。
〔註24〕周振甫：《周易譯注》，北京：中華書局，1991年，第281頁。
〔註25〕徐復觀著：《中國人性論史·先秦篇》，上海：上海三聯書店，2001年，第497頁。
〔註26〕李民、王健：《尚書譯注》，上海：上海古籍出版社，2012年，第219頁。

周傳》釋曰：「水火者，百姓之所飲食也；金木者，百姓之所興作也；土者，萬物之所資生，是為人用。」〔註27〕《左傳‧襄公二十七年》載：「天生五材，民並用之，廢一不可，誰能去兵」〔註28〕《左傳‧昭公二十五年》語：「生其六氣，用其五行。」〔註29〕《國語‧鄭語》曰：「故先王以土與金木水火雜，以成百物。」〔註30〕《國語‧魯語》又云：「地之五行，所以生殖也。」〔註31〕以上均把五行當作民生日常不可或缺的五種材料來認識。細細品之，我們不難發現，雖表面包含著對世界萬物的物質性歸類，但其著眼點並不在於探究世界的本源由何種物質構成，而是重點強調了萬物是不同材料結合在一起的，這也為以後五行之間相生相剋的理論埋下了伏筆。

（二）「四時」說

　　春秋戰國時代，我國的政治、經濟、文化是以長安、洛陽為中心的黃河中下游地區，這一區域的氣候特徵為四季分明，而夏季尤長於其他三季，故將夏季的後半至入秋之前稱之為「長夏」。肇始於這一時期的五行觀念，也自然是由總結歸納這一區域氣候特點而形成的。先民們以木、火、土、金、水這五種概念比類取象，分別來代指春、夏、長夏、秋、冬等季節的物候特點。顯而易見，這裡的木、火、土、金、水已不是原始的「五材」的物質概念，而是春、夏、長夏、秋、冬的氣候特徵和生化特點的抽象用語，也是「五材」說向「五功能」說過渡的明證。在現存的古典文獻中，「四時」始見於《尚書‧堯典》：「（帝堯）乃命羲和，欽若昊天，曆象日月星辰，敬授人時。分命羲仲，宅嵎夷，曰暘谷。寅賓出日，平秩東作。日中星鳥，以殷仲春。厥民析，鳥獸孳尾。申命羲叔，宅南交，曰明都。平秩南訛，敬致。日永星火，以正仲夏。厥民因，鳥獸希革。分命和仲，宅西，曰昧谷。寅餞納日，平秩西成。宵中星虛，以殷仲秋。厥民夷，鳥獸毛毨。申命和叔，宅朔方，曰幽都。平在朔易。日短星昴，以正仲冬。厥民隩，鳥獸氄毛。帝曰：『咨，汝羲暨和，期三百有六旬有六日，以閏月定四時成歲。』」〔註32〕《堯典》中有關四時的論述出現

〔註27〕（西漢）伏生撰，（東漢）鄭玄注，（清）陳壽祺輯校，吳人整理，朱維錚審閱：《尚書大傳》，上海：上海書店出版社，2012年，第26頁。

〔註28〕楊伯峻：《春秋左傳注》，北京：中華書局，1990年，第1136頁。

〔註29〕楊伯峻：《春秋左傳注》，北京：中華書局，1990年，第1457頁。

〔註30〕陳桐生譯注：《國語》，北京：中華書局，2013年，第573頁。

〔註31〕陳桐生譯注：《國語》，北京：中華書局，2013年，第176頁。

〔註32〕李民、王健：《尚書譯注》，上海：上海古籍出版社，2012年，第3頁。

了一個引人深思的現象，它把天文、曆數、物候、人事等密切地結合在一起，這也正是日後五行理論特色的雛形。之後，《管子》中的《四時》和《五行》篇、《呂氏春秋・十二紀》、《禮記・月令》、《淮南子・時則訓》、《黃帝內經》以及《四民月令》等對四時作了豐富、補充。同時，四時說不斷吸納融合五方說與五材說，為五行的龐雜理論體系的構建奠定了基礎。

（三）「五方」說

據殷墟甲骨文卜辭顯示，足以說明殷商時期已存在明確的五方觀念。五方最初只有四方，是由東、西、南、北四方逐漸演變成五方，四方觀中已包蘊了五方的觀念，因為要明確四方，必先定中央。《詩經・商頌・玄鳥》有云：「古帝命武湯，正域彼四方。」[註33]即是從中央觀四方的寫照，所以言四方就已經意味著五方。殷人把自己的疆域稱之為「中商」，而與東西南北相提並論，前引述《尚書・堯典》中「東作」、「南訛」、「西成」、「朔（北）易」即是佐證。另外，從安陽殷墟墓的平面圖，以及上古明堂宗廟平面多半呈「亞」形的考古情況分析。「亞」形墓壙與椁的建造極其困難，且費時、費力、費料，若不是其中所蘊藏的獨特內涵，何必如此。「亞」行結構很明顯地可分解成五個方塊，分別代表五個方位，外聯四方，中居一方，這與甲骨文「行」字有異曲同工之妙。因此，有學者認為這一建築構建具有重大的象徵意義，是基於上古先民對空間方位的膜拜。

除了上述三種起源觀外，尚有其他不同觀點，茲不贅述。筆者認為五行的起源，應是多種觀念相互交融綜合的結果。先秦初民通過對時間、空間、物質等比附歸類的五行說，還處於自然崇拜的樸素唯物階段。直至《洪範》提出「水曰潤下，火曰炎上，木曰曲直，金曰從革，土爰稼穡。潤下作鹹，炎上作苦，曲直作酸，從革作辛，稼穡作甘」[註34]，方從五種質料昇華為具備「哲學的意義」[註35]的五種功能屬性。故而，《洪範》稱其為「五行」——「行者行也。其行不同，故謂之五行」[註36]，「行猶用也」[註37]即

〔註33〕周振甫：《詩經譯注》，北京：中華書局，2013 年，第 552 頁。

〔註34〕李民、王健：《尚書譯注》，上海：上海古籍出版社，2012 年，第 219 頁。

〔註35〕宮哲兵：《晚周時期「五行」範疇的邏輯進程》，《中國哲學》第十三輯，北京：人民出版社，1985 年。

〔註36〕（清）蘇輿撰，鍾哲點校：《春秋繁露義證》，北京：中華書局，1992 年，第 362 頁。

〔註37〕（漢）鄭玄注，（唐）賈公彥疏，趙伯雄整理、王文錦審定：《周禮注疏》卷 30

指行為功能之意。五行因此被提升為劃分宇宙萬物的五項標準，將五氣、五色、五味、五穀、五臟、五畜等競相比附，形成了繁複駁雜的思想體系。此時五行說的物質元素意義日趨淡化，已逐漸演變為一種既定思維模式的方法論。

表 1　五行與五味、五色、五方等歸類表

五　行	五　味	五　色	五　方	五　季	五　臟	五　氣
木	酸	青	東	春	肝	風
火	苦	赤	南	夏	心	暑
土	甘	黃	中	長夏	脾	濕
金	辛	白	西	秋	肺	燥
水	鹹	黑	北	冬	腎	寒

隨著社會的進步和理性意識的覺醒，在西周末年「五行相雜以生百物」命題的基礎上，春秋戰國時進一步提出「五行生勝說」。《管子》一書中《四時》、《五行》、《幼官》等篇用四時、五時與五行相配，並用四時、五時的更替來說明五行先後出現的序列，事實上已蘊含五行相生（木→火→土→金→水→木……）的思想雛形，在《禮記‧月令》中已發展到相當成熟的水平。五行相勝的思想則萌發於《孫子兵法‧虛實篇》中的「故

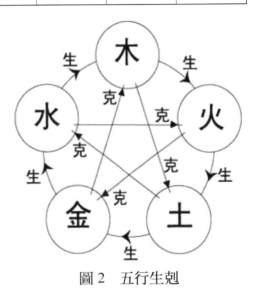

圖 2　五行生剋

五行無常勝」〔註38〕，「無常勝」即「有勝有不勝」〔註39〕，《越絕書‧計倪內經》亦釋曰：「金木水火土更勝，月朔更建，莫主其常」〔註40〕。

《司爟》，見李學勤主編：《十三經注疏》，北京：北京大學出版社，1999 年，第 796 頁。

〔註38〕陳曦譯注：《孫子兵法》，北京：中華書局，2011 年，第 111 頁。

〔註39〕（戰國）孫臏著，張震澤撰：《孫臏兵法校理》，北京：中華書局，1984 年，第 192 頁。

〔註40〕李步嘉校釋：《越絕書校釋》，北京：中華書局，2013 年，第 112 頁。

其觀念在春秋時代廣泛運用於社會意識領域，如「火勝金，故弗克」〔註41〕，「水勝火，伐姜則可」〔註42〕。五行之間生勝關係確立後，也標誌著五行系統思維模式的基本定型。戰國已降，五行學說進一步得到豐富和發展，主要表現為五行乘侮〔註43〕理論的出爐和陰陽五行的交匯融合。尤其是五行與陰陽的結合，在中華文明進程中極具里程碑式的意義，成為了開啟傳統文化寶庫的一把金鑰匙。

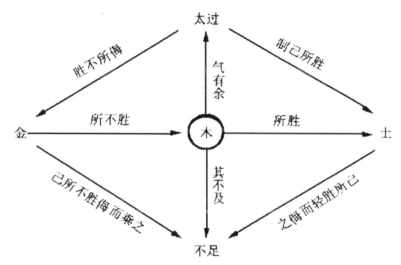

圖 3　五行乘侮示意圖

三、秦以降陰陽五行的合流

五行觀念的萌發早於陰陽思想，但其體系的成熟卻較之略晚。在春秋之前，陰陽與五行是各自獨立發展的，本屬兩種不同的樸素唯物論，但實質上率皆是一種分類法。陰陽思想是二分法，把宇宙萬物歸為陰、陽兩類。五行觀念則為五分法，把世界萬物劃成五種模式。此外，兩者都採用了辯證思維的認識論，不管是陰陽兩者的對立統一，還是五行之間的相剋相生，「兩者都立足於傳統的辯證思維，將事物現象的特徵、屬性和它們發展演變的所以然歸之於各種內在因素的矛盾運動、制衡和消長的轉換」〔註44〕。這種殊途同

〔註41〕楊伯峻：《春秋左傳注》，北京：中華書局，1990 年，第 1514 頁。

〔註42〕楊伯峻：《春秋左傳注》，北京：中華書局，1990 年，第 1653 頁。

〔註43〕相乘，意即「過度相剋」，指五行中的一行對另外一行的襲擊，戰勝或者消滅；相侮，意即「恃強凌弱」，指五行中的一行對另外一行反向的克制和戰勝。

〔註44〕涂光社：《原創在氣》，南昌：百花洲文藝出版社，2001 年版，第 55 頁。

歸的方法論和認識論，也正是二者合流的理論基礎。

梁啟超指出：「春秋戰國以前，所謂陰陽、所謂五行，其語甚罕見，其義極平淡，且此二事從未嘗並未一談。諸經及孔、老、墨、孟、荀、韓諸大哲，皆未嘗齒及。然則造此邪說以惑世誣民者誰邪？其始蓋起於燕齊方士；而其建設之、傳播之，宜負罪責者三人焉：曰鄒衍，曰董仲舒，曰劉向。」〔註45〕即是言，陰陽五行的合流應是一個過程，肇始於戰國末期的鄒衍。對此，李存山認為「戰國時期，陰陽五行家明確提出『五行』是『氣』之所生，『五行』失去了原有的形質而成為『五行之氣』，這說明早期的五行學說被容納、消化在氣論的思想體系之中了。」〔註46〕上文已言及陰陽與氣的結合問題，故不在此重述，而陰陽、五行與氣的同時搭配始見於《管子·四時》：「東方曰星，其時曰春，其氣曰風，風生木與骨。……南方曰日，其時曰夏，其氣曰陽，陽生火與氣。……中央曰土，土德實輔四時入出，以風雨節，土益力。……西方曰辰，其時曰秋，其氣曰陰，陰生金與甲。……北方曰月，其時曰冬，其氣曰寒，寒生水與血。……以符陰氣。」〔註47〕同時，這段文獻也清楚表明五行乃氣之所派生。白溪先生在《稷下學研究》中言：「《管子》中的《幼官》、《四時》、《五行》、《輕重己》四篇的陰陽五行圖式，標誌著陰陽五行合流的初步實現」〔註48〕，故而以「氣」為紐帶促成了陰陽與五行的合流。

迨至西漢初期，陰陽五行學說經董仲舒系統化總結才日臻完善。從「天地之氣，合而為一，分為陰陽，判為四時，列為五行。行者行也，其氣不同，故謂之五行」〔註49〕，「故五行者，乃孝子忠臣之行也。……聖人知之，……，就天之制也。……是故聖人之行，莫貴於忠，土德之謂也」〔註50〕，「天地之常，一陰一陽。陽者天之德也，陰者天之刑也，跡陰陽終歲之行，以觀天之所

〔註45〕梁啟超：《陰陽五行說之來歷》，《古史辨》第五冊，上海：上海人民出版社，1982年，第343頁。

〔註46〕李存山：《中國氣論探源與發微》，北京：中國社會科學出版社，1990年，第4頁。

〔註47〕黎翔鳳撰，梁運華整理：《管子校注》卷14「四時」，北京：中華書局，2004年，第842～854頁。

〔註48〕白溪：《稷下學研究》，上海：三聯書店，1998年，第247頁。

〔註49〕（清）蘇輿撰，鍾哲點校：《春秋繁露義證》，北京：中華書局，1992年，第362頁。

〔註50〕（清）蘇輿撰，鍾哲點校：《春秋繁露義證》，北京：中華書局，1992年，第321～323頁。

親而任」〔註51〕等語句中，我們可看出其如水銀瀉地般滲透於傳統社會生活的方方面面，誠如龐樸先生所說：「『五四』以前的中國固有文化，是以陰陽五行作為骨架的。陰陽消長、五行生剋的思想，彌漫於意識的各個領域，深嵌到生活的一切方面，如果不明白陰陽五行圖式，幾乎就無法理解中國的文化體系」。〔註52〕

如果說陰陽五行學說這顆理論之樹萌發於上古，破土於秦漢，成長於魏晉南北朝，那麼及至隋唐已然枝繁葉茂，根深蒂固。尤其是隋代蕭吉《五行大義》與唐代呂才《陰陽書》的橫空出世，不僅秉承總結了前人的成果，且對其進行了批判和揚棄，為恢弘壯闊的隋唐社會生活奠定了思想基礎。

四、陰陽五行在隋唐術數中的發展

《隋書·藝術傳》曾對當時流行的各類術數進行描述：

> 夫陰陽所以正時日，順氣序者也；卜筮所以決嫌疑，定猶豫者也；醫巫所以御妖邪，養性命者也；音律所以和人神，節哀樂者也；相術所以辯貴賤，明分理者也；技巧所以利器用，濟艱難者也。此皆聖人無心，因民設教，救恤災患，禁止淫邪。自三五哲王，其所由來久矣。〔註53〕

隋唐時期是中國古代社會政治、經濟、文化的巔峰，兼收並蓄的文化開放政策，不僅對前代思想文化做了傳承歸納，且推陳出新呈多元化的發展態勢。術數文化因而在隋唐處於繁盛階段，《舊唐書·經籍志》五行類共著錄圖書120部，凡485卷。《新唐書·藝文志》五行類著錄、不著錄部分共增補68種。《新唐書·藝文志補》中增補術數類書籍122種，〔註54〕敦煌文書中的占卜類的書籍也多達274件〔註55〕。值得一提的是，《舊唐書》和《新唐書》中還特設了《方技列傳》，唐代著名術士諸如李淳風、甄權、袁天綱、明崇儼、

〔註51〕（清）蘇輿撰，鍾哲點校：《春秋繁露義證》，北京：中華書局，1992年，第341頁。

〔註52〕龐樸：《陰陽五行探源》，《當代學者自選文庫·龐樸卷》，合肥：安徽教育出版社，1999年版，第194頁。

〔註53〕（唐）魏徵等撰：《隋書》卷78《藝術傳》，北京：中華書局，1973年，第1763頁。

〔註54〕張固也：《新唐書藝文志補》，長春：吉林大學出版社，1996年。

〔註55〕黃正建：《敦煌占卜文書與唐五代占卜研究》，北京：學苑出版社，2001年，第3頁。

桑道茂、薛頤、葉法善、孫思邈等均位列其間。面對術數如此盛行，唐憲宗也不禁發問：「卜筮之事，習者罕精，或中或否。近日風俗，尤更崇尚，何也？」〔註56〕成書於隋代，蕭吉所著的《五行大義》是隋之前五行學說的集大成者。他把全書分成24段40小段，以合24節氣之數和五行之成數，分別論述了五行與干支、方位、色彩、聲音、政治、人生等問題。正如蕭吉本人在序文所說「博採經緯，搜窮簡牒，略談大義」，《五行大義》被李約瑟譽之為「關於五行的最重要的中古時代的書籍」〔註57〕。及至唐太宗時期，呂才受命與其他學者一起修訂了《陰陽書》，據《舊唐書》載：「太宗以陰陽書近代以來漸致訛偽，穿鑿既甚，拘忌亦多，遂命才與學者十餘人共加刊正，削其淺俗，存其可用者。勒成五十三卷，並舊書四十七卷，十五年書成，詔頒行之。」〔註58〕蕭吉和呂才對秦漢以來的陰陽五行學說進行了全面總結與批判，為隋唐術數文化奠定了堅實的思想理論基礎。這在敦煌文獻斯612號得到了充分反映，此卷涵蓋有五行相生相剋法、五行配十干方位、十二支相沖法（即六沖）、十二地支三合法、十二地支六合法等等。如S.612v：「推祿法：十干為祿，十二支為命，納音是金木水火土，其十干五陰五陽，陽者甲丙戊庚壬，陰者乙丁巳辛癸是也，其十二支六陰六陽，其六陽者子寅辰午申戌，其六陰者，丑卯巳未酉亥是也，其陽干常隨陽支，其陰干常隨陰支，其祿者陽祿順行，陰祿逆行，其甲祿寄在寅，乙祿寄在卯，丙戊祿寄在巳，丁巳祿寄在午，庚祿寄在申，辛祿寄在酉，壬祿寄在亥，癸祿寄在子。」〔註59〕伯2610號亦載「推十二辰相刑相合法」，北8619號文書在此基礎之上，並述「陰陽大數之法」。另外，敦煌遺書有關納音五行文書的數量也相當可觀，如斯1815號背面《干支配合歌訣》、斯3278號《甲子五行歌訣》、北8619號《陰陽六十甲子》、伯3281號《六十甲子五行本命元辰曆》、斯6258號《六十甲子推吉凶法》，以及伯3175號《納音甲子占人姓行法》等等。納音五行自唐代產生後，迅速廣泛應用於各種術數之中。至今所有的敦煌具注曆書，每日干支之下尚附注有納

〔註56〕（後晉）劉昫等撰：《舊唐書》卷164《李絳傳》，北京：中華書局，1975年，第4288頁。

〔註57〕（英）李約瑟：《中國科學技術史》第2卷《科學思想史》，上海：上海古籍出版社，1990年，第275頁。

〔註58〕（後晉）劉昫等撰：《舊唐書》卷79《呂才傳》，北京：中華書局，1975年，第2720頁。

〔註59〕陳於柱著：《區域社會史視野下的敦煌祿命書研究》，北京：民族出版社，2012年，第457頁。

音五行。由此可見，陰陽五行理論的應用在隋唐時期已非常普及。

表2　五行與方位、季節、天干、地支等歸類表

五　行	方　位	季　節	天　干	地　支
木	東方	春季	甲（陽干） 乙（陰干）	寅（陽干） 卯（陰干）
火	南方	夏季	丙（陽干） 丁（陰干）	巳（陽干） 午（陰干）
土	中央	四季末	戊（陽干） 己（陰干）	辰戌（陽干） 丑未（陰干）
金	西方	秋季	庚（陽干） 辛（陰干）	申（陽干） 酉（陰干）
水	北方	冬季	壬（陽干） 癸（陰干）	亥（陽干） 子（陰干）

注：天干地支序數，奇數為陽干（支），偶數是陰干（支）。

　　隋唐兩代中央機構皆設有太常寺太卜屬，有太卜令、卜正、卜博士等專司術數占卜事宜，同時有卜師20人，巫師15人（隋設覡16、巫8人）。當時流行的占卜方式主要有：「一曰龜，二曰兆，三曰《易》，四曰式。」〔註60〕如五兆卜法的基本運作程序是：將36跟算子，分為兩堆，每堆以5相除，餘數在1～4間。若全堆算子被5除盡，則計餘數為5。接著將所剩算子依次放入一定的格內，每格表示五方之一方，十干之二干，和五行之一行，按此演算五次，填滿五格。然後將演算所得數字換成五行，次序以《洪範‧五行》水、火、木、金、土為準。最後，便用五行生剋的原理去解卦並判定吉凶。〔註61〕「皆辨其象數，通其消息，所以定吉凶焉。」〔註62〕除官方機構外，唐代民間還有陰陽雜占：「凡陰陽雜占，吉凶悔吝，其類有九，決萬民之猶豫：一曰嫁娶，二曰生產，三曰曆注，四曰屋宅，五曰祿命，六曰拜官，七曰祠祭，八曰發病，九曰殯葬。」〔註63〕有鑑於此，武德九年（626年）還頒布

〔註60〕（唐）李林甫等撰，陳仲夫點校：《唐六典》卷14「太常寺」，北京：中華書局，1992年，第412頁。

〔註61〕參見敦煌文獻P.2614A、P.2859B、P.2905、P.3452、P.3646、P.3896、S.6167。

〔註62〕（唐）李林甫等撰，陳仲夫點校：《唐六典》卷14「太常寺」，北京：中華書局，1992年，第413頁。

〔註63〕（唐）李林甫等撰，陳仲夫點校：《唐六典》卷14「太常寺」，北京：中華書局，1992年，第413頁。

過一道詔令：「壬子，詔私家不得輒立妖神，妄設淫祀，非禮祠禱，一皆禁絕。
其龜易五兆之外，諸雜占卜，亦皆停斷。」〔註64〕唐代民間占卜與上述太卜
署的占卜方式大致相當。凡此種種，不一而足。

〔註64〕（後晉）劉昫等撰：《舊唐書》卷 2《太宗紀上》，北京：中華書局，1975 年，
　　　　第 31 頁。

上篇：隋唐術數述要

　　進入 20 世紀以來，新文化運動思潮的蓬勃發展，中國學界對傳統文化大加鞭撻。在當時二分式（「非此即彼」）的科學線性思維，以及社會進化論思潮的合力衝擊下，使傳統文化遭受到前所未有的衝擊。他們偏離了傳統的思維與言語習慣，在西方所謂的「科學」（理性）的參照下，以好與壞、進步與落後等二分式的標籤，將本土的術數文化加以疏離，進而作了「異化」處理。〔註 1〕術數文化作為「封建迷信」的典型，自然被打入冷宮。當時學者普遍認為術數係「封建迷信」殘渣餘孽，不齒言之，諱莫如深。新中國成立後，由於特殊的政治氣候，依然少人問津。〔註 2〕

　　直至改革開放以來，傳統文化重新成為研究的熱點。尤其自 20 世紀 90 年代以來，有關相術、星占、風水等術數的研究碩果才相繼問世。其著述大致如下：何曉昕《風水探源》（東南大學出版社，1990 年）；張明喜《洩露的天機——中國相術與命學》（中華書局，1990 年）；陳永正《中國方術大辭典》（中山大學出版社，1991 年）；張華榮《中國古代民間方術》（安徽人民出版社，1991 年）；郭志城等《中國術數概觀》（中國書籍出版社，1991 年）；王

〔註 1〕　陳進國：《事生事死：風水與福建社會文化變遷》，廈門大學博士論文，2002
　　　　　年，第 2 頁。
〔註 2〕　如 20 世紀 50 年代，宿白先生以風水理論來考察古代墓葬制度的變遷相關情
　　　　　況。（宿白：《白沙宋墓》，北京：文物出版社，1957 年。）另，侯外廬的《中
　　　　　國思想通史》、田昌五的《戰鬥的唯物主義思想家——王充》、冒懷辛等人的
　　　　　《中國歷史上反對鬼神迷信的鬥爭》等，不僅對王充、司馬光、黃宗羲等人
　　　　　的反風水迷信進行了思想史方面的研究，而且還尤其關注了近代以來關於反
　　　　　對風水迷信的社會思潮。（冒懷辛、金隆德、胡俊賢：《中國歷史上反對鬼神
　　　　　迷信的鬥爭》，《江淮學刊》，1963 年 12 月，第 59、68 頁。）

紅旗《神秘的星宿文化和遊戲》（解放軍文藝出版社，1991 年）；衛紹生《中國古代占卜術》（中州古籍出版社，1992 年）；江曉原《星占學與傳統文化》（上海古籍出版社，1992 年）；陳江風《天國的靈光——中西占星術剖析》（中原農民出版社，1992 年）；高友謙《中國風水》（中國華僑出版公司，1992 年）；王其亨《風水理論研究》（天津大學出版社，1992 年）；妙摩、慧度《中國風水術》（中國文聯出版公司，1993 年）；張惠民《中國風水應用學》（人民中國出版社，1993 年）；俞曉群《數術探秘》（三聯書店，1994 年）；陳維輝《中國數術學綱要》（同濟大學出版社，1994 年）；何曉昕、羅雋《風水史》（上海文藝出版社，1995 年）；江曉原《歷史上的星占學》（上海科技教育出版社，1995 年）；宋會群《中國術數文化史》（河南大學出版社，1999 年）；張榮明《方術與中國傳統文化》（學林出版社，2000 年）；黃正建《敦煌占卜文書與唐五代占卜研究》（學苑出版社，2001 年）；陳興仁《神秘的相術》（廣西人民出版社，2004 年）；劉韶軍《神秘的星象》（廣西人民出版社，2004 年）；王玉德《神秘的術數》（廣西人民出版社，2004 年）；高友謙《中國風水文化》（團結出版社，2004 年）；王玉德《神秘的風水》（廣西人民出版社，2004 年）；於希賢《中國古代風水的理論與實踐》（光明日報出版社，2005 年）；高友謙《理氣風水》（團結出版社，2006 年）；李零《中國方術正考》（中華書局，2006 年）；李零《中國方術續考》（中華書局，2006 年）；王玉德《尋龍點穴——中國古代堪輿術》（中國電影出版社，2006 年）；衛紹生《神秘與迷惘——中國古代方術闡釋》（河南人民出版社，2006 年）；於希賢《法天象地——中國古代人居環境與風水》（中國電影出版社，2006 年）；金身佳《敦煌寫本宅經葬書校注》（民族出版社，2007 年）；盧央《中國古代星占學》（中國科學技術出版社，2007 年）；馬保平《中國方數文化思想方法研究》（中國社會科學出版社，2007 年）；洪丕謨、姜玉珍《中國古代風水術》（上海古籍出版社，2008 年）；馬保平《古方術研究導引》（甘肅人民出版社，2009 年）；王玉德《堪輿術研究》（中央編譯出版社，2010 年）；王晶波《敦煌寫本相書研究》（民族出版社，2010 年）；楊啟樵《明清皇室與方術》（上海世紀出版集團，2010 年）；何躍青《中華神秘文化——相術文化》（外文出版社，2011 年）；何躍青《中華神秘文化——堪輿文化》（外文出版社，2011 年）等等。上述著作分門別類全方位地對相術、星占、風水等術數進行了探討論述，然其中涉及隋唐術數方面的，或浮光掠影，或語焉不詳，未作

深層周詳地分析研究。

　　鑒於上述狀況，對隋唐術數文化進行全景式系統深入研究，目前尚無人問津。故而，拓展和深化這一領域具有一定的學術研究意義。

第一章　隋唐相術

　　相術，也稱相人術，是指通過觀察人的面貌、長相、身材、聲音等因素來預測人之吉凶的術數。相術以陰陽來闡釋人之本源，「凡人物者，陰陽之化也。陰陽者，造乎天而成者也」〔註1〕。「五行八卦，陰陽所生，稟氣薄厚，以著其形。」〔註2〕《太清神鑒》云：「道為貌兮天與形，默授陰陽稟性情。陰陽之氣天地真，化出塵寰兒樣人。」相術中，但凡器官、聲音、動靜、舉止等，只要有上下、內外、大小、左右之類的相對要素，皆可分屬陰陽。正如《神相全編‧相坐》所言：「凡行則屬陽，坐則屬陰。陽主動，陰主靜。」陰陽有別、陽主陰從即是相術的總原則。有關於此，我們可從敦煌相書找到佐證。P.2572（B）《相法》（擬）云：「女子語急者，早喪夫。女子語音高大者，亦云早喪夫。」女子語急、音高，有違陰柔之道，陰盛則陽衰，故而剋夫。CH.87《相書一部‧聲第十七》亦有類似說法：「雄聲，女妨夫。」

　　五行觀念在相術中，應用十分廣泛。相術把五行與人的身體部位相配，不僅將五行與五官相配（眼屬木，眉屬火，口屬土，鼻屬金，耳屬水），還比類取象，根據人的形體劃分為木形人、金形人、水形人、土形人、火形人等五種。《神相全編》曰：「木瘦金方水主肥，土形敦厚背如龜，上尖下闊名為火，五樣人形仔細推。木色青兮火色紅，土黃水黑是真容，只有金形是帶

〔註1〕 張雙棣等譯注：《呂氏春秋譯注》，北京：北京大學出版社，2000年，第699頁。
〔註2〕 （漢）王符著，（清）汪繼培箋，彭鐸校正：《潛夫論箋校正》，北京：中華書局，1985年，第478頁。

白，五般顏色不相同。」〔註3〕相術甚至以五行匹配氣色、骨法、聲音等推測人的吉凶禍福、壽夭窮達。敦煌相書文獻 P.3390 和 P.2572（B）《相法》（擬）就主要記載了面部氣色與吉凶的關係（面部氣色按五行配屬，有黃、青、白、赤、黑五色）。唐代趙蕤在《長短經·察相篇》中，進一步將五色所主吉凶與四時相配：

> 青主憂，白主哭泣，黑主病，赤主驚恐，黃主慶喜。凡此五色，並以四時判之。春三月青色王，赤色相，白色囚，黃黑二色皆死。夏三月赤色王，白色、黃色皆相，青色死，黑色囚。秋三月白色王，黑色相，赤色死，青黃二色皆囚。冬三月黑色王，青色相，白色死，黃與赤二色囚。若得其時色，王相者吉；不得其時色，王相若囚死者凶。〔註4〕

可見，五行觀念在唐代相術中的運用已臻成熟。《神相全編·唐舉相神氣第四》有言：「人生之道，真精融合二（陰陽）五（行）凝成，賦其形即賦其理。」〔註5〕由此可見，如若拋開陰陽五行，相術便無從談起。

一、隋唐相術概況

（一）隋唐看相者稱謂及分類

隋唐時期，相術在社會生活中異常繁盛。隋代即在太常寺置太卜署，有相師 10 人、相博士及助教各 1 人。〔註6〕唐代太卜署雖取消了「相師」及「相博士、助教」等職位，但同時也反映了相術在唐代的普及程度的擴大。〔註7〕《隋書·經籍志》子部五行類著錄相書凡 7 種，即《相術》46 卷、《相經要錄》2 卷、《相經》30 卷、《相書》11 卷、《武王相書》1 卷、《雜相書》9 卷、《相書圖》7 卷。《新唐書·藝文志》子部五行類著錄相書亦有 2 種，即《相書》7 卷、《要訣》3 卷。另外，敦煌現存相書寫本 12 卷號，也基本上為這一

〔註3〕（宋）陳摶編著，（明）袁忠徹訂正，鍾琳、郭安注譯：《神相全編》卷2「五行形相」，北京：北京師範大學出版社，1993 年，第 98 頁。

〔註4〕（唐）趙蕤：《長短經·察相篇》，見《景印文淵閣四庫全書》第 849 冊，臺北：臺灣商務印書館，第 15 頁。

〔註5〕（宋）陳摶編著，（明）袁忠徹訂正，鍾琳、郭安注譯：《神相全編》卷1「唐舉相神氣第四」，北京：北京師範大學出版社，1993 年，第 28 頁。

〔註6〕黃正建：《敦煌占卜文書與唐五代占卜研究》附錄 2《占卜與唐代政治》，北京：學苑出版社，2001 年，第 221 頁。

〔註7〕王晶波：《敦煌寫本相書研究》，北京：民族出版社，2010 年，第 290 頁。

時期所抄錄。黃正建先生曾對《太平廣記》占卜活動進行全方位的比較，依其統計結果顯示，相術名列前茅。〔註8〕古之術士，大多兼通數種術數。如嚴善思「尤善天文曆數及卜相之術」〔註9〕。加之相術直觀簡易便於掌握，頗為民眾信從，故成為當時最為流行的術數。

　　終唐一代，相術並不在「占卜正術」（龜、兆、易、式）之列〔註10〕，而與占夢、相宅、祿命等同屬「雜占卜」之流。〔註11〕因此，這一時期看相者無固定的稱謂，有「相工」、「相者」、「相士」或「相師」等，更有直接籠統地呼之「術士」的。比較而言，以「相工」、「相者」使用最為頻繁。如「丙午，罷翰林醫工、相工、占星、射覆、冗食者四十二人。」〔註12〕「（牛弘）初在襁褓，有相者見之，謂其父曰：『此兒當貴，善愛養之。』」〔註13〕又有「市頭相者休相戲，憼膝先生半自知」〔註14〕之詩句。

　　隋唐相者來自各個階層，有著不同社會背景，大致可劃分成職業相者和業餘相者兩類。職業相者以看相為主要營生手段，或委身朱門權貴，或奔走市井民間，賺取生活之資。身處皇室宮苑，固然便於飛黃騰達，然伴君如伴虎，朝難慮夕。隋代著名相士乙弗弘禮，初得隋煬帝賞識，煬帝特置一坊以聚天下術士，令乙弗弘禮統攝。〔註15〕

　　　　帝見海內漸亂，玄象錯謬，內懷憂恐，嘗謂弘禮曰：「卿昔相朕，
　　其言已驗。且占相道術，朕頗自知。卿更相朕，終當何如？」弘禮
　　逡巡不敢答。帝迫曰：「卿言與朕術不同，罪當死。」弘禮曰：「臣

〔註8〕黃正建：《敦煌占卜文書與唐五代占卜研究》，北京：學苑出版社，2001年，第194頁。

〔註9〕（後晉）劉昫等撰：《舊唐書》卷191《嚴善思傳》，北京：中華書局，1975年，第5102頁。

〔註10〕（唐）李林甫等撰，陳仲夫點校：《唐六典》卷14《太常寺太卜署》，北京：中華書局，1992年，第411～413頁。

〔註11〕黃正建：《敦煌占卜文書與唐五代占卜研究》，北京：學苑出版社，2001年，第178～182頁。

〔註12〕（後晉）劉昫等撰：《舊唐書》卷14《憲宗本紀上》，北京：中華書局，1975年，第405頁。

〔註13〕（唐）魏徵等撰：《隋書》卷49《牛弘傳》，北京：中華書局，1973年，第1297頁。

〔註14〕（清）彭定求等編校：《全唐詩》卷708徐夤《郊村獨遊》，北京：中華書局，1999年，第8224頁。

〔註15〕（後晉）劉昫等撰：《舊唐書》卷191《乙弗弘禮傳》，北京：中華書局，1975年，第5091～5092頁。

本觀相書，凡人之相，有類於陛下者，不得善終。臣聞聖人不相，
故知凡聖不同耳。」自是帝嘗遣使監之，不得與人交言。〔註16〕

當時大多職業相士退而求其次，往來於官宦市肆之間。如見於新、舊《唐
書》方技列傳的張憬藏、金梁鳳、桑道茂等，所相之人屢屢應驗，聲名遠播，
名利雙收。

> 左僕射劉仁軌微時，嘗與鄉人靖思賢各齎絹贈憬藏以問官祿。
> 憬藏謂仁軌曰：「公居五品要官，雖暫解黜，終當位極人臣。」仁軌
> 後自給事中坐事，令白衣向海東效力。固辭思賢之贈曰：「公當孤獨
> 客死。」及仁軌為僕射，思賢尚存，謂人曰：「張憬藏相劉僕射，則
> 妙矣。吾今已有三子，田宅自如，豈其言亦有不中也？」俄而三子
> 相繼而死，盡貨田宅，寄死於所親園內。憬藏相人之妙，皆此類。
> 竟不仕，以壽終。〔註17〕

然而如張憬藏者，畢竟鳳毛麟角。絕大多數相士社會地位普遍低下，生
計舉步維艱。為養家糊口維持生計，他們不惜危言聳聽，妄斷吉凶，唯財是
取。正如皮日休所言：「或有士，居窮處困，望一金之助，已有沒齒之難。有
誕妄之人，自稱精子卿唐舉之術，取其金，則易於反掌矣。」〔註18〕相較而
言，業餘相者群體更為龐大，同時也間接反映了隋唐相術廣泛的社會基礎。
如孫思邈雖以醫術著稱，亦兼通相術，曾為孫處約之子和盧齊卿看相〔註19〕。
裴行儉官居禮部尚書，兼檢校右衛大將軍，「尤曉陰陽、算術，兼有人倫之
鑒」〔註20〕，他為初唐四傑、王據、蘇味道等占相，屢屢應驗。

（二）隋唐相士流行相法

隋唐時期，無論專業相士，抑或業餘相士，所用相法大都是以形貌和骨

〔註16〕 （後晉）劉昫等撰：《舊唐書》卷191《乙弗弘禮傳》，北京：中華書局，1975
年，第5092頁。

〔註17〕 （後晉）劉昫等撰：《舊唐書》卷191《張憬藏傳》，北京：中華書局，1975年，
第5098頁。

〔註18〕 （唐）皮日休著，蕭滌非、鄭慶篤整理：《皮子文藪》卷7《相解》，上海：上
海古籍出版社，1981年，第64頁。

〔註19〕 （後晉）劉昫等撰：《舊唐書》卷191《孫思邈傳》，北京：中華書局，1975
年，第5096頁；另可參見（宋）李昉等編：《太平廣記》卷222《孫思邈》，
北京：中華書局，1961年，第1703頁。

〔註20〕 （後晉）劉昫等撰：《舊唐書》卷84《裴行儉傳》，北京：中華書局，1975年，
第2805頁。

法為主。〔註21〕《神相全編・相說》云：「大凡觀人之相貌，先觀骨骼，次看五行。」〔註22〕極言骨法之要，《神相全編・相骨》曰：「木骨瘦而青黑色，兩頭粗大，主多窮厄。水骨兩頭尖，富貴不可言。火骨兩頭粗，無德賤如奴。土骨大而皮粗厚，子多而又富。」〔註23〕又曰：「骨不聳兮且不露，又要圓清兼秀氣，骨為陽兮肉為陰，陰不多兮陽不附，若得陰陽骨肉均，少年不貴終身富。」〔註24〕可見，相骨之法亦是以陰陽五行為根柢。相骨指占骨骼之大小、形狀、起伏、排列，或觀察外形，或以手揣摩。相士還常將摸骨與聽聲合二為一，美其名曰「揣骨聽聲」。

隋唐術數名宿袁天綱頗善此道，為中書舍人岑文本相骨云：「舍人學堂成就，眉覆過目，文才振於海內。頭又生骨，猶未大成，若得三品，恐是損壽之徵。」及後，「文本官至中書令，尋卒。」〔註25〕他相馬周又云：「馬侍御伏犀貫腦，兼有玉枕，又背如負物，當富貴不可言。近古已來，君臣道合，罕有如公者公面色赤，命門色暗，耳後骨不起，耳無根，只恐非壽者。」〔註26〕後果如其言。此類為相骨的觀察外形之法。而以手揣摩之法，常為瞽者所用。《太平廣記》卷222《相二・馬生》云：

> 天寶十四年，趙自勤合入考。有東陽縣瞽者馬生相謂云：「足下必不動，縱去亦卻來。於此祿尚未盡，後至三品，著紫。」又云：「自六品即登三品。」自勤其年累不入考。至冬，有敕賜紫。乾元二年九月，馬生又來。自勤初誑云：「龐倉曹家喚。」至則捏自勤頭骨云：「合是五品，與趙使君骨法相似。」所言年壽並官政多少，與前時所說並同也。〔註27〕

〔註21〕 王晶波：《敦煌寫本相書研究》，北京：民族出版社，2010年，第345頁。

〔註22〕 （宋）陳摶編著，（明）袁忠徹訂正，鍾琳、郭安注譯：《神相全編》卷1「相說」，北京：北京師範大學出版社，1993年，第5頁。

〔註23〕 （宋）陳摶編著，（明）袁忠徹訂正，鍾琳、郭安注譯：《神相全編》卷1「相骨」，北京：北京師範大學出版社，1993年，第63頁。

〔註24〕 （宋）陳摶編著，（明）袁忠徹訂正，鍾琳、郭安注譯：《神相全編》卷1「相骨」，北京：北京師範大學出版社，1993年，第62~63頁。

〔註25〕 （後晉）劉昫等撰：《舊唐書》卷191《袁天綱傳》，北京：中華書局，1975年，第5094頁。

〔註26〕 （後晉）劉昫等撰：《舊唐書》卷191《袁天綱傳》，北京：中華書局，1975年，第5094頁。

〔註27〕 （宋）李昉等編：《太平廣記》卷222《馬生》，北京：中華書局，1961年，第1709頁。

《太平廣記》卷76《方士一‧相骨人》又載：

> 唐貞元末，有相骨山人，瞽雙目。人求相，以手捫之，必知貴賤。
> 房次卿方勇於趨進，率先訪之，及出戶時，後謁者盈巷。睹次卿已出，
> 迎問之曰：「如何？」答曰：「不足言，不足言，且道個瘦長杜秀才位
> 極人臣，何必更云。」或有退者。後杜循果帶相印鎮西蜀也。〔註28〕

瞽者馬生所用相法，即摸骨相法。《神相全編‧十觀》還提出了著名的「觀
人十法」，其中第十觀云：

> 十觀形局。與五行形局者，乃人一身之大關也。或如龍形、虎
> 形、鶴形、獅形、孔雀形、鸛形、牛形、猴形、豹形、象形、鳳形、
> 鴛鴦、鷺鷥、駱駝、黃鸝、練雀等形，此富貴形相；豬形、狗形、
> 羊形、馬形、鹿形、鴉形、鼠形、狐狸形，此兇暴貧薄天折之相也。
> 五行者金木水火土也。書云：金得金，剛毅深；木得木，資財足；
> 水得水，文章貴；火得火，見機果；土得土，厚豐庫。金形白色喜
> 白，木形瘦喜青，水喜肥黑，火不嫌尖，宜赤色。土喜厚兮色宜黃。
> 此五形正局也，合此者富貴福壽，反此者貧賤天折。〔註29〕

此即為形貌相法，主要包括金、木、水、火、土五行象徵和飛禽走獸象
徵兩種。如《神相鐵關刀》卷1《相五形秘訣》云：「火形，頭尖肉紅性又急，
髮焦鬚黃鼻露骨，顴尖骨露眼睛紅，眉上欠毛胸又突；掌尖大薄又露筋，行
動身搖耳尖拂，聲焦聲破額孤高，唇超露齒火形實。」不過取象比類，牽強附
會，無甚理論可言。除此之外，尚有相色、相痣、相體、相音、相行、相臥等
等，不一而足，不在此一一贅述。

二、相術與隋唐政治

（一）相術與隋唐帝王

據傳隋代開國之君楊堅相貌奇偉，「額上有五柱入頂，目光外射，有文在
手曰『王』。……周太祖見而歎曰：『此兒風骨，不似代間人』。」〔註30〕及至

〔註28〕（宋）李昉等編：《太平廣記》卷76《相骨人》，北京：中華書局，1961年，
第482頁。

〔註29〕（宋）陳摶編著，（明）袁忠徹訂正，鍾琳、郭安注譯：《神相全編》卷1「十
觀」，北京：北京師範大學出版社，1993年，第12頁。

〔註30〕（唐）魏徵等撰：《隋書》卷1《高祖紀》，北京：中華書局，1973年，第1～
2頁。

周明帝即位，因之而遭猜忌。

　　帝嘗遣善相者趙昭視之，昭詭對曰：「不過作柱國耳。」既而陰謂高祖曰：「公當為天下君，必大誅殺而後定。善記鄙言。」〔註31〕

　　或許楊堅相貌的確非同凡響，加之官居顯要，身逢亂世。一些別有用心的相士便如蠅逐臭，蜂擁而至。《隋書・韋鼎傳》載：

　　　　初，鼎之聘周也，嘗與高祖相遇，鼎謂高祖曰：「觀公容貌，故非常人，而神監深遠，亦非群賢所逮也。不久必大貴，貴則天下一家，歲一周天，老夫當委質。公相不可言，願深自愛。」及陳平，上馳召之，授上儀同三司，待遇甚厚。〔註32〕

　　相士來和亦曾對楊堅說：「公當王有四海。」〔註33〕後楊堅果為開國之君，於是彌信之。因而，在其擇選皇儲舉棋不定時，又請來相士來和。「高祖密令善相者來和徧視諸子。和曰：『晉王眉上雙骨隆起，貴不可言。』」〔註34〕開皇二十年，隋文帝遂將「皇太子勇及諸子並廢為庶人」，不久就「以晉王廣為太子」。〔註35〕為奪皇位，楊廣也曾私下請教相士乙弗弘禮，「隋煬帝居藩，召令相己，弘禮跪而賀曰：『大王骨法非常，必為萬乘之王，誠願戒之在得。』」〔註36〕乙弗弘禮看法同來和如出一轍。正因隋煬帝未「戒之在得」，方「隋失其鹿，天下共逐之」。隋末群雄逐鹿之際，正是相士用武之時。時李淵掌管岐州，「太宗時年四歲，有書生自言善相，謁高祖曰：『公貴人也，且有貴子。』見太宗，曰：『龍鳳之姿，天日之表，年將二十，必能濟世安民矣。』」〔註37〕李淵因其言「濟世安民」，故取「世民」命之。李淵之所以深

〔註31〕（唐）魏徵等撰：《隋書》卷1《高祖紀》，北京：中華書局，1973年，第2頁。

〔註32〕（唐）魏徵等撰：《隋書》卷78《韋鼎傳》，北京：中華書局，1973年，第1771～1772頁。

〔註33〕（唐）魏徵等撰：《隋書》卷78《來和傳》，北京：中華書局，1973年，第1773頁。

〔註34〕（唐）魏徵等撰：《隋書》卷3《煬帝紀》，北京：中華書局，1973年，第59頁。

〔註35〕（唐）魏徵等撰：《隋書》卷1《高祖紀》，北京：中華書局，1973年，第45頁。

〔註36〕（後晉）劉昫等撰：《舊唐書》卷191《乙弗弘禮傳》，北京：中華書局，1975年，第5091～5092頁。

〔註37〕（後晉）劉昫等撰：《舊唐書》卷2《太宗本紀》，北京：中華書局，1975年，第21頁。

信不疑，也跟早期相士曾為其相面有一定淵源。

《太平御覽》卷731《方術部一二·相下》載：

> 高祖生長安，紫氣沖庭，神光照室，體有三乳，左腋下有紫志如龍。初有善相者史良言於高祖曰：「公骨法非常，必為人主。至於命也，非所敢知。」久之，史良復遇高祖，乃大驚曰：「骨法如舊，年壽之相頓異昔時。勿忘鄙言，願深自愛。」高祖心益自負。〔註38〕

《太平御覽》卷731《方術部一二·相下》又載：

> 隋尚食奉御郭弘道，字大寶，弘農華陰人也。性寬厚如愚而內敏。……煬帝時，徵為奉御。時高祖為殿內少監，深善之，亟相往來，情契愈昵。弘道善相，因言曰：「公天中伏犀，下相接於眉，此非人臣之相，願深自愛。」高祖取弘道銀盆，置之於地，引弓射之，謂弘道曰：「向言有驗，當一發中之。」既發，應弦而中。弘道曰：「願公事驗之後賜償金盆。」高祖大悅。〔註39〕

而相傳袁天綱為武則天看相，則更富有傳奇色彩，至今猶令人唏噓不已。《舊唐書》卷191《袁天綱傳》載：

> 則天初在襁褓，天綱來至第中，謂其母曰：「唯夫人骨法，必生貴子。」乃召諸子，令天綱相之。見元慶、元爽曰：「此二子皆保家之主，官可至三品。」見韓國夫人曰：「此女亦大貴，然不利其夫。」乳母時抱則天，衣男子之服，天綱曰：「此郎君子神色爽徹，不可易知，試令行看。」於是步於床前，仍令舉目，天綱大驚曰：「此郎君子龍睛鳳頸，貴人之極也。」更轉側視之，又驚曰：「必若是女，實不可窺測，後當為天下之主矣！」〔註40〕

神乎其神的相術著實令人眼花繚亂，似乎帝王必定是天賦異相，非常之人？唐末黃巢起義，唐僖宗入蜀避難。唐宗室李生「隆準龍顏，垂手過膝」，被公認為有帝王之相。「為士民挾持，入京升含元殿」，然不過旬日即亡。〔註41〕唏笑之餘，我們不禁要在嘖嘖稱奇的相術後面，劃上一個大大的問號。

〔註38〕（宋）李昉等編：《太平御覽》，北京：中華書局，1960年，第3241頁。
〔註39〕（宋）李昉等編：《太平御覽》，北京：中華書局，1960年，第3241頁。
〔註40〕（後晉）劉昫等撰：《舊唐書》卷191《袁天綱傳》，北京：中華書局，1975年，第5093～5094頁。
〔註41〕（宋）孫光憲著，林艾園校點：《北夢瑣言》卷12，上海：上海古籍出版社，1981年，第93頁。

（二）相術與隋唐官吏

正所謂「上之所好，下必甚焉」，上之帝王尚且如此，臣屬下僚自不待言。受「學而優則仕」傳統觀念的影響，相書中「封侯」、「三公」、「大貴」等字眼不絕於冊。凡有官祿者，即便位列末流，即為佳命。反之，縱使福壽俱全，亦是枉然。故而通過相術以選拔官吏、籠絡人才及預知升貶謫，便成眾多官吏的終南捷徑。

李勣南征北戰，功勳卓著，「臨事選將，必訾相其狀貌豐厚者遣之。或問其故，勣曰『薄命之人，不足與成功名。』」〔註42〕早在瓦崗寨之時，「魏徵、高季輔、杜正倫、郭孝恪皆客遊其所，一見於眾人，即加禮敬，引之臥內，談謔忘倦。」〔註43〕正是李勣善於「相其狀貌豐厚」的「知人之鑒」，方得仕途騰達，位極人臣。就連開元名相姚崇也未能免俗，對相術頗為倚重。《太平廣記》卷222《相二·裴光庭》載：

> 姚元崇，開元初為中書令。有善相者來見，元崇令密於朝堂。目（目原作自，據明抄本改）諸官後當為宰輔者，見裴光庭白之。時光庭為武官，姚公命至宅與語，復使相者於堂中垂簾重審焉。光庭既去，相者曰：「定矣。」姚公曰：「宰相者，所以佐天成化，非其人莫可居之。向者與裴君言，非應務之士，詞學又寡，寧有其祿乎？」相者曰：「公之所云者才也，僕之所述者命也。才與命固不同焉。」姚默然不信。後裴公果為宰相數年，及在廟堂，亦稱名相。〔註44〕

唐代名相李德裕在《折群疑相論》中，還詳細闡述了運用相術作為選拔人才的手段：

> 夫相之相，在乎清明；將之相，在乎雄傑。清明者、珠玉是也，為天下所寶；雄傑者、虎兕是也，為百獸所伏。然清者必得大權，不能享豐富；雄者必當昌侈，不能為大柄。兼而有之者，在乎粹美而已。予頃歲蒞淮海，屬縣有盱眙，而山多琚玉，剖而為器，清瑩洞徹，雖水精明冰不如也，而價不及凡玉，終不得為至寶，以其不

〔註42〕（宋）司馬光編著，（元）胡三省音注：《資治通鑑》卷201，北京：中華書局，1956年，第6361頁。

〔註43〕（宋）司馬光編著，（元）胡三省音注：《資治通鑑》卷184，北京：中華書局，1956年，第5752頁。

〔註44〕（宋）李昉等編：《太平廣記》卷222《裴光庭》，北京：中華書局，1961年，第1702頁。

粹也。清而粹者，天也，故高不可測；清而澈者，泉也，故深亦可察。此其大略也。余嘗精而求之，多士以才為命，婦人以色為命，凡賦是美者，必將有以貴之。才高者，雖孟嘗眇小，蔡澤折額，亦居萬人之上；色美者，雖鈎弋之拳，李夫人之賤，亦為萬乘之偶。然不如清而粹者，必身名俱榮，福祿終泰，張良是也。擇士能用此術，可以拔十得九，無所疑也。〔註45〕

　　唐以科舉取士，依身、言、書、判為準繩。《唐六典》云：「吏部尚書、侍郎之職，掌天下管事選授、勳封、考課之政令……凡選授之制……以四事擇其良：一曰身，二曰言，三曰書，四曰判。」〔註46〕列居首位之「身」，即言「體貌豐偉」。「身」雖僅為其一，但四者缺一不可〔註47〕，故因體貌不佳未錄取者不乏其人。據《鑒誠錄》記載：晚唐詩人方干，才名聞於四海，因唇缺竟十餘次應試不第。吏部官員言：「方干的確才識非常，然予唇缺者科舉之名，四夷藩國豈不笑天朝無人？」方干聞之，遂隱居不仕。〔註48〕《朝野僉載》亦載：隋代科舉及第者，馬敞因形貌醜陋，吏部尚書牛弘甚為輕視。側臥而食，嘲諷馬敞說：「嘗聞扶風馬，謂言天上下。今見扶風馬，得驢亦不假。」馬敞應聲對曰：「嘗聞隴西牛，千石不用軥。今見隴西牛，臥地打草頭。」牛弘聞言驚起，遂授其官。幸虧馬敞臨機應變，才避免重蹈方干之覆轍。〔註49〕

　　敦煌相書還列舉了所謂的「男子六惡」、「女子九惡」，凡此「惡相」者，男子「不中交友、婚姻」，女子「不堪娶，大凶」。〔註50〕以及前文李德裕《折群疑相論》中所論，皆深刻反映了隋唐時期對形貌的注重。宋朝錢易在《南部新書》中就唐代選舉之制亦言：「吏部常式，舉選人家狀，須云：『中形，黃白色，少有髭。』或武選人家狀，云：『長形，紫黑，多有髭。』」〔註51〕足

〔註45〕（唐）李德裕：《李衛公會昌一品集》外集卷4，北京：商務印書館，民國25年，第279～280頁。

〔註46〕（唐）李林甫等撰，陳仲夫點校：《唐六典》卷2《尚書吏部》，北京：中華書局，1992年，第27頁。

〔註47〕（唐）杜佑撰，王文錦等點校：《通典》卷15《選舉三》，中華書局，1988年，第360頁。

〔註48〕（五代）何光遠著，鄧星亮、鄔宗玲、楊梅校注：《鑒誠錄校注》卷8《屈名儒》，成都：巴蜀書社，2011年，第200頁。

〔註49〕（唐）張鷟撰：《朝野僉載》卷4，北京：中華書局，1979年，第86頁。

〔註50〕敦煌文獻 P.2572（A）《相男子第卅》、《相女子九惡第卅一》。

〔註51〕（宋）錢易撰，黃壽成點校：《南部新書》，北京：中華書局，2002年，第24頁。

見有唐一代，官吏對相術的狂迷癡戀。

　　凡事皆有兩面性，相術亦是一把「雙刃劍」。相術的確有利於封建統治穩固的一面，但其負面影響也不可小覷。隋末唐初大將羅藝，其夫人孟氏被稱有「貴相」。《新唐書》卷92《羅藝傳》載：

　　　　先是，濟陰女子李，自言通鬼道，能愈疾，四方惑之，詔取致京師。嘗往來藝家，謂藝妻孟曰：「妃相貴，當母天下。」孟令視藝，又曰：「妃之貴由於王，貴色且發。」藝妻信之，亦贊以反，既敗，與李皆斬。〔註52〕

　　無獨有偶，太宗時人張亮，素懷異志，嘗言：「吾有姜，相者云必為諸王姬。」〔註53〕既而敗，伏誅。武周時期，劉思禮、綦連耀也因篤信相術圖謀叛亂而重蹈覆轍。

　　　　義節從子思禮，萬歲通天二年，為箕州刺史。思禮少嘗學相術於許州張憬藏，相己必歷刺史，位至太師。及授箕州，益自喜，以為太師之職，位極人臣，非佐命無以致之。與洛州錄事參軍綦連耀結構謀反，謂耀曰：「公體有龍氣。」耀亦謂思禮曰：「公是金刀，合為我輔。」因相解釋圖讖，即定君臣之契。又令思禮自衒相術，每所見人，皆謂之「合得三品」，使務進之士，聞之滿望，然始謂云：「綦連耀有天分，公因之以得富貴。」事發繫獄，乃多證引朝士，冀以自免。所誣陷者三十餘家，耀、思禮並伏誅。〔註54〕

《舊唐書・方技列傳・序》就此抨擊說：

　　　　夫術數占相之法，出於陰陽家流。自劉向演《洪範》之言，京房傳焦贛之法，莫不望氣視祲，懸知災異之來；運策揲蓍，預定吉凶之會。固已詳於魯史，載彼《周官》。其弊者肆業非精，順非行偽，而庸人不修德義，妄冀遭逢。如魏豹之納薄姬，孫皓之邀青蓋，王莽隨式而移坐，劉歆聞識而改名。近者綦連耀之構異端，蘇玄明之犯宮禁，皆因占候，輔此奸凶。聖王禁星緯之書，良有

〔註52〕（宋）歐陽修、宋祁撰：《新唐書》卷92《羅藝傳》，北京：中華書局，1975年，第3807頁。

〔註53〕（宋）歐陽修、宋祁撰：《新唐書》卷94《張亮傳》，北京：中華書局，1975年，第3829頁。

〔註54〕（後晉）劉昫等撰：《舊唐書》卷57《劉文靜傳》，北京：中華書局，1975年，第2296頁。

以也。〔註 55〕

於是，武則天明令禁止相術的傳習，「載初元年六月敕：相書及朔計家書。多妄論禍福。並宜禁斷。」〔註 56〕然而，相術深深植根於隋唐社會的肥沃土壤，如此詔令無異於一紙空文而已。

三、隋唐相術批判

《劉子》卷 5《命相章》云：

> 命者，生之本也，相者，助命而成者也。命則有命，不形於形；相則有相，而形於形。有命必有相，有相必有命；同稟於天，相須而成也。人之命相，賢愚貴賤，修短吉凶，制氣結胎受生之時。其真妙者，或感五帝三光，或應龍跡氣夢，降及凡庶，亦稟天命，皆屬星辰。其值吉宿則吉，值凶宿則凶。受氣之始，相命既定，即鬼神不能移改，而聖智不能回也。〔註 57〕

北齊劉晝所言的命相先天決定論，基本上代表了自古及今對相術家的主流觀點。人之相是命得直接反映，先天命相既定，雖鬼神亦不能易之。這種觀念在隋唐依然盛行，「夫圓首方足，含靈受氣，吉凶形於相貌，貴賤彰於骨法，生人之所欲知也。」〔註 58〕唐著名史學家劉知幾對相術的認識，頗能代表當時的觀點。《太平廣記》卷 146《定數一·王顯》云：

> 唐王顯，與文武皇帝有嚴子陵之舊，每掣褌為戲，將帽為歡。帝微時，常戲曰：「王顯抵老不作繭。」及帝登極而顯謁，因奏曰：「臣今日得作繭耶？」帝笑曰：「未可知也。」召其三子，皆授五品，顯獨不及。謂曰：「卿無貴相，朕非為卿惜也！」曰：「朝貴而夕死足矣。」時僕射房玄齡曰：「陛下既有龍潛之舊，何不試與之。」帝與之三品，取紫袍金帶賜之，其夜卒。〔註 59〕

〔註 55〕（後晉）劉昫等撰：《舊唐書》卷 191《方技傳》，北京：中華書局，1975 年，第 5087～5088 頁。

〔註 56〕（宋）王溥撰：《唐會要》卷 44《雜錄》，北京：中華書局，1955 年，第 797 頁。

〔註 57〕（北齊）劉晝著，傅亞庶校釋：《劉子校釋》卷 5《命相章》，北京：中華書局，1998 年，第 240～241 頁。

〔註 58〕（唐）劉知幾，白雲譯注：《史通》，北京：中華書局，2014 年，第 109 頁。

〔註 59〕（宋）李昉等編：《太平廣記》卷 146《王顯》，北京：中華書局，1961 年，第 1049 頁。

《太平廣記》卷223《相三‧丁重》亦云：

> 駙馬於悰方判鹽鐵，頻有宰弼之耗。時路岩秉鈞持權，與之不
> 協。一旦重至新昌私第，值於公適至。路曰：「某與之賓朋，處士垂
> 箔細看，此人終作宰相否。」備陳飲饌，留連數刻。既去，問之曰：
> 「所見何如？」重曰：「入相必矣，兼在旬月之內。」岩笑曰：「見是
> 貴戚，復做鹽鐵使耳。」重曰：「不然，請問於之恩澤，何如宣宗朝
> 鄭都尉？」岩曰：「又安可比乎。」重曰：「鄭為宣宗注意者久，而
> 竟不為相。（命相）豈將人事可以斟酌？某比不熟識於侍郎，今日見
> 之，觀其骨狀，真為貴人。……其後浹旬，于果登臺鉉。〔註60〕

「命裏有時終須有，命裏無時莫強求」。王顯的「無貴相」和於悰的「骨
狀」非常，似乎為其做了一個最好的注腳。對此，杜牧一針見血地指出：

> 呂公善相人，言女呂后當大貴，宜以配季。季後為天子，呂后
> 復稱制天下，王呂氏子弟，悉以大國。隋文帝相工來和輩數人，亦
> 言當為帝者，後篡竊果得之。誠相法之不謬矣。呂氏自稱制通為後
> 凡二十餘年間，隋氏自篡至滅凡三十六年間，男女族屬，殺滅殆盡。
> 當秦末，呂氏大族也，周末，楊氏為八柱國，公侯相襲久矣，一旦
> 以一女子一男子偷竊位號，不三二十年間，壯老嬰兒，皆不得其死。
> 不知一女子為呂氏之福邪，為禍邪？一男子為楊氏之禍邪，為福
> 邪？得一時之貴，滅百世之族，彼知相法者，當日此必為呂氏、楊
> 氏之禍，乃可為善相人矣。今斷一指得四海，凡人不欲為，況以一
> 女子一男子易一族哉。〔註61〕

杜牧行文欲抑先揚，並未痛陳相術之偽。而以呂后、隋文帝二人的歷史
史實，使相術之偽不攻自破。《新唐書》卷142《柳渾傳》載：

> 柳渾字夷曠，一字惟深，本名載，梁僕射惔六世孫，後籍襄州。
> 早孤，方十餘歲，有巫告曰：「兒相夭且賤，為浮屠道可緩死。」諸
> 父欲從其言，渾曰：「去聖教，為異術，不若速死。」學愈篤，與遊
> 者皆有名士。天寶初，擢進士第，調單父尉，累除衢州司馬。……

〔註60〕（宋）李昉等編：《太平廣記》卷223《丁重》，北京：中華書局，1961年，
第1715頁。

〔註61〕（唐）杜牧：《樊川文集》卷5《論相》，上海：上海古籍出版社，1978年，
第95頁。

五年卒，年七十五，謚曰貞。〔註62〕

　　唐代柳渾更是身體力行，證明了命相先天論的荒謬性。除此之外，韓愈和皮日休對隋唐時期流行的形貌相法，也進行過批判。韓愈論曰：

　　　　談生之為《崔山君傳》，稱鶴言者，豈不怪哉！然吾觀於人，其能盡其性而不類於禽獸異物者希矣。將憤世嫉邪，長往而不來者之所為乎？昔之聖者，其首有若牛者，其形有若蛇者，其喙有若鳥者，其貌有若蒙俱者：彼皆貌似而心不同焉，可謂之非人邪？即有平肋曼膚，顏如渥丹，美而很者，貌則人，其心則禽獸，又惡可謂之人邪？然則觀貌之是非，不若論其心與其行事之可否為不失也。怪神之事，孔子之徒不言，余將特取其憤世嫉邪而作之，故題之云爾。〔註63〕

皮日休亦云：

　　　　今之相工，言人相者，必曰：「某相類龍，某相類鳳，某相類牛馬，某至公侯，某至卿相。」是其相類禽獸則富貴也。噫！立形於天地，分性於萬物，其貴者，不過人乎？人有真人形而賤貧，類禽獸而富貴哉？將今之人，言其貌類禽獸則喜，真人形則怒；言其行類禽獸則怒，真人心則喜。夫以鳳為禽耶？鳳則仁義之禽也。以騶虞為獸耶？則騶虞仁義之獸也。今之人也，仁義能符是哉？是行又不若於禽獸也，宜矣。〔註64〕

　　如此可見，柳渾身體力行的人生歷程，以及杜牧、韓愈和皮日休的金玉之論，都對命相先天決定論以致命一擊，揭示了其荒誕無稽的本質。

四、小結

　　自戰國荀子以降，如王充、韓愈、杜牧、皮日休等人，皆對相術進行了鞭闢入裏的批判。然相術緣何依舊風靡不衰，相士所言又為何時常應驗？究其根源，蓋有四端：

〔註62〕（宋）歐陽修、宋祁撰：《新唐書》卷142《柳渾傳》，北京：中華書局，1975年，第4671～4673頁。

〔註63〕（唐）韓愈著，劉真倫、岳珍校注：《韓愈文集匯校箋注》卷1《雜說四首》，北京：中華書局，2010年，第101頁。

〔註64〕（唐）皮日休著，蕭滌非、鄭慶篤整理：《皮子文藪》卷7《相解》，上海：上海古籍出版社，1981年，第63頁。

　　第一，相術的哲學基礎。中國傳統哲學源於對宇宙萬物形而下的感性認識，再昇華至形而上的理性概括。相術正是承襲了其優秀基因和內部機制，如陰陽五行學說，道家思想，天人合一等傳統哲學的精髓。《淮南子・天文訓》云：「天地未形，馮馮翼翼，洞洞澤澤，故曰泰始。泰始生虛霸，虛霖生宇宙，宇宙生元氣。元氣有涯垠，清陽者薄靡而為天，重濁者凝滯而為地。清陽之合專易，重濁之凝竭難；故天先成而地後定。天地之襲，精為陰陽；陰陽之專，精為四時；四時之散，精為萬物。積陽之熱氣久者生火，火氣之精者為日；積陽之寒氣為水，水氣之精者為月。日月之淫氣，精者為星晨。天受日月星辰，地受水潦塵埃。……」〔註65〕這一論述詳細闡釋了陰陽五行、道家學說和天人合一的「三位一體」的理論模式。故而相術理論認為，「人法地，地法天，天法道，道法自然」〔註66〕，人乃天地造化之物。其本於天人相符、陰陽五行生克制化之理，融合於宇宙自然的循環軌跡之中。以天地自然的宇宙生成規律，來推知個人小宇宙的特有存在形態。並將客觀萬物抽象為陰陽五行的符號，借助已知的同類事物的存在形態進行取象比類，進而達到對未知事物的整體觀照。

　　馮友蘭先生指出：「中國實只有上古與中古哲學，而尚無近代哲學。」〔註67〕他認為，自孔丘到《淮南王》為中國上古哲學，從董仲舒至康有為是中古哲學，而中古哲學最顯著的特點，即是「大部分依傍經學之名，以發布其所見」〔註68〕。《淮南子》是上古哲學的集大成之著，董仲舒經學則是對其進一步的縱深發展。自此，儒派哲學的天地自然、生命形態、社會人事三位一體的同源、同理、同步的宇宙模式。雖經後人不斷改良和增益，但「萬變不離其宗」，從而成為整個中古時代的主導思想。既然相術所依傍的哲學理論之樹常青，那麼相術綿延千載，風靡不衰，也自然不足為怪了。

　　第二，相術的中醫成分。相術與中醫本為同源而生，只不過後來向著兩條不同的方向而發展演變。江湖相士正是通過中醫「望聞問切」的望診以高

〔註65〕張雙棣撰：《淮南子校釋》卷3《天文訓》，北京：北京大學出版社，1997年，第245頁。

〔註66〕陳鼓應：《老子注譯及評介》，北京：中華書局，2015年，第151頁。

〔註67〕馮友蘭著：《三松堂全集》第11卷，鄭州：河南人民出版社，2000年，第225頁。

〔註68〕馮友蘭著：《三松堂全集》第11卷，鄭州：河南人民出版社，2000年，第226頁。

其術，給相術注入了科學的理論內核。望診，是對病人的神、色、形、態、舌像等進行有目的的觀察，以測知內臟病變。中醫通過大量的醫療實踐，逐步認識到機體外部，特別是面部、舌質，舌苔與臟腑的關係非常密切。如相術認為耳聳過眉者百歲不死，耳輪堅厚者長壽，耳輪薄者命淺，耳輪模糊者損壽等，這些皆源自中醫理論「腎生腦，……腎發為耳」〔註69〕、「耳堅者，腎堅。耳薄不堅者，腎脆」〔註70〕。耳貫腦通腎，為心與腎的表徵理論的引申，耳廓較長，耳垂組織豐滿，正是腎氣盛健的表候反映，這早已在中醫臨床實踐上得到充分印證。昔日，唐德宗見李忠臣耳大，也曾不禁感喟「卿耳大，真貴兆」〔註71〕。

又如相術認為，眉毛秀美者往往預示著命運旺盛。《靈樞・陰陽二十五人》曰：「美眉者，足太陽之脈血氣多，惡眉者，血氣少也。……審察其行氣有餘不足而調之，可以知逆順矣。」〔註72〕依中醫理論解釋，眉毛秀美正是人體氣血豐足的表現，而氣血豐足之人也自然生命力旺盛。誠如《靈樞・本臟篇》所說：「視其外應，以知其內臟，則知所病矣。」〔註73〕近些年來，學者對古代手相學也進行了研究，發現不同手紋的沉浮消長確實和病症的輕重緩急的確有著各種對應關係。〔註74〕此外，前文所說相氣色和形貌相法，其理論淵源亦皆來自《黃帝內經》的《靈樞・陰陽二十五人》、《靈樞・通天》、《靈樞・五色》等篇章。

第三，相士的博聞廣識，巧舌如簧。祝平一在《漢代的相人術》一書中稱：「據人類學家的研究，占卜者通常對於他所處在的社會脈絡都有相當的瞭解，如此他方能面對不同的顧客所問的不同問題。」〔註75〕唐末詩人羅隱六舉不第後，特地請教於相士羅尊師。羅尊師審度時勢，認為羅隱即使榮登榜

〔註69〕黎翔鳳撰，梁運華整理：《管子校注》卷14「水地」，北京：中華書局，2004年，第815頁。

〔註70〕姚春鵬譯注：《黃帝內經・靈樞》卷7《本臟第四十七》，北京：中華書局，2010年，第1203頁。

〔註71〕（宋）歐陽修、宋祁撰：《新唐書》卷224《李忠臣傳》，北京：中華書局，1975年，第6389頁。

〔註72〕姚春鵬譯注：《黃帝內經・靈樞》卷9《陰陽二十五人第六十四》，北京：中華書局，2010年，第1309～1310頁。

〔註73〕姚春鵬譯注：《黃帝內經・靈樞》卷7《本臟》，北京：中華書局，2010年，第1208頁。

〔註74〕王晨霞：《現代掌紋診病》，蘭州：甘肅人民出版社，1997年，第1～7頁。

〔註75〕王晶波：《敦煌寫本相書研究》，北京：民族出版社，2010年，第312頁。

首，不過如簿、尉之微職。如若以羅隱當時的才學名望，遊學東南桑梓，必定冠絕一方。後果為吳越錢氏所重用。〔註76〕還有廣為流傳於唐末民間的裴度看相的故事，後被關漢卿創作為雜劇《裴度還帶》。《太平廣記》卷117《報應十六·裴度》云：

> 唐中書令晉國公裴度，質狀眇小，相不入貴，屢屈名場，頗亦自惑。會有相工在洛中，大為縉紳所神。公特造之，問命，相工曰：「郎君形神，稍異於人，不入相。若不至貴，即當餓死。今則殊未見貴處，可別日垂訪，為君細看。」公然之。他日出遊香山寺，徘徊於廊廡間，忽見一素衣婦人，致緹褶於僧伽欄楯之上，祈祝良久，瞻拜而去。少頃，度方見緹褶在舊處，知其遺忘也，又料追付不及，遂收取，以待婦人再至，日暮竟不至，度挈歸逆旅。詰旦，復攜往，寺門始闢，睹昨日婦人，疾趨而至，憮聲惋歎，若有非橫。度從而問之，婦人曰：「阿父無罪被繫，昨貴人假得玉帶二犀帶一，直千餘緡，以賂津要，不幸失去於此。今老父不測之禍，無所逃矣。」度憮然，復細詰其物色，因而授之。婦人拜泣，請留其一，度笑而遣之。尋詣昔相者，相者審度，聲色頓異，驚歎曰：「此必有陰德及物，前途萬里，非某所知也。」度因以前事告之。度果位極人臣。〔註77〕

相士初言：「郎君形神，稍異於人，不入相。若不至貴，即當餓死。今則殊未見貴處，可別日垂訪，為君細看。」便隱約其辭、首鼠兩端，留有餘地。之後，又故弄玄虛，託之「此必有陰德及物」。在鼓吹命相先天論的同時，又以「凡相之法，看其所作。雖有好相，猶須好行。行若不善，損相毀傷也。」〔註78〕為遁詞。相士巧舌如簧，翻雲覆雨，大抵如此。

第四，人類的精神需求。正如張明喜在《洩露的天機》所言：「和宗教一樣，相術、命學的長期存在，還與人類特殊的精神需要有關，人有著強烈的自我意識和自我實現的欲望。人的發展，一方面取決於個人的難於確定的能力，一方面又取決於環境所提供的難於預測的條件，這些不定性使得個人的

〔註76〕（宋）薛居正等撰：《舊五代史》卷24《羅隱傳》，北京：中華書局，1976年，第326～327頁。

〔註77〕（宋）李昉等編：《太平廣記》卷117《裴度》，北京：中華書局，1961年，第816～817頁。

〔註78〕敦煌文獻 P2572（B）《相法》（擬）。

命運帶有一種未知的神秘色彩，而人總是迫不及待地企望得知自己今後命運的軌跡，獲得對自己面目和價值的認知，這就給自稱能預言個人未來命運的相術、命學提出了廣闊的精神市場。」〔註79〕

　　總之，相術在其數千載發展的歷史長河中，可謂泥沙俱下，魚龍混雜。雖蘊含有一定的科學合理內核，然亦不乏封建糟粕。唯有釐清其精華與糟粕，方能真正揭開相術的神秘面紗。

〔註79〕陳興仁：《神秘的相術》，南寧：廣西人民出版社，2009 年，第 212 頁。

第二章　唐代星占

　　星占術又稱占星術〔註1〕，是指古人根據星象活動的變化來判斷和預測
人間事務變化因果的術數體系。星占術根據星體的位置、大小、顏色、運行
軌跡及狀態的變化進行預測，包括日占、月占、五星占、流星占、雲氣占等。
遠在上古時期，蒙昧狀態的原始初民，就與星象有著不解之緣。顧炎武在其
《日知錄》中曾言：「三代以上，人人皆知天文，『七月流火』，農夫之辭也。
『三星在戶』，婦人之語也。『月離于畢』，戍卒之作也。『龍尾伏辰』，兒童之
謠也。」〔註2〕上古三代，我國先民星占的主要目的是為了掌握星象運行變化
與時令節氣之間的規律，以便準確把握農耕、漁獵等生產活動。同時，星宿
崇拜也是上原始宗教的一個重要組成部分，它同圖騰崇拜、祖先崇拜密切地
相互聯繫。《禮記・五帝德篇》稱帝嚳高辛氏「曆日月而迎送之，明鬼神而敬
事之」〔註3〕，《禮記・祭義》亦稱「郊之祭，大報天而主日，配以月。夏后
氏祭其暗，殷人祭其陽，周人祭日以朝及暗」〔註4〕。先民崇拜星神不外乎兩
大方面：一是感激星辰給他們帶來利益，如太陽帶來的溫暖，北斗星能幫助

〔註1〕關於星占術的起源，陳遵媯先生稱「作為世界性現象的占星術，其起源非常之
　　　　早，我國大約在商代以前，占星術就已經萌芽了。由於奴隸主階級的提倡，占星
　　　　術得到了迅速發展，商代的許多甲骨片就是占卜用的，其中有不少天象紀事，正
　　　　是占星術發達的證明。古代史籍中常見的巫咸，就是商代著名的占星家」。參
　　　　見陳遵媯：《中國天文學史》，上海：上海人民出版社，1980年，第193頁。
〔註2〕（清）顧炎武著，黃汝成集釋，欒保群、呂宗力校點：《日知錄集釋》，上海：
　　　　上海古籍出版社，2013年，第1673頁。
〔註3〕（清）王聘珍撰，王文錦點校：《大戴禮記解詁》卷7《五帝德》，北京：中華
　　　　書局，1983年，第121頁。
〔註4〕王文錦譯解：《禮記譯解》，北京：中華書局，2001年，第687頁。

確定方向等；二是異常的天象是他們感到恐懼，如日月食、彗星等。正因如此，上古時代即有相關專職官員，據《世本·作篇》載「黃帝使羲和作占日，常儀作占月，臾區占星氣。……」〔註5〕西周亦有保章氏一職，其「掌天星，以志星辰日月之變動，以觀天下之遷，辨其吉凶。以星土辨九州之地，所封封域，皆有分星，以觀妖祥」〔註6〕隨後星占越來越被賦予強烈的政治意義，〔註7〕正所謂「天文有五官。官者，星官也。星座有尊卑，若人之官曹列位，故曰天官」〔註8〕。對此，孔穎達更加明確地說：「北斗環繞北極，猶卿士之周衛天子也。五星行於列宿，猶州牧之省察諸侯也。二十八宿布於四方，猶諸侯為天子守上也。天象皆有尊卑相正之法。」〔註9〕這種強烈的政治屬性，使得中國古代天文學長期從屬於星占學〔註10〕，但兩者「你中有我，我中有你」難分彼此〔註11〕，正如《漢書·藝文志》所云：「天文者，序二十八宿，步五星日月，以紀吉凶之象，圣王所以參政也。《易》曰：『觀乎天文，以察時變。』然星事凶悍，非湛密者弗能由也。夫觀景以譴形，非明王亦不能服听也。以不能由之臣，諫不能听之王，此所以兩有患也。」〔註12〕

日月五星者，即所謂「七曜」，指日（太陽）、月（太陰）与金（太白）、木（歲星）、水（辰星）、火（熒惑）、土（填星、鎮星）五大行星。星占學家分別賦予其不同的內涵，如《乙巳占·日占》云：「日為太陽之精，積而成象人

〔註5〕（漢）宋衷注，（清）張澍粹集補注：《世本》，見《叢書集成初編》，北京：商務印書館，1936年，第5～7頁。

〔註6〕（清）孫詒讓撰，王文錦、陳玉霞點校：《周禮正義》，北京：中華書局，1987年，第2114～2116頁。

〔註7〕陳遵媯先生稱「周滅殷以後，新的統治階級為了使人們相信周之繼殷，不僅『人心所歸』，也是『天意所屬』，利用占星術來證明這種觀點，使占星術有所發展」。參見陳遵媯：《中國天文學史》，上海：上海人民出版社，1980年，第193頁。

〔註8〕（漢）司馬遷撰：《史記》卷27《天官書第五》，北京：中華書局，1959年，第1289頁。

〔註9〕（漢）孔安國傳，（唐）孔穎達疏，廖明春、陳明整理，呂紹綱審定：《尚書正義》卷10《說命中第十三》，見李學勤主編：《十三經注疏》，北京：北京大學出版社，1999年，第249頁。

〔註10〕陳美東：《中國古代天文學思想》，北京：中國科學技術出版社，2007年，第734頁。

〔註11〕江曉原：《天學真原》，瀋陽：遼寧教育出版社，2007年，第1～7頁。

〔註12〕（漢）班固撰：《漢書》卷30《藝文志第十》，北京：中華書局，1962年，第1765頁。

君」〔註13〕，《乙巳占·月占》云：「夫月者，太陰之精……以之配日，女主之象。……列之朝廷，諸侯大臣之數也」〔註14〕，《乙巳占·日蝕占》又云：「夫日依常度，蝕者，月來掩之也，臣下蔽君之象」〔註15〕等。《漢書·藝文志》也分別指出了五星的星占含義：「辰星，殺伐之气，戰鬥之象也。……歲星所在國不可伐，可以伐人。……熒惑為亂、為賊、為疾、為喪、為饑、為兵，所居之宿國受殃。……太白，兵象也。……太白，猶軍也。……填星所居，國吉。」〔註16〕伴隨著天人感應觀念逐漸介入星占學，星占徹底變為了一種政治的工具，漢初陸賈即言：「治道失於下，則天文變於上。」〔註17〕董仲舒進而將此演化成一整套天人感應的神學理論，並被納入官方的宗教神學體系，此時星占也不再僅僅是一種術數了。董仲舒的天人之學對星占理論產生重大影響，如《史記·天官書》稱「自初生民以來，世主曷嘗不曆日月星辰？及至五家、三代，紹而明之，內冠帶，外夷狄，分中國為十有二州，仰則觀象於天，俯則法類於地。天則有日月，地則有陰陽。天有五星，地有五行。天則有列宿，地則有州域。三光者，陰陽之精，气本在地，而圣人統理之」〔註18〕，又如《漢書·藝文志》亦稱「此皆陰陽之精，其本在地，而上發於天者也。政失於此，則變見於彼，猶景之象形，響之應聲。是以明君睹之而寤，飭身正事，思其咎謝，則禍除而福至，自然之符也」〔註19〕等。唐代統治階級也極其重視天文星占機構，先後設置了太史監、太史局、秘閣局、渾天監、渾儀監及司天臺。至唐肅宗乾元元年的改革〔註20〕，方以司天臺最

〔註13〕石午編：《術數全書》中卷《乙巳占》，鄭州：中州古籍出版社，1994年，第128頁。

〔註14〕石午編：《術數全書》中卷《乙巳占》，鄭州：中州古籍出版社，1994年，第141頁。

〔註15〕石午編：《術數全書》中卷《乙巳占》，鄭州：中州古籍出版社，1994年，第137頁。

〔註16〕（漢）班固撰：《漢書》卷26《天文志第六》，北京：中華書局，1962年，第1280～1285頁。

〔註17〕王利器撰：《新語校注》，北京：中華書局，1986年，第155頁。

〔註18〕（漢）司馬遷撰：《史記》卷27《天官書第五》，北京：中華書局，1959年，第1342頁。

〔註19〕（漢）班固撰：《漢書》卷26《天文志第六》，北京：中華書局，1962年，第1273頁。

〔註20〕《新唐書·百官志》載：「乾元元年，曰司天臺。藝術人韓穎、劉烜建議改令為監，置通玄院及主簿，置五官監候及五官禮生十五人，掌布諸壇神位。」參見（宋）歐陽修、宋祁撰：《新唐書》卷47《百官志》，北京：中華書局，

終穩定延續下來。〔註21〕

一、唐代天文星占概況

迨至唐代，星占學的發展已是枝繁葉茂，蔚然壯觀。唐初帝王極其重視天文星占機構，先後設置了太史監、太史局、秘閣局、渾天監、渾儀監及司天臺。至唐肅宗乾元元年的改革〔註22〕，方以司天臺最終穩定延續下來。

唐初天文星占機構雖幾經更迭，然名異而實同。其主要職責，以太史局為例，可窺一斑。據《大唐六典・太史局》記載：

> 太史局：令二人，從五品下；丞二人，從七品下；令史二人，書令史四人。太史令掌觀察天文、稽定曆數。凡日月星辰之變，風雲氣色之異，率其屬而占候焉。其屬有司曆、靈臺郎、挈壺正。凡玄象器物、天文圖書。苟非其任，不得與焉。〔註23〕

太史令所職「觀察天文」，即是天文星占的觀測與解釋。《大唐六典・太史令》云：「每季錄所見災祥，送門下中書省，入起居注。歲終總錄，封送史館。」〔註24〕《隋書・經籍志》曰：「天文者，所以察星辰之變，而參於政者也。」〔註25〕除太史令之外，專職官員靈臺郎也負責天象的觀測和占候。《大唐六典・太史局》亦載：

1975 年，第 1216 頁。

〔註21〕唐代天文星占機構雖幾經更迭，然名異而實同。其主要職責，以太史局為例，可窺一斑。據《唐六典》記載：「太史局：令二人，從五品下；丞二人，從七品下；令史二人，書令史四人。太史令掌觀察天文、稽定曆數。凡日月星辰之變，風雲氣色之異，率其屬而占候焉。其屬有司曆、靈臺郎、挈壺正。凡玄象器物、天文圖書。苟非其任，不得與焉。」參見（唐）李林甫等撰，陳仲夫點校：《唐六典》卷10「秘書省」，北京：中華書局，1992 年，第 302～303 頁。

〔註22〕《新唐書・百官志》載：「乾元元年，曰司天臺。藝術人韓穎、劉烜建議改令為監，置通玄院及主簿，置五官監候及五官禮生十五人，掌布諸壇神位。」參見（宋）歐陽修、宋祁撰：《新唐書》卷 47《百官志》，北京：中華書局，1975 年，第 1216 頁。

〔註23〕（唐）李林甫等撰，陳仲夫點校：《唐六典》卷10「秘書省」，北京：中華書局，1992 年，第 302～303 頁。

〔註24〕（唐）李林甫等撰，陳仲夫點校：《唐六典》卷10「秘書省」，北京：中華書局，1992 年，第 303 頁。此處「災祥」，《唐會要》解作「天文祥異」，其下注云：「太史每季並所佔候祥驗同報」參見（宋）王溥撰：《唐會要》卷 63《史館上・諸司應送史館事例》，北京：中華書局，1955 年，第 1089 頁。

〔註25〕（唐）魏徵等撰：《隋書》卷 34《經籍三》，北京：中華書局，1973 年，第 1021 頁。

　　靈臺郎掌觀天文之變而占候之。凡二十八宿，分為十二次：……
所以辨日月之躔次，正星辰之分野。凡占天文變異，日月薄蝕，五
星陵犯，有石氏、甘氏、巫咸三家中外官占。凡瑞星、妖星，瑞氣、
妖氣，有諸家雜占。〔註26〕

　　另外，太史局奏事無須經中書、門下二省，可直接呈報皇帝。〔註27〕《大
唐六典・太史局》云：「所見徵祥災異，密封聞奏，漏泄有刑。」〔註28〕有漏
泄者，如《唐律疏議・漏泄大事》言：「非大事應密者，徒一年半。」〔註29〕
不唯如此，因太史局掌控著國家「天文」的高度機密，故對其社交活動作了
相關限制。開元十年（722年）唐玄宗規定：「宗室、外戚、駙馬，非至親毋
得往還。其卜相占候之人，皆不得出入百官之家。」〔註30〕「占候」即指官
方天文星占者。開成五年（840年），唐武宗進一步加以限制，「自今已後，監
司官吏並不得更與朝官及諸色人等交通往來，委御史臺查訪。」〔註31〕

　　唐肅宗乾元革新的核心內容之一，即是司天五官的確立。司天臺相關官
員依春、夏、秋、冬、中的時空概念而置，有五官正、五官副正、五官保章
正、五官靈臺郎、五官監候、五官司曆、五官司辰、五官挈壺正及五官禮生
等。其相關的職責，我們試以五官正與五官副正為例，加以解釋說明。依照
唐制，五官正和五官副正，即春、夏、秋、冬、中各一人，分屬正五品和正六
品。「掌司四時，各司其方之變異」，〔註32〕五官依時間和方位的對應關係，
又緣何而建？《新唐書・百官志》載：「（五官正和副正）冠加一星珠，以應五

〔註26〕（唐）李林甫等撰，陳仲夫點校：《唐六典》卷10「秘書省」，北京：中華書
　　　　局，1992年，第304～305頁。
〔註27〕《唐會要》載：「仗下奏事人，宜對中書門下奏。若有秘密，未應揚露，及太
　　　　史官，不在此限。」可參見（宋）王溥撰：《唐會要》卷25《百官奏事》，北
　　　　京：中華書局，1955年，第477頁。
〔註28〕（唐）李林甫等撰，陳仲夫點校：《唐六典》卷10「秘書省」，北京：中華書
　　　　局，1992年，第303頁。
〔註29〕長孫無忌等撰，劉俊文點校：《唐律疏議》卷9《職制・漏泄大事》，北京：中
　　　　華書局，1983年，第195頁。
〔註30〕（宋）司馬光編著，（元）胡三省音注：《資治通鑑》卷212，北京：中華書
　　　　局，1956年，第6751頁。
〔註31〕（後晉）劉昫等撰：《舊唐書》卷36《天文志下》，北京：中華書局，1975年，
　　　　第1336頁；亦可參見（宋）王溥撰：《唐會要》卷44《太史局》，北京：中華
　　　　書局，1955年，第797頁。
〔註32〕（宋）歐陽修、宋祁撰：《新唐書》卷47《百官志》，北京：中華書局，1975
　　　　年，第1216頁。

緯，衣從其方色。」〔註33〕「五緯」即五星，正與傳統五行理論相應。

表1　五行與五星、四時、五方等歸類表

五官正	五緯（五星）	四　時	五　方	五　色
春官正	木星	春	東方	青
夏官正	火星	夏	南方	赤
中官正	土星	季夏	中央	黃
秋官正	金星	秋	西方	白
冬官正	水星	冬	北方	黑

　　五官監侯、五官靈臺郎、五官保章正、五官司辰、五官挈壺正等，也分別依此而設。自此以後的歷代統治者，基本沿襲了乾元改革的司天五官建制。這也間接說明了以五行學說為內核的司天五官制度，具有一定的內在合理性。

　　星占術作為帝王御用之術，向來不容外界染指。唐代宗大曆二年（公元767年），正式頒布了《禁藏天文圖讖制》，斯敕曰：

> 天文著象，職在於疇人，讖緯不經，盡深於疑眾。蓋有國之禁，非私家所藏。……自四方多故，一紀於茲，或有妄庸，輒陳休咎。假造符命，私習星曆，共肆窮鄉之辯，相傳委巷之談。飾詐多端，順非而澤，熒惑州縣，註誤閭閻，懷挾邪妄，莫逾於此。其元（玄）象器物、天文圖書、讖書、《七曜曆》、《太一雷公式》等，準法官人百姓等私家並不合輒有。自今以後，宜令天下諸州府切加禁斷，各委本道觀察節度等使與刺史縣令嚴加捉搦，仍令分明榜示鄉村要路，並勒鄰伍遞相為保。如先有藏蓄者，限敕到十日內，齎送官司，委本州刺史等對眾焚毀。如限外隱藏，有人糾告者，其藏隱人先決杖一百，仍禁身聞奏。其糾告人先有官及無官者，每告得一人，超資授正員官，其不願任官者，給賞錢五百貫文，仍取當處官錢，三日內分付訖。具狀聞奏，告得兩人以上，累酬官賞。其州府長史縣令本判官，等不得捉搦，委本道使具名彈奏，當重科貶。兩京委御史臺切加訪察聞奏，準前處分。〔註34〕

〔註33〕（宋）歐陽修、宋祁撰：《新唐書》卷47《百官志》，北京：中華書局，1975年，第1216頁。

〔註34〕（後晉）劉昫等撰：《舊唐書》卷11《代宗紀》，北京：中華書局，1975年，第265～286頁；（清）董誥等編：《全唐文》卷410，常袞《禁藏天文圖讖制》，

　　敕文又進一步重申了《唐律》有關玄象器物的規定，《唐律疏議》卷9《職制・私有玄象器物》曰：「諸玄象器物，天文圖書、讖書、兵書、七曜曆、太乙雷公，私家不得有。違者徒二年。」〔註35〕關於唐代禁止民間天文星占的政策，唐代文人雅士相關判文也多有記載。如《全唐文》卷404薛驥《對家僮視天判》〔註36〕，以及同書卷305徐安貞《對習星曆判》〔註37〕等。

　　星占學深深地影響著唐代社會的方方面面，如「上將發文昌，中軍靜朔方。占星引旌節，擇日拜壇場。」〔註38〕描寫了唐代軍事征伐對星占的倚重；「占星非聚德，夢月詎懸名。寂寥傷楚奏，淒斷泣秦聲。」〔註39〕表現了個人「山重水複疑無路」之時，欲求星占以期「柳暗花明又一村」；「弱齡慕奇調，無事不兼修。望氣登重閣，占星上小樓。」〔註40〕說明了連溫文儒雅的詩人也研習星占。除司天臺專業人員外，唐代官員擅此道者也不乏其人。如劉知幾之子劉貺，「博通經史，明天文、律曆、音樂、醫算之術」，還著有《天官舊史》一卷〔註41〕；王琚「敏悟有才略，明天文象緯」〔註42〕；崔善為「善天文算曆，明達時務」〔註43〕；李元愷「博學善天文律曆」〔註44〕。唐代天文星占相關著述，可謂汗牛充棟，車載斗量：黃冠子、李播《天文大象賦》一

　　　　　北京：中華書局，1983年，第4203～4204頁。

〔註35〕長孫無忌等撰，劉俊文點校：《唐律疏議》卷9《私有玄象器物》，北京：中華書局，1983年，第196頁。

〔註36〕（清）董誥等編：《全唐文》卷404，薛驥《對家僮視天判》，北京：中華書局，1983年，第4134頁。

〔註37〕（清）董誥等編：《全唐文》卷305，徐安貞《對習星曆判》，北京：中華書局，1983年，第3097頁。

〔註38〕（清）彭定求等編校：《全唐詩》卷111，盧從願《奉和聖製送張說巡邊》，北京：中華書局，1960年，第1139頁。

〔註39〕（清）彭定求等編校：《全唐詩》卷77，駱賓王《在江南贈宋五之問》，北京：中華書局，1960年，第830頁。

〔註40〕（清）彭定求等編校：《全唐詩》卷37，王績《晚年敘志示翟處士》，北京：中華書局，1960年，第483頁。

〔註41〕（後晉）劉昫等撰：《舊唐書》卷102《劉貺傳》，北京：中華書局，1975年，第3174頁。

〔註42〕（宋）歐陽修、宋祁撰：《新唐書》卷121《王琚傳》，北京：中華書局，1975年，第4331頁。

〔註43〕（後晉）劉昫等撰：《舊唐書》卷191《崔善為傳》，北京：中華書局，1975年，第5088頁。

〔註44〕（後晉）劉昫等撰：《舊唐書》卷192《李元愷傳》，北京：中華書局，1975年，第5122頁。

卷，王希明《丹元子步天歌》一卷，李世勣《二十八宿纂要訣》一卷、《日月運行要訣）)一卷，李淳風《釋周髀》二卷、《乙巳占》十二卷、《天文占》一卷、《大象元文》一卷、《乾坤秘奧》七卷、《法象志》七卷，李淳風與袁天綱《太白會運逆迎兆通代紀圖》一卷，武密《古今通占鏡》三十卷，僧一行《二十八宿秘經要訣》一卷，瞿曇悉達《大唐開元占經》一百一十卷，桑道茂《大方廣經神圖曆》一卷，曹士為《符天經疏》一卷，徐承嗣《星書要略》六卷，司天少監徐昇《長慶算五星所在宿度圖》一卷，董和《通乾論》十五卷等。〔註45〕此外，《全唐詩》也收錄了有關天文星占的賦、贊、表、狀等文章，如楊炯《渾天賦》和《老人星賦》、白居易《賀雲生不見日蝕表》、權德輿《歲星居心贊》、徐承嗣《奏歲星太白同躔不犯狀》、張九齡《賀太陽不虧狀》等。凡此種種，都充分說明了唐代天文星占學的繁榮昌盛。

二、唐代日月占

（一）日食占

依現代天文學解釋，日食是月球運行至太陽與地球之間，來自太陽的部分或全部光線被遮蔽的自然現象。囿於時代、階級和科技水平，古人賦予了其特定的內涵。《晉書・天文志中》曰：「日為太陽之精，主生養恩德，人君之象也。……日蝕，陰侵陽，臣掩君之象，有亡國。」〔註46〕《乙巳占》認為日蝕象徵「大臣與君同道，逼迫其主，而掩其明。又為臣下蔽上之象，人君當慎防權臣內戚，在左右擅威者」〔註47〕。李淳風在《乙巳占・日蝕占》中列舉了大量占文：

> 凡薄蝕者，人君誅之不以理，賊臣漸舉兵而起。……其分君凶，
> 不出三年。……無道之國，日月過之而薄蝕，兵之所攻，國家壞亡，
> 必有喪禍。……天下太平，雖交而不能蝕，蝕即有凶，臣下縱權篡
> 逆，兵革水旱之應兆耳。……故日蝕，必有亡國死君之災。……日
> 蝕則失德之國亡。……日以春蝕，大凶，有大喪，女主亡。夏蝕無

〔註45〕（宋）歐陽修、宋祁撰：《新唐書》卷59《藝文志》，北京：中華書局，1975年，第1544～1545頁。

〔註46〕（唐）房玄齡等撰：《晉書》卷12《天文中》，北京：中華書局，1974年，第317頁。

〔註47〕石午編：《術數全書》中卷《乙巳占》，鄭州：中州古籍出版社，1994年，第138頁。

光協諸侯死。秋蝕兵戰，主人死。冬蝕有喪，多病而疫。〔註48〕

瞿曇悉達在《開元占經》卷九中，還引用了各種緯書的占文：

《春秋運斗樞》曰：人主自恣，不循古，逆天暴物，渦起，則
日蝕。〔註49〕

《禮斗威儀》曰：君喜怒無常，輕殺不辜，戮無罪，慢天地，
忽鬼神，則日蝕。〔註50〕

《河圖緯帝覽嬉》曰：日蝕，所宿國主疾，貴人死。用兵者從
蝕之面攻城取地。〔註51〕

《春秋感精符》曰：日蝕有三法，一曰妃常恣，邪臣在側……，
二曰偏任權並大臣擅法……，三曰宗黨犯命，威權害國……。〔註52〕

《荊州占》曰：日蝕之下有破國，大戰，將軍死，有賊兵。〔註53〕

關於唐代日食的記錄，《舊唐書·天文志》和《唐會要·日蝕》都有記載，
據陳遵媯《中國天文學史》一書統計共 102 次。〔註54〕就星占內容與形式來
說，不外乎占辭，分野占和星宿解釋三種。我們以《新唐書·天文志》為例，
其共有日食占辭 12 條，主要反映的有「主有疾」、「大臣憂」、「旱」、邊兵等
方面問題。如《新唐書·太宗紀》載：「三月己巳，至自高麗。庚午，不豫，
皇太子聽政。……閏月癸巳朔，日有食之。」〔註55〕貞觀九年（635 年）閏四
月丙寅，日食現於畢 13 度（畢為西方白虎第五宿）。《乙巳占·日蝕占》云：

〔註48〕石午編：《術數全書》中卷《乙巳占》，鄭州：中州古籍出版社，1994 年，第
138～139 頁。

〔註49〕（唐）瞿曇悉達撰，常秉義點校：《開元占經》卷 9《日薄蝕三》，北京：中央
編譯出版社，2006 年，第 99 頁。

〔註50〕（唐）瞿曇悉達撰，常秉義點校：《開元占經》卷 9《日薄蝕三》，北京：中央
編譯出版社，2006 年，第 99 頁。

〔註51〕（唐）瞿曇悉達撰，常秉義點校：《開元占經》卷 9《日薄蝕三》，北京：中央
編譯出版社，2006 年，第 99 頁。

〔註52〕（唐）瞿曇悉達撰，常秉義點校：《開元占經》卷 9《日薄蝕三》，北京：中央
編譯出版社，2006 年，第 100 頁。

〔註53〕（唐）瞿曇悉達撰，常秉義點校：《開元占經》卷 9《日薄蝕三》，北京：中央
編譯出版社，2006 年，第 102 頁。

〔註54〕陳遵媯：《中國天文學史》第三冊，上海：上海人民出版社，1984 年，第 886
～889 頁。

〔註55〕（宋）歐陽修、宋祁撰：《新唐書》卷 2《太宗紀》，北京：中華書局，1975
年，第 45 頁。

「日在畢蝕，將有邊將亡，人主有弋獵之咎。」〔註56〕貞觀九年，在吐谷渾領導下，党項和羌族先後叛亂，對唐西陲重鎮進行軍事侵擾。〔註57〕

《史記‧天官書》曰：「日變修德，月變省刑，星變結合。凡天變，過度乃占。……太上修德，其次修政，其次修救，其次修禳，正下無之。」〔註58〕故而每逢發生日食，統治階層都會採取種種相關的應對措施。

1. 修德

《乙巳占‧日蝕占》云：「日蝕則失德之國亡。日蝕則王者修德。修德之禮重於責躬。是故禹湯罪己，其興也勃焉。」〔註59〕即言日食發生之後，帝王要「修德」，而重在「責躬」。開元七年（719年）五月出現日食，唐玄宗「素服以俟變，徹樂減膳，命中書門下察繫囚，賑饑乏，勸農功」。〔註60〕「素服、徹樂、減膳」，即指「責躬」的修德活動。

值得注意的是，帝王的修德活動還經常在日食發生之前舉行。由於唐代天文星占的長足發展，日食預測較之以前更為精準。故而，每當太史局（司天臺）呈奏日食預報後，皇帝就會馬上進行「避正殿，降常服」的修德活動。唐玄宗開元十三年（725年）十二月，封禪泰山歸途中，太史局預奏「於歷當蝕太半」。唐玄宗旋即「徹饍，不舉樂，不蓋，素服」，然此次日食並未發生。〔註61〕蘇頲《賀太陽不虧狀》說：「臣等伏承太史奏，昨一日太陽虧，陛下爰發行宮，不禦常服，聖慮淵默天情寅戒，頓於行在，不可縈社以責陰。」〔註62〕此處「爰發行宮，不禦常服」，所指也是「責躬」的修德之禮。

〔註56〕石午編：《術數全書》中卷《乙巳占》，鄭州：中州古籍出版社，1994年，第140頁。

〔註57〕（後晉）劉昫等撰：《舊唐書》卷3《太宗紀》，北京：中華書局，1975年，第45頁；（宋）司馬光編著，（元）胡三省音注：《資治通鑑》卷194，北京：中華書局，1956年，第6111～6112頁。

〔註58〕（漢）司馬遷撰：《史記》卷27《天官書》，北京：中華書局，1959年，第1351頁。

〔註59〕石午編：《術數全書》中卷《乙巳占》，鄭州：中州古籍出版社，1994年，第138頁。

〔註60〕（宋）司馬光編著，（元）胡三省音注：《資治通鑑》卷212，北京：中華書局，1956年，第6736頁。

〔註61〕（宋）歐陽修、宋祁撰：《新唐書》卷27《志第十七下》，北京：中華書局，1975年，第623頁。

〔註62〕（清）董誥等編：《全唐文》卷256蘇頲《賀太陽不虧狀》，北京：中華書局，1983年，第2589頁。

一般而言，日食出現之前，太史局都會提前呈報。故帝王修德之禮，多在日食發生前。

2. 大赦

出現日食後，帝王除修德外，朝政也會有相應的變革。武周天授三年（692 年）「四月丙申朔，日有食之。大赦，改元如意」〔註63〕，武則天改元如意，即和日食有密切關係。武則天大赦的主要內容，《舊唐書》稱：「禁斷天下屠殺」。〔註64〕唐文宗開成年號也與日食有關：開成元年（836 年）正月日食，文宗旋即宣告大赦天下，蠲免太和五年以前「逋負」和當年京畿「歲稅」，且「賜文武官階、爵」。〔註65〕

上文所提，開元七年五月的日食，唐玄宗不僅進行素服、徹樂、減膳等修德活動，另頒詔命中書、門下二省審察囚徒。凡海內旱潦之地，施以賑濟救恤。凡「不急之務」，率皆罷停。唐德宗貞元九年（793 年）十月，司天監上奏「言日食陰雲不見」，百官上表朝賀，德宗頒詔釋放京師囚犯。〔註66〕

3. 朝會

子曰：「天子崩，大廟火，日食，後夫人之喪，雨霑服失容，則廢。」〔註67〕孔子把日食與天子崩、大廟火等同視之，日食廢朝自然順理成章。

開元二十二年（734 年）閏十一月日食，唐玄宗下詔罷停朝會。次日日食後，在應天樓舉行盛大的朝賀活動。〔註68〕貞元六年正月，司天臺奏報將有日食，唐德宗遂「停朝會」。〔註69〕與此同期，貞元十年三月，司天臺上奏四月一日將有日食，姜公輔進言：「準開元禮，太陽虧，皇帝不視事，其朝會合

〔註63〕　（宋）歐陽修、宋祁撰：《新唐書》卷 4《則天皇后》，北京：中華書局，1975年，第 92 頁。

〔註64〕　（後晉）劉昫等撰：《舊唐書》卷 6《則天皇后》，北京：中華書局，1975 年，第 122 頁。

〔註65〕　（宋）歐陽修、宋祁撰：《新唐書》卷 6《文宗紀》，北京：中華書局，1975 年，第 237 頁。

〔註66〕　（宋）王欽若等編：《冊府元龜》卷 89《帝王部·赦宥八》，北京：中華書局，1960 年，第 1064 頁。

〔註67〕　（漢）鄭玄注，（唐）孔穎達正義，呂友仁整理：《禮記正義》卷 27《曾子問第七》，上海：上海古籍出版社，2008 年，第 781 頁。

〔註68〕　（宋）王欽若等編：《冊府元龜》卷 107《帝王部·朝會一》，北京：中華書局，1960 年，第 1276 頁。

〔註69〕　（宋）王欽若等編：《冊府元龜》卷 107《帝王部·朝會一》，北京：中華書局，1960 年，第 1279 頁。

停。」〔註70〕唐穆宗長慶二年（822年）三月，亦有同樣呈奏「四月一日太陽
虧，準開元禮，其日廢務，皇帝不視事」。〔註71〕眾所周知，日食通常於朔日
發生，恰和唐代朔望朝參制度相衝突。每逢朔日日食，朝廷不僅取消定期的
朝會，還會中止一切行政事務。即便是國之祭祀大典，亦要推遲舉行。唐德
宗貞元元年（785年），欲「來年建寅月一日」祭祀昊天上帝，司天臺預報當
天將「太陽虧」。於是，于休烈進言：

> 臣謹按曾子問曰，「當祭而日食，其祭也如何？」夫子曰：「接
> 祭而已矣，牲未殺則廢。」漢初平四年正月，當祭南郊，日蝕。又
> 行冠禮，博士殷盈與八座議，「以為正月元日太陽虧，而冠有裸獻之
> 禮，有金石之樂，是為聞災不嚴肅，見異不休剔也，望下太常，別
> 擇日。」其二日，祭太一。準禮儀物同祠所。既緣日蝕，各守本司，
> 亦望同下太常，更擇日。〔註72〕

4. 宰臣乞退

唐代人們普遍認為，自然災害及異常天象是由陰陽二氣失調造成的。而
陰陽二氣失衡，又與宰輔大臣息息相關。「宰相不能調陰陽，致茲恒雨，令
我污行」，〔註73〕宰臣肩負著總攬百司、協和陰陽之責，故而日食對宰臣的
政治命運有著舉足輕重的影響。《全唐文》卷255蘇頲《太陽虧為宰臣乞退
表》云：

> 伏見今月朔旦太陽虧，陛下啟報朝之典。有司尊伐社之義，臣
> 等伏自尋繹，無任惴恐。臣謀中謝。臣聞官或迷象，必犯先王之誅。
> 辰弗次舍，必貽上公之責。此萬邦有常情，聖有明訓。……伏惟應
> 天神龍皇帝陛下光被四海，對越二儀，人祇宅心，俊賢翹首。但置
> 之左右，以為輔弼，自忠言啟沃，功臣保乂，用作霖雨，格於皇天，
> 臣何人斯，而敢叨擬議？臣等智慧素薄，經術殊陋，望不過於掾史，

〔註70〕（宋）王溥撰：《唐會要》卷42《日食》，北京：中華書局，1955年，第760
頁。

〔註71〕（宋）王溥撰：《唐會要》卷42《日食》，北京：中華書局，1955年，第761
頁。

〔註72〕（宋）王溥撰：《唐會要》卷23《緣祀裁制》，北京：中華書局，1955年，第
440頁。

〔註73〕（後晉）劉昫等撰：《舊唐書》卷37《志十七·五行》，北京：中華書局，1975
年，第1363頁。

名不達於州閭，徒以遭逢盛明，顏皆履歷，參廟堂之機密，為宗族之光寵者，十數年於今矣。……薄蝕生災，建昭於上天之所戒，臣不可逃。陛下矜而宥之，未致於理。伏乞收其印綬，賜以骸骨。則知胡廣罷位，抑有前聞。徐防免官，復自茲始。臣竊其幸，物誰不宜？懇到所訖，惶怖交集，無任迫切之至。〔註74〕

文中所提「辰弗次舍，必貽上公之貴」、「胡廣罷位」和「徐防免官」等皆為漢代日食罷免三公的典故，「是漢時三公官，猶知以調和陰陽引為己職，因而遇有災異，遂有策免三公之制」。〔註75〕日食是陰陽失衡，陰氣侵陽所致。宰臣有調和陰陽之責，故而蘇頲難辭其咎。

5. 合朔伐鼓

上文中還提及「有司尊伐社之義」，即指救護日食（「合朔伐鼓」）的禮節儀式。《舊唐書・職官志》曰：「凡太陽虧，所司預奏，其日置五鼓五兵於太社，而不視事。百官各素服守本司，不聽事。過時乃罷。」〔註76〕京師百官還要「素服守本司」，暫止一切行政事務。《大唐開元禮・合朔伐鼓》有其具體記載：

其日合朔前二刻，郊社令及門僕各服赤幘、絳衣守四門，令巡門監察。鼓吹令平幘、袴褶，帥工人以方色執麾旒，分置四門屋下，龍蛇鼓隨設於左。東門者立於北塾南面，南門者立於東塾西面。西門者立於南塾北面，北門者立於西塾東面。隊正一人，著平巾幘、袴褶，執刀，帥衛士五人。執五兵，立於鼓外。矛出東，戟在南，斧鉞在西，稍在北。郊社令立攢於社壇，四隅以朱絲繩縈之。太史官一人，著赤幘赤衣，立於社壇北，向日觀變。黃麾次之，龍鼓一面次之，在北。弓一張、矢四鏃次之，諸工鼓靜立。候日有變，史官曰：「祥！有變。」工人齊舉麾，龍鼓齊發，聲如雷。史官稱：「止！」工人罷鼓。其日廢務，百官守本司。日有變，皇帝素服、避正殿，百官以下、府史以上，皆素服，各於廳事之前重行，每等異位，向

〔註74〕（清）董誥等編：《全唐文》卷225蘇頲《太陽虧為宰臣乞退表》，北京：中華書局，1983年，第2583頁。

〔註75〕（清）趙翼：《廿二史箚記》卷2《史記、漢書》，北京：中華書局，1984年，第41頁。

〔註76〕（後晉）劉昫等撰：《舊唐書》卷43《職官志》，北京：中華書局，1975年，第1830頁。

日立。明復而止。〔註77〕

　　文中「伐鼓於社」也被賦予了濃重的政治色彩,「左氏傳云,勾龍為后土,祀以為社,故曰伐鼓於社,責上公也。……又日蝕伐鼓於社,責陰助陽之義也。夫陽為君,陰為臣,日蝕者,陰蝕陽也。君弱臣強,是以伐鼓於社,云責上公耳。」〔註78〕因日食象徵著君弱臣強,故日食伐鼓意在「責陰助陽」,從而達到「陰不宜侵陽,臣不宜掩君」的君臣之義。

　　《大唐六典・兩京郊社署》云:

　　　　郊社令掌五郊、社稷、明堂之位,祠祀、祈禱之禮。……凡有合朔之變,則置五兵於大社,矛居東,戟居南。鉞居西,稍在北,巡察四門,立積於壇四隅,朱絲縈之,以候變過時而罷之。〔註79〕

　　《大唐六典・鼓吹署》又云:

　　　　鼓吹令掌鼓吹施用調習之節,以備鹵簿之儀。……凡合朔之變,則帥工人設五鼓於大社,執麾旒於四門之塾,置龍床焉。有變則舉麾,擊鼓齊發,變復而止。〔註80〕

　　「伐鼓於社」中五兵、五鼓和五麾,很明顯也是依陰陽五行而布置的。

表2　五鼓、五麾、五兵與五方配屬表

	東	南	中	西	北
五鼓	東門 北塾	南門 東塾	社壇 北	西門 南塾	北門 西塾
五麾	青麾	赤麾	黃麾	白麾	黑麾
五兵	矛	戟	弓、矢	斧鉞	稍

　　另須指出的是,合朔伐鼓之禮不只是在中央舉行,各地方行政機構上也有伐鼓救日的活動。《大唐開元禮・合朔諸州伐鼓》記載:

〔註77〕《大唐開元禮》卷90《合朔伐鼓》,北京:民族出版社,2000年,第423頁;亦可見(宋)歐陽修、宋祁撰:《新唐書》卷16《禮樂志》,北京:中華書局,1975年,第388頁。

〔註78〕(唐)杜佑撰,王文錦等點校:《通典》卷45《社稷》,北京:中華書局,1988年,第1266頁。

〔註79〕(唐)李林甫等撰,陳仲夫點校:《唐六典》卷14「太常寺」,北京:中華書局,1992年,第400頁。

〔註80〕(唐)李林甫等撰,陳仲夫點校:《唐六典》卷14「太常寺」,北京:中華書局,1992年,第407～408頁。

　　其日見日有變，則廢務。所司置鼓於刺史廳事之前，刺史州官
　　及九品以上俱素服立於鼓後重行。每等異位，向日立。刺史先擊鼓，
　　執事代之。明復而止。〔註81〕

　　唐代天文曆算較之前代而言，雖已是大為精準，然百密難免一疏。每當
出現「太陽合虧不虧」的情況時，唐代君臣並不認為：是太史局失職的表現，
而是帝王德感於天的象徵。《新唐書》云：「若過至未分，月或變行而避之；或
五星潛在日下，禦侮而救之；或涉交數淺，或在陽曆，陽盛陰微則不蝕；或德
之休明，而有小眚焉，則天為之隱，雖交而不蝕。此四者，皆德教之所由生
也。」〔註82〕如唐代宗大曆十三年，司天臺預報日食未發生，文武百官紛紛
上表慶賀。〔註83〕唐德宗貞元六至七年，司天臺所奏兩次日食也都沒出現，
百官依舊照慣例朝賀。〔註84〕就連唐代名相張九齡，也曾作《賀太陽不虧
狀》，其文曰：

　　　　右今月朔，太史奏太陽不虧。據諸家曆皆蝕十分以上，仍帶蝕
　　出者。今日日出，百司瞻仰，光景無虧。臣伏以日月之行，值交必
　　蝕。算數先定，理無推移。今朔之辰，應蝕不蝕。陛下聞日變，齋
　　戒精誠，內外寬刑，內廣仁惠，聖德日慎，災祥自弭。若無表應，
　　何謂大明？臣等不勝感激之至。謹奉狀陳賀以聞，仍望宣付史官，
　　以垂來裔。〔註85〕

　　其他如張說《集賢院賀太陽不虧狀》、獨孤及《賀太陽不虧狀》、韓愈《賀
太陽不虧狀》、白居易《賀雲生不見日蝕表》等等，類似之文不勝枚舉，足可
見日食現象對有唐一代廣泛而深刻的影響。

（二）月食占

　　月食也是一種特殊的天文現象，當月球行至地球陰影部分，因太陽光被
地球遮蔽而致。與古代日食的發生一樣，月食現象也被賦予了特定的內涵，

〔註81〕《大唐開元禮》卷90《合朔諸州伐鼓》，北京：民族出版社，2000年，第423
　　　　頁。
〔註82〕（宋）歐陽修、宋祁撰：《新唐書》卷27下《曆三下》，北京：中華書局，1975
　　　　年，第625～626頁。
〔註83〕（清）董誥等編：《全唐文》卷384獨孤及《賀太陽當虧不虧表》，北京：中
　　　　華書局，1983年，第3909頁。
〔註84〕（宋）王溥撰：《唐會要》卷42《日食》，北京：中華書局，1955年，第760頁。
〔註85〕（清）董誥等編：《全唐文》卷289張九齡《賀太陽不虧狀》，北京：中華書
　　　　局，1983年，第2933頁。

《乙巳占・月占》曰：「夫月者，太陰之精，積而成象，魄質含影，稟日之光，以明照夜，佐修陰道，以之配日，女主之象也。以之比德，刑罰之義也；列之朝廷，諸侯大臣之數也」〔註86〕。

《乙巳占・月占》云：

> 凡師出門而蝕，當其國之野，大敗軍死。……月蝕盡，光耀亡，君之殃。……蝕不盡，光輝散，臣之憂。……月生三日而蝕，是謂大殃，國有喪。十日至十四日而蝕，天下兵起。十五日而蝕，國破滅亡。春蝕，歲惡（收成壞），將（將領）死，有憂。夏蝕，大旱。秋蝕，兵起。冬蝕，其國有兵喪。〔註87〕

《乙巳占・月蝕五星及列宿中外官占》云：

> 月行與木同宿而蝕，民相食，粟貴，農官憂。月行與火同宿而蝕，天下破亡，有憂。月行與土同宿而蝕，國以饑亡。月行與金同宿而蝕，強國戰勝亡城，大將有兩心。月行與水同宿而蝕，其國有女亂而國亡。……〔註88〕

更有甚者，月食被分成各種名目，如：

> 月蝕早晚，月蝕所起方，月蝕既及中分，月蝕變色，月蝕而暈斗，月並蝕，月蝕雲氣入月中又有風雨，月一月再蝕，月未望而蝕，月四時蝕，月十二月蝕，月十干蝕，月東南西南方蝕，月行五星暈而蝕〔註89〕等。

《禮記・昏義》曰：「男教不修，陽事不得，謫見於天，日為之食；婦順不修，陰事不得，謫見於天，月為之食；是故日食則天子素服而修六官之職，蕩天下之陽事；月食則後素服而修六宮之職，蕩天下之陰事。故天子之與後，猶日之與月，陰之與陽，相須而後成者也。」〔註90〕正如前文所說日

〔註86〕石午編：《術數全書》中卷《乙巳占》，鄭州：中州古籍出版社，1994年，第141頁。

〔註87〕石午編：《術數全書》中卷《乙巳占》，鄭州：中州古籍出版社，1994年，第156～157頁。

〔註88〕石午編：《術數全書》中卷《乙巳占》，鄭州：中州古籍出版社，1994年，第157頁。

〔註89〕（唐）瞿曇悉達撰，常秉義點校：《開元占經》卷17《月占七》，北京：中央編譯出版社，2006年，第201～205頁。

〔註90〕（清）孫希旦撰，沈嘯寰，王星賢點校：《禮記集解》卷58《昏義第四十四》，北京：中華書局，1989年，第1423頁。

食對帝王的警示，月食對後宮和大臣具有同樣效應。唐肅宗乾元二年二月，百官欲加尊號於肅宗，張皇后不甘寂寞「亦諷群臣尊己號翊聖」。恰其時逢月食，唐肅宗認為「婦順不修，陰事不得，譴見於天，月為之食」，歸咎於張皇后陰德不修，並以此拒絕加封皇后的尊號。〔註91〕月食對朝廷大臣的影響，最為代表性的是唐代宗大曆時期，對元載黨羽的貶謫。《新唐書・李棲筠傳》記載：

> 元載當國久，益恣橫，代宗不能堪，陰引剛鯁大臣自助，欲收綱權以默載。……引拜棲筠為大夫。……於是華原尉侯莫陳怤以优補長安尉，當參臺，棲筠物色其勞，怤色動，不能對，乃自言為徐浩、杜濟、薛邕所引，非真优也。始，浩罷岭南節度使，以瑰貨數十万餉載，而濟方為京兆，邕吏部侍郎，三人者，皆載所厚，棲筠並劾之。帝未決。會月蝕，帝問其故，棲筠曰：「月蝕修刑，今罔上行私者未得，天若以儆陛下邪？」繇是怤等皆坐貶。
> 〔註92〕

另外，唐德宗貞元四年（788年）八月，月星運行至東壁（二十八宿之一）出現虧蝕，宰相李泌言：「東壁，圖書府，大臣當有憂者。吾以宰相學士，當之矣。昔燕國公張說由是以亡，又可免乎？」翌年，李泌果卒。〔註93〕

前文引《史記・天官書》所謂「日變修德，月變省刑」，即言相對於日食「修德」，月食過後，還須帝王「修刑」以禳災。正所謂：「日掌陽，月掌陰，星掌和。陽為德，陰為刑，和為事。是故日蝕，則失德之國惡之。月蝕，則失刑之國惡之。……是故聖王日蝕則修德，月蝕則修刑。」〔註94〕《唐文拾遺》卷三十六《論月食德音》曰：

> 伏見六月二十六日德音。以太陰薄蝕，曲赦三州管內囚徒，及委諸鎮收拾埋瘞京畿四面暴露骸骨者。伏以金精隱耀，王辰垂仁，

〔註91〕　（後晉）劉昫等撰：《舊唐書》卷10《肅宗紀》，北京：中華書局，1975年，第254頁；（宋）歐陽修、宋祁撰：《新唐書》卷77《張皇后傳》，北京：中華書局，1975年，第3498頁。

〔註92〕　（後晉）劉昫等撰：《舊唐書》卷146《李棲筠傳》，北京：中華書局，1975年，第4737頁。

〔註93〕　（後晉）劉昫等撰：《新唐書》卷139《李泌傳》，北京：中華書局，1975年，第4638頁。

〔註94〕　（宋）范曄撰，（唐）李賢等注：《後漢書》卷108《五行六》，北京：中華書局，1965年，第3358頁。

蒼天誠以震惊，省風謠而欽恤。圜扉宥罪，掃彗銷冤。近鄙北齊，號御囚而肆虐，遠遵西伯，葬枯骨以施恩。……此接相公功成燮理，道洽變通。助日月之光輝，振雲雷之號令。八方翹首，万匯歡心。某迹繫戎旆，心馳臺室，阻隨班列，莫遂歡呼，下情無任忭躍之至。謹奉狀陳賀，謹錄狀上。〔註95〕

文中所言赦免囚徒、掩葬骸骨及訟理冤案，即所謂的「修刑」的範疇。〔註96〕此外，較之日食的「合朔伐鼓」，月食亦有類似的擊鼓禳災之禮，「凡太陽虧，所司預奏，其日置五鼓五兵於太社，而不視事。百官各素服守本司，不聽事。過時乃罷。月蝕，則擊鼓於所司。」〔註97〕

三、唐代五星占

（一）五星占

1973 年長沙馬王堆三號漢墓出土的帛書《五星占》，堪稱迄今最早的行星星占學專著。該書分為九章，前五章分別介紹了五大行星的星占意義。將五星與五方、五行、五帝、五星等作了相互的配屬：

表3　五方、五行、五帝等配屬表

五　方	五　行	五　帝	五　丞	五　星
東	木	大昊	句芒	歲星
西	金	少昊	蓐收	太白
南	火	炎帝	朱明	熒惑
北	水	顓頊	玄冥	辰星
中	土	黃帝	后土	填星

《漢書·藝文志》進一步將五星與「五常」、「五事」相聯繫，如下表：

〔註95〕《唐文拾遺》卷36崔致遠《論月食德音狀》，北京：中華書局，1983年，第10779～10780頁。

〔註96〕據《新唐書》載：「圉固不擾，兵甲不瀆，官不苛治，軍不輕進，此所謂修刑也。」參見（宋）歐陽修、宋祁撰：《新唐書》卷124《宋璟傳》，北京：中華書局，1975年，第4393頁。

〔註97〕（後晉）劉昫等撰：《舊唐書》卷43《職官志》，北京：中華書局，1975年，第1830頁。

表4　五行與五常、五事等歸類表

五　方	五　行	五　常	五　事	五　季	五　星	五　色
東	木	仁	貌	春	歲星	青
南	火	禮	視	夏	熒惑	紅
中	土	信	心	季夏	填星	黃
西	金	義	言	秋	太白	白
北	水	智	聽	冬	辰星	黑

《開元占經》卷18《荊州占》云：

> 五星者，五行之精也，五帝之子，天之使者，行於列舍，以司
> 無道之國。王者施恩布德，正直清虛，則五星順度，出入應時，天
> 下安寧，禍亂不生。人君無德，信姦佞、退忠良，遠君子，近小人，
> 則五星逆行、變色、出入不時、揚芒、角、怒；變為妖星、彗孛、
> 蚩掃、天狗、枉矢、天槍、天培、攙雲、格澤；山崩、地振、川竭，
> 雨血，眾妖所出，天下大亂，主死國滅，不可救也。餘殃不盡，為
> 饑、旱、疾疫。〔註98〕

至於五行分別代表的星占意義，見前文所引《漢書・藝文志》。鑒於五星
占名目繁雜，篇幅所限，本節欲以「熒惑犯太微」一斑而窺全豹。

熒惑者，即五星之火星。因其盈盈如火，亮度時有變化，令人迷惑，故
而得名。熒惑常被寓指君臣關係，《乙巳占・熒惑占》云：「熒惑之政者，人君
命大臣，三公贊傑俊，遂賢良，舉長大，行爵出祿，必當其位」〔註99〕。太
微，即指太微垣，太微垣為「天子庭「的象徵。有關「熒惑犯太微」，《乙巳
占・熒惑干犯中外官占》亦云：

> 火犯太微門右，大將軍死；門左，小將軍死。大臣有憂，執法
> 者誅。……若干犯左相，左相誅；犯右相，右相誅。〔註100〕

《唐開元占經》亦云：

> 《帝覽嬉》曰：「熒惑行犯太微左右執法，大臣有憂。」巫咸曰：

〔註98〕（唐）瞿曇悉達撰，常秉義點校：《開元占經》卷18《五星占一》，北京：中
　　　　央編譯出版社，2006年，第210頁。
〔註99〕石午編：《術數全書》中卷《乙巳占》，鄭州：中州古籍出版社，1994年，第
　　　　196頁。
〔註100〕石午編：《術數全書》中卷《乙巳占》，鄭州：中州古籍出版社，1994年，第
　　　　203頁。

「熒惑犯太微門右，大將死；門左，小將死。」郗萌曰：「熒惑犯左右執法，左右執法者誅，若有罪。」……甘氏曰：「熒惑常以十月、十一月入太微天庭，受制而出，行列宿，司無道之國，罰無道之君，失禮之臣。若犯左相，左相誅；犯右相，右相誅。」〔註101〕

不難看出，「熒惑犯太微」昭示著帝王身邊官員及股肱之臣的禍患。太微垣內包括有二十星官之眾，而每一星官又由若干小星構成，所以我們有必要分而論之。

1. 熒惑犯執法

《唐會要·五星臨犯》載：

（武德）七年（624年）六月三日，熒惑犯左執法，尚書右僕射蕭瑀遜位，不許。久之，左遷左僕射。……貞觀十三年（639年）五月，熒惑犯右執法，司空長孫無忌上奏請遜位，不許。……神龍二年（706年）九月，熒惑犯左執法，左散騎常侍李懷遠卒。〔註102〕

2. 熒惑犯五諸侯

《舊唐書·尚獻甫傳》載：

長安二年，獻甫奏曰：「臣本命納音在金，今熒惑犯五諸侯，太史之位。熒，火也，能克金，是臣將死之徵。」則天曰：「朕為卿禳之。」遽轉獻甫為水衡都尉，謂曰：「水能生金，今又去太史之位，卿無憂矣。」其秋，獻甫卒，則天甚曦異惜之。〔註103〕

「五諸侯」指太微垣內五個星官，「五諸侯五星，在東井北，主刺舉，戒不虞。又曰理陰陽，察得失。亦曰主帝心。一曰帝師，二曰帝友，三曰三公，四曰博士，五曰太史。此五者常為天子定疑議也」。〔註104〕

3. 熒惑犯三臺

《隋書·天文志》云：

〔註101〕（唐）瞿曇悉達撰，常秉義點校：《開元占經》卷36《熒惑占七·熒惑犯石氏中官下》，北京：中央編譯出版社，2006年，第405～406頁。

〔註102〕（宋）王溥撰：《唐會要》卷43《五星臨犯》，北京：中華書局，1955年，第769～770頁。

〔註103〕（後晉）劉昫等撰：《舊唐書》卷191《尚獻甫傳》，北京：中華書局，1975年，第5100～5101頁。

〔註104〕（唐）魏徵等撰：《隋書》卷19《天文上》，北京：中華書局，1973年，第540～541頁。

三臺六星，兩兩而居，起文呂，列招搖，太微。一曰天柱，三
公之位也。在天曰三臺，主開德宣符也。西近文昌二星曰上臺，為
司命，主壽。次二星曰中臺，為司中，主宗。東二星曰下臺，為司
祿，主兵，所以昭德塞違也。〔註105〕

白居易《新樂府・司天臺》也有相關詩句：「耀芒動角射三臺，上臺半滅
中臺坼。」三臺分別象徵著三公，「上臺司命為太尉，中臺司中為司徒，下臺
司祿為司空」。〔註106〕陳寅恪認為此詩「中臺星坼三公」，是諷喻杜佑而作。
〔註107〕自唐憲宗元和二年（807年），杜佑數次辭官未果。元和七年，杜佑身
染屙疾「覆乞骸骨」，憲宗詔曰：「又固辭年疾，乞就休閒，已而復來，星琯屢
變，有不可抑，良用耿然。」〔註108〕唐憲宗准其乞退得真正原因，非是年老
病危，而是「星琯屢變」。

4. 熒惑犯上相

《全唐文》卷704李德裕《為星變陳乞退狀》云：

近伏見熒惑順行，稍逼上相，實懼天譴，以致身災。武德七年。
熒惑犯左執法，右僕射蕭瑀遜位；貞觀十五年，熒惑犯上相，左僕
射高士廉遜位；國史之內，此例至多。臣人微才輕，位忝上相。……
特免上公，退歸私第。……舊里懸車，不慚於漢相。臣不任祈恩皇
迫之至。〔註109〕

李德裕如此力辭相位，與其父李吉甫之死有著直接關係。據《新唐書・
李吉甫傳》記載，李吉甫在安邑時，「熒惑掩太微上相」，吉甫言：「天且殺
我」，上書辭官未允，不一年而卒。〔註110〕《唐會要・五星臨犯》亦有兩則相

〔註105〕（唐）魏徵等撰：《隋書》卷19《天文上》，北京：中華書局，1973年，第
534頁。

〔註106〕（漢）鄭玄注，（唐）賈公彥疏，趙伯雄整理、王文錦審定：《周禮注疏》卷
18《大宗伯》，見李學勤主編：《十三經注疏》，北京：北京大學出版社，1999
年，第453頁。

〔註107〕陳寅恪：《元白詩箋證稿》，石家莊：河北教育出版社，2002年，第488頁。

〔註108〕（後晉）劉昫等撰：《舊唐書》卷147《杜佑傳》，北京：中華書局，1975年，
第3982頁。

〔註109〕（清）董誥等編：《全唐文》卷70李德裕《為星變陳乞退狀》，北京：中華
書局，1983年，第7227頁。

〔註110〕（宋）歐陽修、宋祁撰：《新唐書》卷146《李吉甫傳》，北京：中華書局，
1975年，第4744頁。

關事例的記載：

> 貞觀十五年（641 年）二月十五日，熒惑逆行，犯太微東藩上
> 相。十七年正月十七日特進魏徵卒。

> 大曆四年（769 年）三月三日，熒惑守上相，經二十一日，退入
> 氐。十一月十九日，門下侍郎同中書門下平章事杜鴻漸卒。〔註 111〕

其他還有諸如「熒惑犯輿鬼」〔註 112〕、「熒惑犯上將」〔註 113〕等，但萬
變不離其宗。其理論總原則，不過是依照天上太微垣星官，比附對應人間宰
輔之臣而已。

（二）流星占

流星是極為常見的天文現象，通常指運行在星際空間的流星體（宇宙塵
粒和固體塊等空間物質），進入地球大氣層，與大氣摩擦燃燒而產生的光跡。
而《乙巳占·流星占》云：「流星者，天皇之使，五行之散精也。飛行列宿，
告示休咎，星大使大，星小使小。」〔註 114〕《新唐書·天文志》中「有貴使」
〔註 115〕「占為貴使」〔註 116〕即是指此。《開元占經》卷七十二至七十三，亦
有相關例文：

> 石氏曰：又流星起心南行，越君死。〔註 117〕

> 郗萌曰：流星起心，至北斗，趙君死。〔註 118〕

〔註 111〕（宋）王溥撰：《唐會要》卷 43《五星臨犯》，北京：中華書局，1955 年，
第 769～771 頁。

〔註 112〕聖曆二年（699 年），熒惑犯輿鬼，武后請教太史令嚴善思，對曰：「大臣當
之。」當年，文昌左相卒。參見（宋）歐陽修、宋祁撰：《新唐書》卷 204《嚴
善思傳》，北京：中華書局，1975 年，第 5807 頁。

〔註 113〕貞元十一年（795 年）九月，司天臺數次上奏，「熒惑太白犯太微上將」，月
餘，司徒北平王馬燧卒。參見（後晉）劉昫等撰：《舊唐書》卷 134《馬燧
傳》，北京：中華書局，1975 年，第 3701 頁。

〔註 114〕石午編：《術數全書》中卷《乙巳占》，鄭州：中州古籍出版社，1994 年，第
225 頁。

〔註 115〕（宋）歐陽修、宋祁撰：《新唐書》卷 32《天文二》，北京：中華書局，1975
年，第 844 頁。

〔註 116〕（宋）歐陽修、宋祁撰：《新唐書》卷 32《天文二》，北京：中華書局，1975
年，第 843 頁。

〔註 117〕（唐）瞿曇悉達撰，常秉義點校：《開元占經》卷 72《流星占二·流星犯心
五》，北京：中央編譯出版社，2006 年，第 768 頁。

〔註 118〕（唐）瞿曇悉達撰，常秉義點校：《開元占經》卷 72《流星占二·流星犯心
五》，北京：中央編譯出版社，2006 年，第 768 頁。

《文耀鈎》曰：流星入牽牛，當有鄰國使者來，不出百八十日。〔註119〕

《玄冥》曰：流星入七公，人主信讒佞，誅忠直，諫者凶，人起兵，義人入獄，期一年。〔註120〕

流星根據形態不同，大致有流星、飛星和墜星三類。《乙巳占》卷7《流星占第四十》云：「有尾跡光為流星，無尾跡者為飛星，至地墜者為墜星。出則使出，入則使入。干犯滅則為誅罰之象。墜星之所，其下流血破軍殺將，為咎最深。」〔註121〕其中「墜星」為禍最甚，預示著將亡軍敗。唐高祖武德三年（620年）十月十三日，流星墜於東都城內。高祖問左右曰：「此何祥也？」令狐德棻言：「司馬懿之伐遼東也，有流星墜遼東梁水上，尋而公孫淵敗走，晉軍追之。至其星墜所，斬之。此王世充滅亡之兆也。」〔註122〕正應《乙巳占》所說「墜星之所，其下流星破軍殺將」〔註123〕。《舊唐書·崔義玄傳》載：

永徽初……屬睦州女子陳碩真舉兵反，遣其黨童文寶領徒四千人掩襲婺州，義玄將督軍拒戰。……夜有流星墜賊營，義玄曰：「此賊滅之徵也。」詰朝進擊，身先士卒，左右以盾蔽箭，義玄曰：「刺史尚欲避箭，誰肯致死？」由是士卒戮力，斬首數百級，餘悉許其歸首。進兵至睦州界，歸降萬計。〔註124〕

武后時期的徐敬業叛亂，也有類似記載：「時敬業回軍屯於下阿溪以據官軍，有流星墜其營。孝逸乘勝追奔數十里，敬業窘迫，與其黨攜妻子逃入海

〔註119〕（唐）瞿曇悉達撰，常秉義點校：《開元占經》卷72《流星占二·流星犯牽牛二》，北京：中央編譯出版社，2006年，第769頁。

〔註120〕（唐）瞿曇悉達撰，常秉義點校：《開元占經》卷73《流星占三·流星犯七公九》，北京：中央編譯出版社，2006年，第779頁。

〔註121〕石午編：《術數全書》中卷《乙巳占》，鄭州：中州古籍出版社，1994年，第225頁。

〔註122〕（宋）王溥撰：《唐會要》卷43《流星》，北京：中華書局，1955年，第774～775頁。

〔註123〕石午編：《術數全書》中卷《乙巳占》，鄭州：中州古籍出版社，1994年，第225頁。

〔註124〕（後晉）劉昫等撰：《舊唐書》卷77《崔義玄傳》，北京：中華書局，1975年，第2689頁；參見（宋）歐陽修、宋祁撰：《新唐書》卷109《崔義玄傳》，北京：中華書局，1975年，第4092頁。

曲。孝逸進據揚州，盡捕斬敬業等。」〔註125〕

　　在唐軍對外戰爭中，流星也屢有顯現。《新唐書・東夷傳》記載：

　　　　是夜，流星墮延壽營。旦日，虜視勣軍少，即戰。帝望無忌軍
　　　　塵上，命鼓角作，兵幟四合，虜惶惑，將分兵御之，眾已囂。勣以
　　　　步槊擊敗之，無忌乘其後，帝自山馳下，虜大亂，斬首二萬級。延
　　　　壽收餘眾負山自固，無忌、勣合圍之，徹川梁，斷歸路。帝按轡觀
　　　　虜營壘曰：「高麗傾國來，一麾而碎，天贊我也。」〔註126〕

　　《新唐書・高昌傳》又載：「（侯）君集奄攻田地城，契苾何力以前軍鏖
戰，是夜星墜城中，明日拔其城，虜七千餘人。」〔註127〕

　　此外，北斗七星與陰陽五行聯繫也十分密切。《史記・天官書》云：「北
斗七星，所謂『旋、璣、玉、衡，以齊七政』。……斗為帝車，運於中央，臨
制四鄉。分陰陽，建四時，均五行，移節度，定諸紀，皆繫於斗。」〔註128〕
《開元占經》卷六十七對其進行了歸納〔註129〕，詳見下表：

表 5　北斗七星、七曜與二十八宿歸類表

北斗七星	七　曜	二十八宿
天樞	日（《晉書・天文志上》曰：「主陽德，天子之象也。」）	室壁奎婁
天璇	月（《晉書・天文志上》曰：「主陰刑，女主之象也。」）	胃昴畢觜
天璣	熒惑（火星）	參井鬼柳
天權	辰星（水星）	星張翼軫
玉衡	填星（土星）	角亢氏房
開陽	歲星（木星）	心尾箕斗
搖光	太白（金星）	牛女虛危

〔註125〕（後晉）劉昫等撰：《舊唐書》卷 60《李孝逸傳》，北京：中華書局，1975
　　　　年，第 2344 頁。

〔註126〕（宋）歐陽修、宋祁撰：《新唐書》卷 220《高麗傳》，北京：中華書局，1975
　　　　年，第 6192 頁。

〔註127〕（宋）歐陽修、宋祁撰：《新唐書》卷 221《高昌傳》，北京：中華書局，1975
　　　　年，第 6222 頁。

〔註128〕（漢）司馬遷撰：《史記》卷 27《天官書》，北京：中華書局，1959 年，第
　　　　1291 頁。

〔註129〕（唐）瞿曇悉達撰，常秉義點校：《開元占經》卷 67《石氏中官》，北京：中
　　　　央編譯出版社，2006 年，第 691～709 頁。

　　五星占名目繁多，本節只是以「熒惑犯太微」做了些許探討。其他還有諸如、「歲星犯太微」、「熒惑犯填星」、「太白犯辰星」等等，都和陰陽五行存在著密切的聯繫。鑒於篇幅所限，且皆大同小異，故不一一贅述。

四、小結

　　須特別指出的是，星占術發展演變至唐代，出現了一個質的變化。即星占術與命理學的結合──星命學。星命學的出現，標誌著由帝王御用之術向民間大眾的普及。「後世傳星命之學者，皆以虛中為祖」〔註130〕，韓愈在《唐故殿中侍御史李君墓誌銘（並序）》中稱：

> 殿中侍御史李君，名虛中，字常容。……學無所不通，最深於五行書。以人之始生年、月、日、所值日辰支干相生，勝衰死王相斟酌，推人壽夭、貴賤、利不利；輒先處其年時，百不失一二。〔註131〕

　　星命學這一星占術衍生的分支，在唐代社會生活中有著蓬勃旺盛的生命力。《隋書》卷78《蕭吉傳》記載：

> 《樂汁圖徵》云：「天元十一月朔旦冬至，聖王受享祚。」今聖主在位，居天元之首，而朔旦冬至，此慶一也。辛酉之日，即是至尊本命，辛德在丙，此十一月建丙子。酉德在寅，正月建寅為本命，與月德合，而居元朔之首，此慶二也。庚申之日，即是行年，乙德在庚，卯德在申，來年乙卯，是行年與歲合德，而在元旦之朝。此慶三也。《陰陽書》云：「年命與歲月合德者，必有福慶。」《洪範傳》云：「歲之朝，月之朝，日之朝，主王者。」經書並謂三長應之者，延年福吉。況乃甲寅蔀首，十一月陽之始，朔旦冬至，是聖王上元。正月是正陽之月，歲之首，月之先。朔旦是歲之元，月之朝，日之先，嘉辰之會。而本命為九元之先，行年為三長之首，並與歲月會德。〔註132〕

　　杜牧《自撰墓誌銘》亦云：

> 予生於角，星昴畢於角為第八宮，曰病厄宮，亦曰八殺宮，土

〔註130〕張榮明：《方術與中國傳統文化》，上海：學林出版社，2000年，第11頁。

〔註131〕（唐）韓愈著，劉真倫、岳珍校注：《韓愈文集匯校箋注》卷18《唐故殿中侍御史李君墓誌銘（並序）》，北京：中華書局，2010年，第2021頁。

〔註132〕（唐）魏徵等撰：《隋書》卷43《藝術傳》，北京：中華書局，1973年，第1775頁。

星在焉，火星繼木。星工楊晞曰：「木在張於角為第十一福德宮，木
為福德，大君子赦，於其旁，無虞也。」予曰：「自湖守不周歲，遷
舍人，木還福於角足矣，土火還死於角，宜哉。」〔註133〕

　　星占學風靡數千載，與國家社會政治淵源甚深。其到底是科學，抑或無
稽之談，史籍所載星占事例又緣何屢有應驗？首先，「巫史同源」。古代擔任
記錄星占事務的史官，同時其本身也掌管著星占任務。加之星占占測事例數
量繁多，史籍篇幅有限，故而精挑細選那些占測準確的事例載入史冊。除內
容擇選外，史官還在文字記錄上，加工潤色，大肆渲染。其次，從概率而言，
無論任何占測事情，都會有一定的準確比率。何況星占事無鉅細，無所不
占，其準確概率自然不小。再次，星占家所佔測的一般國之大計，能親身參
與其中，熟稔當時歷史的現實狀況。因而在作出占測時，完全可以依據對相
關情況的瞭解，提高了判斷預測的準確率。如唐睿宗景雲（711年）九月十二
日，「北方有流星出中臺，至相滅。十月三日，韋安石、郭元振、張說、李日
知並罷相。」〔註134〕當時太子和太平公主兩黨已是勢成水火，韋安石、郭元
振、張說、李日知等為太子黨，故太平公主蓄意除之而後快。其時恰逢「流星
出中臺」，太平公主私下授意星占官員上書，唐睿宗以「政教多闕」為由，罷
免韋安石等宰相職務，太平公主趁機安插黨羽劉幽求、崔湜、陸象先等人。
〔註135〕復次，從現代科學來說，天象的變化確實與自然災害有一定的聯繫，
如天象與地震方面，《開元占經》云：「流星出北辰，地動。」〔註136〕而我國
1976年發生的幾次大地震，都有流星現象的出現。可見，其中不乏古人探索
自然奧秘、長期天象觀察的經驗總結。

　　在中國古代社會中，星占學與天文學猶如「你中有我，我中有你」的連
體嬰兒，息息相通，因而客觀上也促進了中國古代天文曆法的發展。如貞觀
七年（633年），李淳風發明了一架新型的渾天黃道銅儀，並撰《法象志》7

〔註133〕（清）董誥等編：《全唐文》卷754，北京：中華書局，1983年，第7822～
　　　　　7823頁。
〔註134〕（宋）王溥撰：《唐會要》卷43杜牧《流星》，北京：中華書局，1955年，
　　　　　第775頁。
〔註135〕（宋）司馬光編著，（元）胡三省音注：《資治通鑑》卷210，北京：中華書
　　　　　局，1956年，第6667頁。
〔註136〕（唐）瞿曇悉達撰，常秉義點校：《開元占經》卷74《流星占四‧流星犯北
　　　　　極十五》，北京：中央編譯出版社，2006年，第795頁。

卷，曆數「前代渾儀得失之差」，〔註 137〕還有一行對五星運行的獨到研究等等。中國歷代典籍中所保存的星占天文記錄，也是世界天文學史上一筆極其寶貴的財富。中國星占天文記錄以其豐富精準的特點，為當今科學研究提供了第一手的珍貴資料。因而，雖然星占術多係臆測比附，我們亦不能冠之以「迷信」的標籤。

〔註137〕（後晉）劉昫等撰：《舊唐書》卷 35《志第十五》，北京：中華書局，1975年，第 1293 頁。

第三章　隋唐堪輿

堪輿常又被稱為「相宅」、「相墓」、「青烏」〔註1〕、「風水」〔註2〕、「地
理」〔註3〕等，關於相宅最早見於《尚書·周書·召誥》，其曰：「惟二月既望，
越六日乙未。王朝步自周，則至於豐。惟太保先周公相宅，越若來三月，惟丙
午朏。越三日戊申，太保朝至於洛，卜宅。厥既得卜，則經營。越三日庚戌，
太保乃以庶殷攻位於洛汭，越五日甲寅，位成。」〔註4〕除了太保相宅外，《周
禮·土方氏》還稱「土方氏掌土圭之法，以致日景。以土地相宅，而建邦國都
鄙。以辨土宜土化之法，而授任地者。王巡守，則樹王舍。」〔註5〕相宅活動
在周代十分流行，如《詩經·大雅·公劉》所載「篤公劉，既溥既長。既景迺

〔註1〕《雲笈七籤》有云：「黃帝始劃野分州，……有青烏子善地理，帝問之以制
　　　經。」參見（宋）張君房纂輯，蔣力生等校注：《雲笈七籤》卷100《軒轅本
　　　紀》，北京：華夏出版社，1996年，第610頁。

〔註2〕風水一詞，最早見於《葬書》曰：「葬者，乘生氣也。……行乎地中而生為氣，
　　　生氣行乎地中而生乎萬物。……氣，乘風則散，遇水則止。古人聚之使不散，
　　　行之使有止，故謂之風水。……風水之法，得水為上，藏風次之。」參見（晉）
　　　郭璞撰，（元）吳澄刪定：《葬書》，見《景印文淵閣四庫全書》第808冊，臺
　　　北：臺灣商務印書館，1986年，第12～15頁。

〔註3〕宋代趙彥衛《雲麓漫抄》稱：「地理家不知起於何時，自黃帝令大撓甲子以干
　　　支相配而分五行，今地理家則有大五行之說，如壬屬水，地理家曰屬火之
　　　類。」這表明地理家之稱謂，至遲出現在宋代。參見（宋）趙彥衛：《雲麓漫
　　　抄》，見《景印文淵閣四庫全書》第864冊，臺北：臺灣商務印書館，1986年，
　　　第295頁。

〔註4〕李民，王健：《尚書譯注》，上海：上海古籍出版社，2012年，第285頁。

〔註5〕（漢）鄭玄注，（唐）賈公彥疏，趙伯雄整理、王文錦審定：《周禮注疏》卷
　　　33《土方氏》，見李學勤主編：《十三經注疏》，北京：北京大學出版社，1999
　　　年，第881～882頁。

岡，相其陰陽，觀其流泉⋯⋯庶其隰原，徹田為糧，度其夕陽，幽居允荒」
〔註6〕。相（卜）宅或青烏是風水處於萌芽時期的稱謂，堪輿之名正式定型於
漢代。

對此，《四庫全書總目・子部・術數類》稱「相宅、相墓，自稱堪輿家。
考《漢志》有《堪輿金匱》十四卷，列於五行。顏師古注引許慎曰：『堪，天
道；輿，地道』。其文不甚明。而《史記・日者列傳》有武帝聚會占家，問某
日可娶婦否，堪輿家言不可之文。《隋志》則作堪餘，亦皆日辰之書，則堪輿，
占家也，又自稱曰形家。考《漢志》有《宮宅地形》二十卷，列於形法，其名
稍近。然形法所列兼相人相物，則非相宅相地之專名，亦屬假借。今題曰『相
宅相墓』，用《隋志》之文，從其質也」〔註7〕。文中所說《漢書・藝文志》
中的《堪輿金匱》和《宮宅地形》，分別從屬於五行類和形法類，開啟了後世
風水理論的理法與形法的兩大分類。〔註8〕此時的「堪輿」和「形法」也要比
後世範圍寬泛許多，如《漢書・藝文志》稱「形法者，大舉九州之勢以立城郭
室舍形，人及六畜骨法之度數、器物之形容以求其聲氣貴賤吉凶。猶律有長
短，而各徵其聲，非有鬼神，數自然也」〔註9〕。我們從中可以看出，形法不
僅包括相地、相宅，還有相人、相物等。漢代堪輿（陰、陽宅理論）是以陰陽
五行學說為主導框架，當時主要流行五音姓利說的圖宅術，王充在《論衡・
詰術》中稱「《圖宅術》曰：『商家門不宜南向，徵家門不宜北向。』則商金，
南方火也；徵火，北方水也。水勝火，火賊金，五行之氣不相得，故五姓之
宅，門宜有向，向得其宜，富貴吉昌；向失其宜，貧賤衰耗」〔註10〕。隋唐
時期，則進一步使圖宅術發展到巔峰階段，同時對形法、氣論方面的風水理
論也加以了補充發展。

《黃帝宅經・序》曰：「夫宅者，乃是陰陽之樞紐，⋯⋯凡人所居，無不
在宅。雖只大小不等，陰陽有殊。⋯⋯故宅者，人之本。人以宅為家，居若安
即家代昌吉。若不安，即門族衰微。」〔註11〕風水學家將山稱為陽，水稱為

〔註6〕 周振甫：《詩經譯注》卷7，北京：中華書局，2002年，第437頁。
〔註7〕 （清）永瑢等撰：《四庫全書總目》卷109《子部・術數類二》，北京：中華書
局，1965年，第924頁。
〔註8〕 何曉昕：《風水探源》，南京：東南大學出版社，1990年，第20～21頁。
〔註9〕 （漢）班固撰：《漢書》卷30《藝文志第十》，北京：中華書局，1962年，第
1775頁。
〔註10〕 黃暉撰：《論衡校釋》卷25《詰術篇》，北京：中華書局，1990年，第1038頁。
〔註11〕 鄭同點校：《堪輿》卷1《黃帝宅經》，北京：華齡出版社，2008年，第1頁。

陰，山南水北稱陽，山北水南稱陰。追求地形要「負陰而抱陽」，背山而面水。日常的生活實踐讓先民深刻體驗到「陰盛則陽病，陽盛則陰病」〔註12〕，故而風水家擇地必「相其陰陽」，唯有「陰陽和合，風雨所會」的風水寶地，方能「陰陽序次，風雨時至，嘉生繁祉，人民和利，物備而樂成」〔註13〕。風水師還把山態的圓、直、曲、銳、方，取類比附為金、木、水、火、土等五行，名之曰「五星形體」，認為五種山形若按五行相生排列即是「生龍」〔註14〕。唐代卜應天《雪心賦》卷1中云：「詳察五星之變化。」〔註15〕這裡的「五星」即指「五星形體」。另外，尚有「陰龍」、「陽龍」、「陰陽水」、「五家五行」等等，足見陰陽五行是風水術的理論內核。尤其是起源於兩漢，盛行於隋唐之際的「五姓相宅」學說。是這一時期的堪輿文化的主導理論，陰陽五行學說在其中的應用發揮更是淋漓盡致。

一、隋唐堪輿名士

（一）隋唐堪輿「雙子星座」

歷代風水家與命理學家、相術家等皆各執一端，互相攻訐，一爭雌雄。對此，唐代李淳風曾扮演和事佬的角色，以超然物外的態度言到：「八分相，八分命，八分墳宅，共湊二十四分乃為全吉。」〔註16〕這樣似乎可以息事寧人，各得其所了。可風水家仍不甘雌伏，力辯道：「相貌命分雖並重要，皆出於墳宅之中，而墳宅為尤重。」〔註17〕「余嘗論三才之道，地道為獨重。蓋凡在天之麗莫不由於地，而人則有以相論者，有以心論者，有以命論者，然相生於心，心復生於命，命雖在天，其本則根於地。」〔註18〕風水學家這樣認為，也自有其一定的理由。因為面相與命運都是先天決定的，是無法變更

〔註12〕姚春鵬譯注：《黃帝內經·素問》卷2《陰陽應象大論》，北京：中華書局，2010年，第57頁。

〔註13〕陳桐生譯注：《國語》，北京：中華書局，2013年，第137頁。

〔註14〕「生龍」指山巒連綿起伏，行止井然有序，生動美觀大方。

〔註15〕（唐）卜應天著，陳明、李非注譯：《繪圖雪心賦》，北京：華齡出版社，2006年，第87頁。

〔註16〕顧頡：《堪輿集成·管氏地理指蒙·釋子位第十三》，重慶：重慶出版社，1994年，第143頁。

〔註17〕顧頡：《堪輿集成·管氏地理指蒙·次舍祥沴第二十九》，重慶：重慶出版社，1994年，第182頁。

〔註18〕顧頡：《堪輿集成·管氏地理指蒙·釋子位第十三》，重慶：重慶出版社，1994年，第143～144頁。

的事實。相術和命理學也只是起到預測的功能，並不能改變命運。然而風水的陰宅學說卻可「奪神功，改天命」，風水家不甘雌伏也就自然不足為怪了。唐太宗未即位時，溫大雅曾「數陳秘策，甚蒙嘉賞」，官至禮部尚書，封黎國公。據《舊唐書·溫大雅傳》載：「大雅將改葬其祖父，筮者曰：『葬於此地，害兄而福弟。』大雅曰：『若得家弟永康，我將含笑入地。』葬訖，歲餘而卒。」〔註19〕此後，其弟溫彥博果然青雲直上，於貞觀十年升為尚書右僕射。無獨有偶，咸亨三年（672年），唐高宗因病欲辭位武則天，時任檢校兵部尚書的郝處俊挺身力諫曰：「嘗聞禮經云：『天子理陽道，後理陰德。』則帝之與後，猶日之與月，陽之與陰，各有所主守也。陛下今欲違反此道，臣恐上則譴見於天，下則取怪於人。昔魏文帝著令，身崩後尚不許皇后臨朝，今陛下奈何遂欲躬自傳位於天后？況天下者，高祖、太宗二聖之天下，非陛下之天下也。陛下正合謹守宗廟，傳之子孫，誠不可持國與人，有私於後族。伏乞特垂詳納。」〔註20〕高宗於是作罷。郝處俊由是埋下了禍根，及至後來「處俊孫象賢，垂拱中為太子通事舍人，坐事伏誅，臨刑言多不順。則天大怒，令斬訖仍支解其體，發其父母墳墓，焚爇屍體，處俊亦坐斫棺毀柩。」〔註21〕對於此事的結局，風水家認為非是武則天挾私報復，而歸咎於盛行唐代「葬壓龍角，其棺必斫」的風水觀念。〔註22〕

追本溯源，這種觀念實則來源於魏晉堪輿經典《青囊海角經·天機權衡》：「葬龍唇，按龍角，不三年，自消索。出人少死外逃亡，存殁幽冥皆不樂。……葬龍角，按龍唇，不久兒孫作配軍。飛來災禍重重見，八卦流年不順情。」〔註23〕相傳《青囊海角經》的流傳與丘延翰有關，據記載：

丘延翰，聞喜人。永徽時有文名。遊太山於石室中，遇神人授

〔註19〕（後晉）劉昫等撰：《舊唐書》卷61《溫大雅傳》，北京：中華書局，1975年，第2360頁。

〔註20〕（後晉）劉昫等撰：《舊唐書》卷84《郝處俊傳》，北京：中華書局，1975年，第2799～2800頁。

〔註21〕（後晉）劉昫等撰：《舊唐書》卷84《郝處俊傳》，北京：中華書局，1975年，第2801頁。

〔註22〕《朝野僉載》載：「唐郝處俊為侍中死。葬訖，有一書生過其墓歎曰：『葬壓龍角，其棺必斫。』後其孫象賢坐不道斫俊棺。」參見（唐）張鷟撰：《朝野僉載》，北京：中華書局，1979年，第165頁。

〔註23〕鄭同點校：《堪輿》卷2《青囊海角經》，北京：華齡出版社，2008年，第56頁。

玉經。即《海角經》也。洞曉陰陽，依法拖擇。罔有不吉。開元中為縣人卜葬地，理氣交見。太史奏曰：「河東聞喜有天子氣。」朝廷忌之。使斷所拖山，詔捕之，大索弗獲。詔原其罪，詣闕，陳陰陽之說，以天機等書進呈，秘以金函玉篆，號八字天機。拜亞大夫之官，祀三仙祠。〔註24〕

　　丘延翰有此等奇遇，冠以唐代堪輿界「雙子星座」之一，的確是實至名歸。而另一位風水名宿楊筠松，更是名噪一時，風行四海。據載，楊筠松「字叔茂，竇州人。寓江西，號『救貧先生』」。唐僖宗時期貴為「國師，官至金紫光祿大夫。掌靈臺地理事」。黃巢義軍攻破長安之際，楊筠松「乃斷發入崑崙山步龍。一過虔州，以地理術行於世，稱救貧仙人是也」。〔註25〕魏晉以降，風水術日漸繁盛，代有新人，相關著述亦是汗牛充棟。迨及唐代，遂分為兩大流派。明代王禕《青岩叢錄》云：

　　　　後世言地理之術者分為二宗：一曰宗廟之法，始於閩中，其源甚遠，至宋王伋乃大行。其為說主於星卦，陽山陽向，陰山陰向，不相乖錯。純取五星八卦，以定生剋之理。其學浙閩傳之，而今用之者甚鮮。一曰江西之法，肇於贛人楊筠松、曾文辿，及賴大有、謝子逸輩，尤精其學。其為說主於形勢，原其所起，即其所止以定位向，專注龍穴砂術之相配，其他拘忌，在所不論。其學盛行於今，大江南北，無不遵之。〔註26〕

　　其中所謂「大江南北，無不遵之」，絕非誇飾之詞。楊筠松在堪輿學上具有極其崇高的地位，與孟子在儒學上的地位大致相當，其著作《撼龍經》、《疑龍經》、《青囊奧語》、《天玉經》、《都天寶照經》等，均為風水學中的經典著作。他本人撲朔迷離的死因，也似乎為他神乎其技的堪輿術劃上了一個圓滿的句號。《贛州府志》卷18《紀事志·軼事》明確記載：

　　　　唐都監楊筠，松避地於虔，謁盧光稠，為其卜地，雲出天子，盧遂改葬其父母。復問還有此地否。曰：「有一席十八面。」曰：「何面出天子？」曰：「面面出天子。」盧恐他姓得之，遂毒楊。

〔註24〕鄭同點校：《堪輿》卷30《堪輿名流列傳》，北京：華齡出版社，2008年，第718頁。

〔註25〕鄭同點校：《堪輿》卷30《堪輿名流列傳》，北京：華齡出版社，2008年，第716頁。

〔註26〕張榮明：《方術與中國傳統文化》，上海：學林出版社，2000年，第222頁。

楊覺，攜其徒曾文汕亟去之。至一處間，問何地名，曾答：「藥口。」曰：「藥到口死矣。仇不可不報也。小子識之。說盧王於虔州磨車灣安一水碓，十字路口開一井，則世世為天子矣。」曾曰：「何謂也？」曰：「磨車灣安碓，單打盧王背。十字路口開井，盧王自縊頸。」後盧果疽發背痛不能忍，縊死。〔註27〕

　　楊筠松之所以能成為一代開宗立派的堪輿大師，因為其堪輿術不僅尊襲了漢晉以來的陰陽五行學說，而且他結合親身的踏勘山水實踐，注重從自然環境中地形、地勢及地物的影響，《青囊奧旨》（序）譽之為「曲盡地理造化運行之機，真參贊化育之大道」〔註28〕。

（二）隋唐堪輿名僧

　　除此兩位唐代堪輿雙子星座外，還有司馬頭陀、一行、浮屠泓等眾多風水名僧。據《江西通志》卷43《方技》記載：

　　　　司馬頭陀，唐時人，習堪典家言，歷覽洪都諸山，鈴地一百七十餘處，訖今猶驗。一日，至奉新，參百丈曰：「近於湖南得一山，乃一千五百善知識所居。」百丈曰：「老僧可住否？」曰：「不可。和尚骨相，彼肉山也。」時華林覺為首座，詢之，不許。一見典座靈佑，曰：「此為山主人也。」後往住山，連帥李景讓率眾建梵宇，請於朝，賜號同慶寺廟。天下禪學輻輳焉，竟如其言。〔註29〕

　　司馬頭陀的大名直至宋代，還時常被人用來借屍還魂。《江西通志》卷43《方技》又載：「劉潛，南康籍，哲宗時人。上世為司馬頭陀，著有《地理諸說》行世。永樂二年，得其書於佛像中，見《地理纂要》。」〔註30〕《吉安府志》也有類似記載：「達僧姓劉氏，居安福下村水南院。師司馬頭陀，善地理之術，所著有《撼龍經》、《天元一氣》諸書。世有傳之者。」〔註31〕司馬頭

〔註27〕（明）余文龍、謝詔纂修：《（天啟）贛州府志》卷18《紀事志・軼事》，清順治十七年刻本。

〔註28〕鄭同點校：《堪輿》卷15《青囊奧旨》，北京：華齡出版社，2008年，第322頁。

〔註29〕（清）于成龍修，杜果纂：《康熙江西通志》卷43《方技》，見《中國方志集成》，南京：鳳凰出版社，2009年，第435～436頁。

〔註30〕（清）于成龍修，杜果纂：《康熙江西通志》卷43《方技》，見《中國方志集成》，南京：鳳凰出版社，2009年，第439頁。

〔註31〕（明）余之禎總修，（明）王時槐纂修，汪泰榮點校，吉安市地方志辦公室輯：《萬曆吉安府志》卷31《雜傳》，北京：中華書局，第423頁。

陀固然是一位深諳堪輿之術的高僧，但有唐一代擅長此道者不勝枚舉。如唐代著名的天文學家和佛學家一行禪師，亦擅長風水術，他所撰《五音地理新書》30 卷〔註32〕，以及提出的「山河兩界說」，對後世堪輿家們的「界水理論」產生了重大影響，故被專門羅列歷代堪輿名士的《地理正宗》奉為正宗人物。還有一位武周時期的高僧浮屠泓，常遊走於王侯貴冑間以售其術。據《新唐書‧方技傳》記載：

> 時有浮屠泓者，黃州人。與天官侍郎張敬之善。敬之以武后在位，常指所服示子冠宗曰：「莽朝服耳。」俄冠宗以父應入三品，詣有司言狀。泓忽曰：「君無煩求三品也。」敬之大驚，已而知出冠宗意。敬之弟訥之疾殆，泓曰：「公弟當位三品，不足憂也。」已而愈。嘗為燕國公張說市宅，戒曰：「無穿東北，王隅也！」它日見說曰：「宅氣索然，云何？」與說共視，隅有三坎丈餘，泓驚曰：「公富貴一世而已，諸子將不終。」說懼，將平之，泓曰：「客土無氣，與地脈不連，譬身瘡痏補它肉，無益也。」說子皆污賊死斥云。〔註33〕

唐中宗神龍元年，仍有浮屠泓堪輿活動的身影。「相地者僧泓師，與韋安石善。嘗語安石曰：『貧道近於鳳棲原見一地，可二十餘畝，有龍起伏形勢。葬於此地者，必累世為臺座。』」〔註34〕因韋安石妻擔心結交江湖術士，會招來不測之禍，故將此地轉給韋安石弟韋絛購去，葬下一個夭折的兒子。後來，韋絛果然官升太常卿禮儀使。

（三）隋唐堪輿辨疑

諸如上述，神乎其技的堪輿術百試不爽，令人如墜霧裏雲中。我們不妨從以下兩則事例，或可見其中些許端倪。

隋代著名術士蕭吉，字文休，梁武帝兄長沙宣武王懿之孫。博學多才，尤精陰陽術數。「及獻皇后崩，上令吉卜擇葬所，吉曆筮山原，至一處，云：

〔註32〕 即稱「以人姓五音，驗八山、三十八將吉凶之方。」參見（宋）晁公武編，孫猛校：《郡齋讀書志校證》，上海：上海古籍出版社，1990 年，第 615 頁。

〔註33〕 （宋）歐陽修、宋祁撰：《新唐書》卷 204《方技傳》，北京：中華書局，1975 年，第 5809 頁。

〔註34〕 （宋）李昉等編：《太平廣記》卷 389《韋安石》，北京：中華書局，1961 年，第 3108 頁。

『卜年二千，卜世二百。』……然（隋文帝）竟從吉言。」〔註35〕蕭吉預言隋朝國運兩千載，顯然滑天下之大稽，但此乃其導演策劃的一場政治陰謀——後來告訴族人蕭平仲稱：「皇太子遣宇文左率深謝余云：『公前稱我當為太子，竟有其驗，終不忘也。今卜山陵，務令我早立。我立之後，當以富貴相報。』吾記之曰：『後四載，太子御天下。』今山陵氣應，上又臨喪，兆益見矣。且太子得政，隋其亡乎！當有真人出治之矣。吾前紿云卜年二千者，是三十字也；卜世二百者，取三十二運也。吾言信矣，汝其志之。」〔註36〕可見此次擇地受太子楊廣之託，欲通過卜地蔭護楊廣登基。「及煬帝嗣位，（蕭吉）拜太府少卿，加位開府。」〔註37〕蕭吉一朝得勢，便乘機報復與他素來不睦的楊素，「嘗行經華陰，見楊素冢上有白氣屬天，密言於帝。帝問其故，吉曰：『其候素家當有兵禍，滅門之象。改葬者，庶可免乎！』帝後從容謂楊玄感曰：『公家宜早改葬。』玄感亦微知其故，以為吉祥，託以遼東未滅，不遑私門之事。未幾而玄感以反族滅，帝彌信之。」〔註38〕工於心計的蕭吉，明知煬帝素來忌憚楊氏手握重兵，故託之改葬以達其不可告人的目的。與蕭吉同一時期的舒綽，堪輿手段也著實不俗。據《浙江通志》記載：隋代東陽人舒綽，稽古博文，尤善相家。吏部侍郎楊恭仁欲遷葬祖墳，延請舒綽等海內風水名家為其擇選佳地。然縱說紛紜，各執一詞，莫衷一是。楊恭仁於是命人去葬地，各取樣土一斗，密封起來，然後將之示眾。唯舒綽所言毫釐不差，其言：「此土五尺外有五穀，得其一即是福地，世為公侯。」楊恭仁遂往其處挖掘，掘至七尺，果現一穴，貯栗七八斗。楊恭仁佩服得五體投地，時人皆奉若神明。〔註39〕以今視之，舒綽神乎其神的風水術，不過是建立在自己長期的堪輿實踐活動，對地質形貌環境等充分瞭解的基礎上。如蕭吉、舒綽能言機變者，畢竟寥寥無幾。侯門一入深似海，自古伴君如伴虎。《東觀

〔註35〕（唐）魏徵等撰：《隋書》卷78《蕭吉傳》，北京：中華書局，1973年，第1774～1776頁。

〔註36〕（唐）魏徵等撰：《隋書》卷78《蕭吉傳》，北京：中華書局，1973年，第1776頁。

〔註37〕（唐）魏徵等撰：《隋書》卷78《蕭吉傳》，北京：中華書局，1973年，第1776頁。

〔註38〕（唐）魏徵等撰：《隋書》卷78《蕭吉傳》，北京：中華書局，1973年，第1776～1777頁。

〔註39〕（清）嵇曾筠、李衛等修，（清）沈翼機等纂：《雍正浙江通志》卷197《方技下》，見《中國方志集成》，南京：鳳凰出版社，2010年，第171頁。

奏記》載：

> 術士柴岳明洞陰陽術數，於公卿間聲名籍甚。上一日召於便殿
> 對。上曰：「朕欲為諸子孫□□院，卿宜相其地。」岳明奏曰：「人
> 臣遷移不常，有陽宅、陰宅。入陰宅、入陽宅者，禍福刑克，師有
> 傳受。今陛下居深宮，有萬靈護衛。陰陽二宅不言帝王家。臣不敢
> 奉詔。」上然之，賜束帛遣之。〔註40〕

　　面對撲朔迷離的時勢，術士大多巧言令色以明哲保身。「陰陽二宅，不言
帝王家」，赤裸裸地暴露了其欺世盜名的本質。

二、隋唐堪輿理論

（一）隋唐時期的陰宅觀念

　　司馬承禎在其所著《天隱子・安處篇》中，曾以居宅來闡釋養生之道稱：
「何為安處？曰：『非華堂邃宇、重褥廣榻之謂也。』在乎南面而坐，東首而
寢，陰陽適中，明暗相半。屋無高，高則陽盛而明多；屋無卑，卑則陰盛而
暗多。故明多則傷魄，暗多則傷魂，人之魂陽而魄陰。苟傷明暗，則疾病生
焉。」〔註41〕側面反映了陰陽觀念對唐代風水學說的影響。而五行學說對隋
唐風水術的影響，主要體現在當時民間流行的「五姓相宅」，即將人的不同姓
氏分別歸之於「宮、商、角、徵、羽」五音，以此為理論內核來占卜宅地。
唐初陰陽術數家呂才對此也曾說「《詩》稱『相其陰陽』。《書》云：『卜惟洛
食』。此則卜宅吉凶，其來尚矣。至於近代師巫，更加五姓之說。言五姓者，
謂宮、商、角、徵、羽等。天下萬物，悉配屬之，行事吉凶，依此為法。」
〔註42〕這一時期有《宅吉凶論》三卷、《相宅圖》八卷、《五姓墓圖》等多種
專述卜宅的論著〔註43〕，是民間家居生活的常備之書。敦煌文獻唐寫本伯
3865號文書保存了較多的《宅經》殘卷，上面也提到「可以家藏一本，用誠

〔註40〕　（唐）司馬承禎撰：《天隱子》，上海：上海古籍出版社，1990年，第11～12
　　　　　頁。
〔註41〕　（唐）裴庭裕撰，田廷柱點校：《東觀奏記》，北京：中華書局，1994年，第
　　　　　27頁。
〔註42〕　（後晉）劉昫等撰：《舊唐書》卷79《呂才傳》，北京：中華書局，1975年，
　　　　　第2720～2721頁。
〔註43〕　（唐）魏徵等撰：《隋書》卷34《經籍三》，北京：中華書局，1973年，第1039
　　　　　頁。亦可參看（後晉）劉昫等撰：《舊唐書》卷47《經籍志》。

子孫，密之寶之」。〔註44〕可見，隋唐風水學仍以陰陽五行學說為理論基礎，並有著廣泛的社會影響。

較之風水陽宅理論，陰宅學說對隋唐社會生活影響更為至深。唐代不論官民，凡喪亡皆有「卜宅兆」、「卜葬日」的習俗〔註45〕。唐代宗大曆年間，婺州人士周士龍及其叔父以「能辨山崗，卜擇墳墓之地」聞名鄉黨。「門庭車馬如市，人之夭壽官位、吉凶屬害，一切以地斷。」僅一次給兵馬使婁瓛卜擇墓地，周士龍就得財千餘貫。〔註46〕唐玄宗開元十五年，集賢學士徐堅告假葬妻，臨行之時，特意造訪張說請教陰宅墓葬之事。張說向其轉述了風水術士泓師有關墓葬之論：「墓欲深而狹，深者取其幽，狹者取其固。……」〔註47〕另外，唐詩中有關卜陰宅葬地之詩句也不勝枚舉，如杜甫《寄題江外草堂》和《寄贊上人》中有「嗜酒愛風竹，卜居必林泉」〔註48〕、「一昨陪錫杖，卜林南山幽」〔註49〕之句，以及白居易《遊藍田山卜居》、《香山下卜居》等詩篇。時人重視陰宅葬地由是可見一斑。

> 長安多大宅，列在街西東。往往朱門內，房廊相對空。
> 梟鳴松桂枝，狐藏蘭菊叢。蒼苔黃葉地，日暮多旋風。
> 前主為將相，得罪竄巴庸；後主為公卿，寢疾歿其中。
> 連延四五主，殃禍繼相鍾。自從十年來，不利主人翁。
> 風雨壞簷隙，蛇鼠穿牆墉。人疑不敢買，日毀土木功。
> 嗟嗟俗人心，甚矣其愚蒙！旦恐災將至，不思禍所從。
> 我今題此詩，欲悟迷者胸。凡為大官人，年祿多高崇。
> 權重持難久，位高勢易窮。驕者物之盈，老者數之終。
> 四者如寇盜，日夜來相攻。假使居吉土，孰能保其躬？

〔註44〕 吳玉貴：《中國風俗通史》（隋唐五代卷），上海：上海文藝出版社，2001 年，第 178 頁。

〔註45〕 （唐）杜佑撰，王文錦等點校：《通典》卷 138《凶禮五》，北京：中華書局，1988 年，第 3506～3525 頁。

〔註46〕 （宋）李昉等編：《太平廣記》卷 289《周士龍》，北京：中華書局，1961 年，第 2298 頁。

〔註47〕 （唐）劉肅撰，許德楠、李鼎霞點校：《大唐新語》卷 13《記異》，北京：中華書局，1984 年，第 195 頁。

〔註48〕 （清）彭定求等編校：《全唐詩》卷 220《寄題江外草堂》，北京：中華書局，1999 年，第 2325 頁。

〔註49〕 （清）彭定求等編校：《全唐詩》卷 218《寄贊上人》，北京：中華書局，1999 年，第 2911 頁。

　　因小以明大，借家可喻邦。周秦宅崤函，其宅非不同；

　　一興八百年，一死望夷宮。寄語家與國，人凶非宅凶！〔註50〕

　　白居易此首《凶宅》詩，繪聲繪色地展現了長安城眾多豪門大宅竟變為無人敢居的「凶宅」，以至於成了蛇鼠之窩。「人疑不敢買，日毀土木功」充分反映了當時民眾宅居風水理念，營建新宅必請風水術士卜宅，當時人們深信宅地有「吉宅」和「凶宅」之分。居吉宅家康業旺，子孫昌盛。反之，居凶宅百病叢生，敗家亡丁。天寶年間，韓朝宗就在長安南羅城發現一處大宅，「其宅中無人居，問人，云此是公主凶宅，人不敢居。乃知大凶宅皆鬼神所處，信之。」〔註51〕不唯大宅有凶宅，小宅也不例外。寇墉在永平坊曾購一小宅，「傳授凡十七主，皆喪長。」〔註52〕即沒人敢居，又無法賣出，方布施給羅漢寺，他才以四十貫從寺院廉價買去。當時太尉李晟府前也有一宅，因「相傳甚凶」，「貧賤之人，固難安也。」〔註53〕此宅被竇乂低價購買轉贈李晟後，拆除其房舍改為戲馬場。這種凶宅思想源於隋唐陰宅觀念，當時民眾普遍認為宅地風水好壞，關乎子孫後代的禍福興衰。京兆城南杜陵後裔旺達，累世為公卿高爵，時人稱其宅地有壯氣，謂之「杜固」。唐初杜正倫和城南諸杜同姓異宗，請求與諸杜合譜不成，懷恨於心，私奏朝廷開鑿「杜固」「泄其地氣」〔註54〕，自此杜固子孫後代一蹶不振。在唐代陰宅風水觀念中，還有「金盞」、「玉杯」宅地之說。風水術士泓師曾言：「長安永寧坊東南是金盞地，安邑里西是玉杯地。」及後永寧坊、安邑分屬王鍔和馬燧之宅。最終兩者皆家敗勢窮被抄沒歸公，將王宅賞賜給袁弘、史憲誠等高官，「所謂金盞破而成；馬燧宅（廢毀）為奉誠園，所謂玉杯破而不完。」〔註55〕唐後期名相李吉甫與牛僧孺分別在安邑坊、新昌坊建宅，風水術士泓師亦稱李宅為「玉杯」，牛宅為『金杯』。「牛宅本將作大匠康詧宅，詧自辨岡阜形勢，謂其宅當出宰相，每命相有

〔註50〕顧學頡校點：《白居易集》卷1《凶宅》，北京：中華書局，1979年，第3頁。

〔註51〕（唐）張鷟撰：《朝野僉載》卷6，北京：中華書局，1979年，第131頁。

〔註52〕（宋）李昉等編：《太平廣記》卷344《寇墉》，北京：中華書局，1961年，第2725頁。

〔註53〕（宋）李昉等編：《太平廣記》卷243《竇乂》，北京：中華書局，1961年，第1877～1878頁。

〔註54〕（宋）歐陽修、宋祁撰：《新唐書》卷106《杜正倫傳》，北京：中華書局，1975年，第4039頁。

〔註55〕（唐）王讜撰，周勛初校證：《唐語林校證》卷7《補遺》，北京：中華書局，1987年，第610～611頁。

按，聳必引頸望之。宅竟為僧孺所得。」〔註56〕正因「金盞破而成」，牛僧孺貶而復位；「玉杯破而不完」，李吉甫暴亡，其子李德裕也亡於貶地。

綜上所述，我們不難發現，堪輿的陰宅學說，雖係虛妄之辭，確有其理論淵藪。隋唐風水觀念主要秉承《葬經》（又名《葬書》）發展演變而來的，《葬經》認為「人受體於父母，本骸得氣，遺體受蔭。蓋生者氣之聚，結者成骨，死而獨留。故葬者反氣納骨，以蔭所生之道也。」〔註57〕即是說，人之身體源自父母，父母的骸骨乃子孫之本，二者氣息密切相通。若祖先枯骨得氣，則子孫必得蔭庇福佑。斯「遺體受蔭」說，是以「生氣說」為紐帶。《葬經》曰：「葬者，乘生氣也。夫陰陽之氣……行乎地中而為生氣。生氣行乎地中，發而生乎萬物。」〔註58〕而保護生氣的主要因素是風與水，《葬經》又云：「氣乘風則散，界水則止。古人聚之使不散，行之使有止，故謂之風水。風水之法，得水為上，藏風次之。」〔註59〕故隋唐時期堪輿擇地是以「藏風得水」為主要標準，這在《葬經》中稱為「四神地」模式。《葬經》語：「以左為青龍，右為白虎，前為朱雀，後為元（玄）武。元（玄）武垂頭，朱雀翔舞，青龍蜿蜒，白虎馴頫。」〔註60〕

（二）隋唐皇陵及都城

世人皆望子孫隆盛，福壽綿長，何況封建帝王？武后駕崩，風水師嚴善思就是否將武則天和唐高宗合葬，曾諫言：「陵墓所安，必資勝地，後之胤嗣，用託靈根，或有不安，後嗣亦難長享。……然以山川精氣，上為星象，若葬得其所，則神安後昌，若葬失其宜，則神危後損。所以先哲垂範，具之葬經，欲使生人之道必安，死者之神必泰。」〔註61〕堪輿術在隋唐陵墓和都城

〔註56〕（唐）王讜撰，周勳初校證：《唐語林校證》卷7《補遺》，北京：中華書局，1987年，第609～610頁。

〔註57〕鄭同點校：《堪輿》卷15《郭璞〈古本葬經〉》，北京：華齡出版社，2008年，第319頁。

〔註58〕鄭同點校：《堪輿》卷15《郭璞〈古本葬經〉》，北京：華齡出版社，2008年，第319頁。

〔註59〕鄭同點校：《堪輿》卷15《郭璞〈古本葬經〉》，北京：華齡出版社，2008年，第319頁。

〔註60〕鄭同點校：《堪輿》卷15《郭璞〈古本葬經〉》，北京：華齡出版社，2008年，第321頁。

〔註61〕（後晉）劉昫等撰：《舊唐書》卷191《嚴善思傳》，北京：中華書局，1975年，第5103頁。

選址中，更是被運用發揮得淋漓盡致。關中渭北平原上，唐十八陵綿延百餘公里，莽莽蒼蒼，氣勢恢宏。這些皇陵的修建、選址，都出自當時堪輿名家之手，是唐代風水理論的產物。十八陵橫亙於黃土高原南側的北山山脈，東西一字排開。北山是陝、晉交界的呂梁山支脈，自東北向西南，橫臥在關中平原北部。地勢由東到西，漸趨變低。恰恰符合《葬經》「青龍蜿蜒，白虎馴頫」的要求。而前有南邊的驪山、華山、終南山、首陽山，從低至高階梯直入秦嶺，後有一望無垠的黃土高原為依託，又應了《葬經》的「朱雀翔舞，玄武垂頭」。此外，以十八陵方位而言，多數背北面南。北有黃土高原攔阻，東北有呂梁山遮擋，西邊和南邊又分別有青藏高原、秦嶺遮護，加之十八陵都面對著從西至東奔流的渭水，故而造就了長安成為「藏風得水」的絕佳之地。

漢長安城「此城從漢，凋殘日久，屢為戰場，舊經喪亂。今之宮室事近權宜，又非謀筮從龜，瞻星揆日，不足建皇王之邑。」〔註62〕楊堅遂令宇文愷擇選「山川秀麗、卉物滋阜、卜食相土」的龍首高原建大興城。「隋開皇三年，自長安故城遷都龍首川，即今都城是也。初，隋氏營都，宇文愷以朱雀街南北有六條高坡，為乾卦之象，故以九二置宮殿以當帝王之居，九三立百司以應君子之數，九五貴位，不欲常人居之，故置玄都觀及興善寺以鎮之。」〔註63〕宋代程大昌對龍首原六坡進行了深入的研究，其《雍錄》卷3《龍首原六坡》稱：

> 元都觀在朱雀街西之第一街，而街之自北向南之第五坊也。宇文愷之營隋都也，曰朱雀街南北盡郭有六條高坡，象乾卦六爻。故於九二置宮殿，以當帝王之居，九三立百司，以應君子之數，九五貴位，不欲常人居之，故置元都觀及興善寺以鎮其地，劉禹錫賦看花詩即此也。裴度宅在朱雀街東第二街，自北而南則為第四坊，名永樂坊，略與元都觀東西相對，而其第基之比觀基，蓋退北兩坊，不正相當也。……蓋權輿之謂「宅據乾岡」者，即龍首第五坡之餘勢也。然而度之所居，張說在其西，尤與元都觀相近，而張嘉正之第正在坊北，何獨指度以為據占乾岡也，小人挾私欺君皆如此類。〔註64〕

〔註62〕 （唐）魏徵等撰：《隋書》卷1《高祖紀》，北京：中華書局，1973年，第17頁。

〔註63〕 （唐）李吉甫撰：《元和郡縣圖志》卷1《關內道‧京兆府》，北京：中華書局，1983年，第1～2頁。

〔註64〕 （宋）程大昌撰，黃永年點校：《雍錄》卷3《龍首原六坡》，北京：中華書局，2002年，第54～55頁。

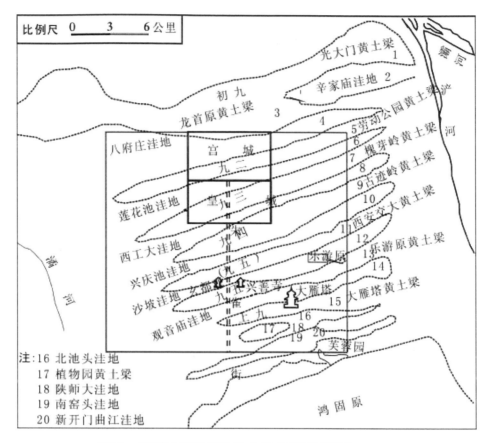

圖 1　隋唐長安城乾卦六爻地形示意圖〔註65〕

　　文中所提裴度宅居之事，乃指唐敬宗時期，宰相裴度住宅長安永樂坊，恰處於龍首山第五坡餘勢。時民謠相傳「非衣小兒袒其腹，天上有口被驅逐」，「非衣小兒」、「天上有口」分別指裴度和吳元濟，暗寓裴度戡定吳元濟之事。唐敬宗寶曆二年，裴度自漢中入朝，政敵欲置其死地，彈劾稱「度名應圖讖，宅據崗原，不召自來，其心可見」，誣其有僭越稱帝之心。〔註66〕《易傳・繫辭上》曰：「天尊地卑，乾坤定矣。」〔註67〕即言造化萬物，天為至尊。乾卦六爻皆為陽爻，不僅象徵了崇高的上天，而且同時也被寓意為飛騰萬化

〔註65〕李令福：《隋唐長安城六爻地形及其對城市建設的影響》，《陝西師範大學學報（哲學社會科學版）》，2010 年第 4 期。

〔註66〕（後晉）劉昫等撰：《舊唐書》卷 170《裴度傳》，北京：中華書局，1975 年，第 4427 頁。亦可參見（宋）司馬光編著，（元）胡三省音注：《資治通鑑》卷 243 寶曆二年本條下「胡注」，北京：中華書局，1956 年，第 7847～7848 頁。

〔註67〕周振甫：《周易譯注・繫辭上傳》，北京：中華書局，1991 年，第 230 頁。

的龍。〔註68〕集上天、飛龍、純陽於一體的乾卦，其尊崇自是不言而喻。以龍首原的天然六條岡阜興建都城，給民眾心理上烙下的神秘性、莊嚴感，也自不待言。縱觀此設計，帝王宮闕及百官衙署處於全城制高點，彰顯出統治者高高在上，君臨天下的恢宏氣勢。這無論是以安全戍衛而言，抑或從地理風水環境來說，都足見宇文愷深得堪輿之妙。

三、隋唐堪輿術批判

　　隋唐時期，有關五音、五姓之說被廣泛應用於堪輿術。據《隋書·經籍志》收錄有關五音、五姓的堪輿著述，即有《五姓墓圖》、《五音相墓書》5 卷、《五音圖墓書》91 卷、《五姓圖山龍》等。〔註69〕新、舊《唐書》藝文志和經籍志亦收錄了《五姓墓圖要訣》、《玄女彈五音法相冢經》、《五音地理經》等。在「五姓相宅」說方面，甚至出現了專著《五姓宅經》。〔註70〕

　　長安新昌裏尚書溫造的府邸，曾是堪輿術士桑道茂之宅。宅中有兩株參天的柏樹，桑道茂語：「夫人之所居，古木蕃茂者，皆宜去之。」凡有古木的居宅人得病，蓋因「木盛則土衰」所致。「於是以鐵數十鈞，鎮於柏樹下。既而告人曰：『後有居，發吾所鎮之地者，其家長當死。』」及至唐文宗太和九年（835 年），「溫造居其宅，因修建堂宇，遂發地，得桑生所鎮之鐵。後數日，造果卒。」〔註71〕敦煌文獻 P.3281Vb 也有相關記載：「商姓，東南上利，大吉，西北下利，小吉。」〔註72〕P.3647 更為明確記載：「商姓金行：丑，大墓；未，小墓。葬其地，絕世，大凶。絕世在南，金位火，名大滅門，大禍，凶。五刑在東方，出刑戮人。大德在北方，世祿長遠，大〔吉〕。五福在四季，世祿延長，大吉。重陰在西方，少利多害，不宜子孫及財物平。宜葬壬、癸、亥、子，大吉。出公卿上。辰、戌、乾、巽，小吉。」〔註73〕

〔註68〕《高宗純皇帝實錄》卷 484 云：「乾卦六爻，皆取象於龍，故象傳言時乘六龍以御天。」參見《清實錄》第 15 冊，《高宗純皇帝實錄》（七），北京：中華書局，1986 年，第 66 頁。

〔註69〕（唐）魏徵等撰：《隋書》卷 34《經籍三》，北京：中華書局，1973 年，第 1039頁。

〔註70〕《舊唐書·經籍志》記載《五姓宅經》一書為 2 卷，而《新唐書·藝文志》則是 20 卷。

〔註71〕（宋）李昉等編：《太平廣記》卷 144《溫造》，北京：中華書局，1961 年，第 1035 頁。

〔註72〕金身佳：《敦煌寫本宅經葬書校注》，北京：民族出版社，2007 年，第 145 頁。

〔註73〕金身佳：《敦煌寫本宅經葬書校注》，北京：民族出版社，2007 年，第 260 頁。

表1　五音相墓吉凶配屬表

五　音	宮	商	角	徵	羽
上利大吉	西南	東南	西北	東北	西南
下利小吉	東北	西北	東北	西南	東北
墓月大凶	三月	十二月	六月	九月	三月
墓日大凶	戊辰	辛丑	乙未	丙戌	壬辰

　　除此之外，涉及於此的敦煌文書還有 P.2615a、P.2630V0、P.2962V、P.3492、
P.3507、P.3594、P.4522、S.4534 等等。而另一類敦煌文獻刊本曆書（877 年
S.6 號文書），則更為詳盡地表明了「五姓相宅」的流傳之廣。這份曆書包含
了 4 種與「五姓相宅」有關的欄目：1. 五姓修造日；2. 五姓種苗日；3. 推丁
酉（877）年五姓起灶圖；4. 五姓置門戶井灶圖。《舊唐書》卷 191《方技傳》
中也有相關史實記載：

　　　　嚴善思，同州朝邑人也。少以學涉知名，尤善天文曆數及卜相
　　之術。初應消聲幽藪科舉擢第。則天時為監察御史，權右拾遺、內
　　供奉。數上表陳時政得失，多見納用。稍遷太史令。聖曆二年，熒
　　惑入輿鬼，則天以問善思。善思對曰：「商姓大臣當之。」其年，文
　　昌左相王及善卒。〔註74〕

　　此處所謂「商姓大臣」，即是針對五姓而言的。彌漫於隋唐社會生活的
「五姓相宅」之說，唐人呂才在《敘宅經》一文中曾批判說：

　　　　至如張、王等為商，武、庾等為羽，欲似同韻相求；及其以柳
　　姓為宮，以趙姓為角，又非四聲相管。其間亦有同是一姓，分屬宮
　　商，後有複姓數字，徵羽不別。驗於經典，本無斯說，諸陰陽書，
　　亦無此語，直是野俗口傳，竟無所出之處。唯《堪輿經》，黃帝對於
　　天老，乃有五姓之言。且黃帝之時，不過姬、姜數姓，暨於後代，
　　賜族者多。至如管、蔡、成、霍、魯、衛、毛、聃、郜、雍、曹、
　　滕、畢、原、酆、郇，並是姬姓子孫；孔、殷、宋、華、向、蕭、
　　亳、皇甫，並是子姓苗裔。自餘諸國，準例皆然。因邑因官，分枝
　　布葉，未知此等諸姓，是誰配屬？又檢《春秋》，以陳、衛及秦並同
　　水姓，齊、鄭及宋皆為火姓，或承所出之祖，或係所屬之星，或取

〔註74〕　（後晉）劉昫等撰：《舊唐書》卷 191《嚴善思傳》，北京：中華書局，1975
　　年，第 5102 頁。

所居之地，亦非宮、商、角、徵，共相管攝。此則事不稽古，義理
乖僻者也。〔註75〕

「五姓相宅」說是指古人將姓氏劃分為宮、商、角、徵、羽五類，五音配
屬五行（宮屬土，商屬金，角屬木，徵屬火，羽屬水），又以五行定五方。在
敦煌卷子遺書伯 2632 號就有一部《宅經》，上面提到五姓修宅法，並作說明
某姓可於某月某方位造宅舍。如張、王、楊等姓與商音相類，故屬商，五行則
屬金，宅忌向南（南屬火，火剋金）。這一思想觀念秦漢時期早已盛行，王充
《論衡‧詰術》就曾言及：

圖宅術曰：「宅有八術，以六甲之名，數而第之，第定名立，宮
商殊別。宅有五音，姓有五聲，宅不宜其姓，姓與宅相賊，則疾病
死亡，犯罪遇禍。」……圖宅術曰：「商家門不宜南向，徵家門不宜
北向。」則商金，南方火也；徵火，北方水也。水勝火，火賊金，
五行之氣不相得，故五姓之宅，門宜有向。向得其宜，富貴吉昌；
向失其宜，貧賤衰耗。〔註76〕

隨後的王符在其《潛夫論》中也說：

亦有妄傳姓於五音，設五宅之符第，其為誣也甚矣！古有陰
陽，然後有五行。五帝右據行氣，以生人民，載世遠，乃有姓名敬
民。名字者，蓋所以別眾猥而顯此人爾，非以絕五音而定剛柔也。
今俗人不能推紀本祖，而反欲以聲音言語定五行，誤莫甚焉。……
俗工又曰：「商家之宅，亦西門出門。」此復虛矣。五行當出乘其
勝，入居其隩乃安吉。商家向東入，東入反以為金伐木，則家中精
神日戰鬥也。五行皆然。又曰：「宅有宮商之第，直符之歲。」既
然者，放其上增損門數，即可以變其音而過其符邪？今一宅也，同
姓相伐，或吉或凶；一宮也，同姓相伐，或遷或免；一宮也，成、
康居之日以興，幽、厲居之日以衰。由此觀之，吉凶興衰不在宅明
矣。〔註77〕

〔註75〕（後晉）劉昫等撰：《舊唐書》卷 79《呂才傳》，北京：中華書局，1975 年，
　　　　第 2720～2721 頁。

〔註76〕黃暉撰：《論衡校釋》卷 25《詰術篇》，北京：中華書局，1990 年，第 1027
　　　　～1038 頁。

〔註77〕（漢）王符著，（清）汪繼培箋、彭鐸校正：《潛夫論箋校正》卷 6《卜列第二
　　　　十五》，北京：中華書局，1985 年，第 296 頁。

　　至於五姓五音，《大漢原陵秘葬經》上說：「欲得商，舌粱張。欲得徵，舌主齒。欲得角，舌縮縠。欲得宮，舌隆中。以切韻定五音，喉音宮，齒音商，牙音角，舌音徵，唇音羽。」《資治通鑑》胡三省注曰：「近世相傳，以字學分五音，只在唇舌齒調之，舌居中者為宮，口開張者為商，舌縮卻者為角，舌拄齒者為徵，唇撮聚者為羽。陰陽家以五姓分屬五音，說正如此。」〔註78〕上文所提溫造宅，正應於此。溫姓「喉音宮」屬宮，五行則屬土，故而說「木盛則土衰」。還有前文所述隋文帝命蕭吉為獨孤皇后卜葬，蕭吉擇卜了一處「卜年二千，卜世二百」的風水佳地，並上疏稱：「去年十六日，皇后山陵西北，雞未鳴前，有黑雲方圓五六百步，從地屬天；東南又有旌旗、車馬、帳幕，布滿七八里，並有人往來檢校，部伍甚整。日出乃滅。同見者十餘人。謹案《葬書》云：『氣王與姓相生，大吉。』今黑氣當冬王，與姓相生，是大吉利，子孫無疆之候也。上大悅。」孤獨姓「舌縮卻者為角」屬木，黑氣屬水，故與之相生。其實，隋文帝對卜葬是將信將疑的，他說：「吉凶由人，不在於地。高緯父葬，豈不卜乎？國尋滅亡。正如我家墓田，若云布吉，朕不當為天子；若云不凶，我弟不當戰沒。」〔註79〕但在強勢的風水卜葬觀念影響下，隋文帝也「寧可信其有，不可信其無」，依之行事。

　　唐人呂才於《敘葬書》中，進一步對「五姓相宅」批判說：

　　　　暨乎近代以來，加之陰陽葬法，或選年月便利，或量墓田遠近，一事失所，禍及生人。巫者利其貨賄，莫不擅加妨害。遂使葬書一術，乃有百二十家，各說吉凶，拘而多忌。且天覆地載，乾坤之理備焉；一剛一柔，消息之義詳矣。或成於晝夜之道，感於男女之化，三光運於上，四時通於下，斯乃陰陽之大經，不可失之於斯須也。至於喪葬之吉凶，乃附此為妖妄。……葬書云：「富貴官品，皆由安葬所致；年壽延促，亦由墳隴所招。」然今按《孝經》云：「立身行道，則揚名於後世，以顯父母。」《易》曰：「聖人之大寶曰位，何以守位曰仁。」是以日慎一日，則澤及於無疆，苟德不建，而人而無後，此則非由安葬吉凶而論福祚延促。臧孫有後於魯，不

〔註78〕（宋）司馬光編著，（元）胡三省音注：《資治通鑑》卷196，北京：中華書局，1956年，第6166頁。

〔註79〕（唐）李延壽撰：《北史》卷88《藝術上》，北京：中華書局，1974年，第2954～2955頁。

關葬得吉日；若敎絕祀於荊，不由遷曆失所，此則安葬吉凶不可信用，其義四也。今之喪葬吉凶，皆依五姓便利。古之葬者，並在國都之北，兆域既有常所，何取姓墓之義？趙氏之葬，並在九原；漢之山陵，散在諸處。上利下利，蔑爾不論；大墓小墓，其義安在？及其子孫，富貴不絕，或與三代同風，或分六國而王。此則五姓之義，大無稽古，吉凶之理，何從而生？其義五也。且人臣名位，進退何常，亦有初賤而後貴，亦有始泰而終否。是以子文三已令尹，展禽三黜士師。卜葬一定，更不回改，冢墓既成，曾不革易，則何因名位無時暫安。故知官爵宏之在人，不由安葬所致，其義六也。野俗無識，皆信葬書，巫者詐其吉凶，愚人因而徼幸。遂使擗踴之際，擇葬地而希官品；荼毒之秋，選葬時以規財祿。或云辰日不宜哭泣，遂莞爾而受弔問；或云同屬忌於臨壙，乃吉服而不送其親。

聖人設教，豈其然也？葬書敗俗，一至於斯，其義七也。〔註80〕

呂才層層論述，鞭闢入裏，撕破了蒙在陰宅風水頭上的神秘面紗。後世司馬光對呂才之論，也持肯定的態度。司馬光在《葬論》中說：「葬者，藏也。孝子不忍其親之暴露，故斂而藏之。……今人葬不厚於古，而拘於陰陽禁忌，則甚焉。……今之葬書有相山川岡阜之形勢，考歲時月日之支干，以為子孫貴賤、貧富、壽夭、賢愚皆繫焉……舉世惑而信之……人之貴賤、貧富、壽夭、賢愚皆繫於天，賢愚繫於人，固無關乎葬。……何忍不顧其親之暴露，乃欲自營福利耶？」〔註81〕明人張居正在其《葬地論》中，更是以堪輿之矛，攻堪輿之盾，他說「近世言堪輿者，皆宗江右曾、楊二姓。今江右之區，貴門世族，踵相接之，以自庇其後人乎？又何工於為人謀，而拙於自為謀乎？」〔註82〕呂才、司馬光及張居正三人言論正確與否，以今觀之，不言自明。隋唐皇陵及都城選址皆依堪輿章法，奈何未見其子孫繁茂、國運恒久？唐代名將郭子儀祖墳，為宦官魚朝恩所掘，緣何其八子七婿皆官居顯耀？！尤其是宋陵，宋國姓趙，屬角音，五姓屬木。依五行生剋之理，宜坐南朝北，故宋鞏

〔註80〕（後晉）劉昫等撰：《舊唐書》卷79《呂才傳》，北京：中華書局，1975年，
　　　　第2723～2726頁。
〔註81〕（宋）司馬光撰，李文澤、霞紹暉校點：《司馬光集》卷71《葬論》，成都：
　　　　四川大學出版社，2010年，第1451～1452頁。
〔註82〕（明）張居正著，（明）張嗣修，張懋修編撰：《張太嶽集》卷9《葬地論》，
　　　　北京：中國書店，2019年，第253頁。

縣八陵皆坐南面北。對此,朱熹在《山陵議狀》中言:「今乃全不論此而直信
其庸妄之偏說,但以五音盡類群姓……則洛、越諸陵,無不坐南而向北,固
已合於國音矣,又何吉之少而凶之多耶?」〔註83〕可謂一語中的。有如此風
水形勝寶地,為何屢有「城下之盟」,乃至「靖康恥,猶未雪」。在鐵的歷史事
實面前,那些所謂的百試不爽的陰宅風水理論顯得蒼白無力。

四、小結

　　風水術是在人們長期生產生活實踐中,逐步發展起來的各種文化的綜合
體。拋開其深邃晦澀的表述言語,歸根結底,即是「天人合一、陰陽和諧」
——中國文化的精髓,因而其中還是吸收了不少傳統文化中的合理因素。李
約瑟曾高度評價說:「『風水』在很多方面都給中國人帶來了好處,比如它要
求植竹種樹以防風,以及強調住所附近流水的價值。但另外一些方面,它又
發展成為一種粗鄙的迷信體系。不過,總的看來,我認為它體現了一種顯著
的審美成分。」〔註84〕尤其是風水學說中的陽宅理念,其方法論與中醫理論
相似,也講究系統觀念。或從日月星辰到地面形勢,或從空氣、風、水到土
石、植物,抑或從靜止的山脈到運行的氣流,都要反覆勘察,綜合聯繫起來
加以分析。還有陽宅的核心理念是追求人地和諧,主張保護生態環境。如不
亂挖山掘土,不輕易改變池塘湖泊,不隨意砍伐林木;陽宅的地點須擇選在
既乾燥又便於取水之處,方向要力求充足的日照;用水要清潔,臭穢水、泥
漿水都不得飲用等。這在大力提倡建設生態和諧社會的今天,仍具有積極的
借鑒價值。

　　即便是虛妄的陰宅風水理論,我們也要透過表面文化現象看到其本質。
中國是一個農耕文明社會,歷來注重倫理綱常,有著濃鬱的祖宗崇拜傳統。
加之風水奠基之作《葬經》,成書於門閥制度森嚴的魏晉南北朝。當時社會環
境動盪不安,使人們更加願意把安全享福寄託在祖先的佑護上。士族子孫福
祿蔭襲祖先,庶民亦可敬孝雙親「舉孝廉」。當時統治階級標榜以孝治天下,
把孝道當作擇選官員的主要標準。是否盡孝一定程度上又以葬禮的隆重和虔

〔註83〕（宋）朱熹撰,朱傑人、嚴佐之等主編:《朱子全書》第20冊,《晦庵先生朱
　　　　文公文集》卷15《山陵議狀》,上海:上海古籍出版社;合肥:安徽教育出版
　　　　社,2002年,第730～731頁。
〔註84〕（英）李約瑟:《中國科學技術史》第2卷,上海:上海古籍出版社,1990年,
　　　　第388頁。

敬為參照對象。〔註85〕所以，無論是「遺體受蔭」說，抑或「葬先蔭後」論，不正是傳統宗法制和孝文化的間接反映嗎？誠如高友謙先生所言：

> 談起「風水」，人們很容易跟迷信聯繫起來。可是，深入研究下去，就會發現，二者之間並不能劃等號。在研究風水前，我也覺得風水跟過去其他一些迷信並無二致。可是經過這麼幾年的研究，我發現，雖然在形式上，在外表上，似乎風水迷信成份較多，可實際上其內容，其本質卻有許多合理的可取之處。這裡首先有個參照系問題。過去，我們之所以把風水看作迷信，主要是因為以西方自然科學為參照系。但問題是，中國的風水本是在中國的土地上生長發育起來的一種傳統文化，其中不僅含有科學成份，更主要的，它還是一門處理方位的藝術。因此，我們看待風水時，就不能僅僅只從科學角度出發，有時還需要用藝術的眼光去分析。因為，如果僅僅以科學為參照系，有些東西確實很難理解，但是如果改換參照系，從心理學、從美學，從藝術的角度去觀照風水，那麼就會發現，風水之中還含有許多美學的藝術的內容。〔註86〕

日本東京都立大學教授渡邊欣雄在《漢族的風水知識與居住空間》一文中，亦言：

> 在這100年到200年之間，亞洲的學者們摒棄了自己的傳統知識而去吸收歐洲的知識，並把它作為「知識正當性依據」。和歐洲一樣，在亞洲至高無上的知識也在「科學」的名義下形成體系，變成了受限的知識。所以，當亞洲想親自回顧「風水知識」時，就理所當然地把它作為低等知識而視同「宗教」；或者是從所謂「科學」的立場出發而把它視為「迷信」。〔註87〕

總之，風水術來源於我國先民的長期生活實踐，同時也吸收了大量的傳

〔註85〕魏晉時期，皇權獲取多來自篡位，故忠也就無從談起，立國根基不穩。於是，只能通過抬高「孝」的地位，來加以彌補。余英時先生認為「魏晉所謂『名教』乃泛指整個人倫秩序而言，君臣與父子兩倫被看作全部秩序的基礎。不但如此，由於門第勢力的不斷擴大，父子之倫（即家族秩序）在理論上尤超乎君臣之倫（即政治秩序）之上，成為基礎的基礎了。」參見余英時：《士與中國文化》，上海：上海人民出版社，1987年，第403頁。

〔註86〕此為1993年10月23日，高友謙應北京人民廣播電臺新聞臺副臺長兼「人生熱線」節目主持人蘇京平先生之邀的訪談錄。

〔註87〕高友謙：《理氣風水》，北京：團結出版社，2010年，第6頁。

統文化的優秀因子。風水是中國古代先民心智與傳統文化「交感」的產物，它所表現出的「律則」也只對屬於中國文化氛圍內的族群才具有意義。〔註 88〕植根於中國文化土壤的風水文化，只有遵循中國傳統知識與信仰的內在邏輯，才能發現其作為一門處理方位的藝術所蘊含的獨特東方美學旨趣。如《辭源》所說「風水，指宅地或墳地的地勢、方向等。舊時迷信據以附會人事吉凶禍福」〔註 89〕之類的看法，流於武斷，失之偏頗。

〔註 88〕王溢嘉：《中國人的命理玄機》，北京：新星出版社，2012 年，第 74 頁。
〔註 89〕《辭源》，北京：商務印書館，1988 年，第 1853 頁。

第四章　唐代禁忌──以時間禁忌為中心

　　禁忌，是民俗學的重要學術概念。民俗學把禁忌事象作為最主要、最基本的考察對象之一。在國際學術界統稱其為「塔布」（taboo 原是南太平洋波里尼西亞湯加島人的土語，意為「神聖的」、「危險的」、「不可接觸的」）〔註1〕，許慎《說文解字》云：「禁，吉凶之忌也。」〔註2〕而「忌」在《說文解字》中釋為：「憎惡也。從心，己聲。」〔註3〕禁忌一詞，最早見於《漢書・藝文志》，其云：「及拘者為之，則牽於禁忌，泥於小數，捨人事而任鬼神。」〔註4〕然而禁忌事象卻可上溯至原始圖騰時期，且一直伴隨著整個人類的社會生活發展史。從社會學上來講，禁忌民俗具備顯著的社會契約作用。對某種禁忌標識的共同遵從成為社會群體的象徵，加強了社會和自然觀念的規定性。禁忌習俗是民俗生活的重要手段，其終極目的不外乎達到趨吉避凶的效果而已。唐代處於中國古代社會政治、經濟、文化的巔峰，其民眾社會生活異常繁盛豐富，與之相關的禁忌民俗也自然如影隨形。鑒於禁忌風俗繁複駁雜，本文欲從時日節令為切入點，以其「一斑」而窺唐代禁忌風俗之「全豹」。

〔註1〕 仲富蘭著：《中國民俗文化學導論》，杭州：浙江人民出版社，1998 年，第 245頁。

〔註2〕 （漢）許慎撰，（清）段玉裁注：《說文解字注》，上海：上海古籍出版社，1988年，第 9 頁。

〔註3〕 （漢）許慎撰，（清）段玉裁注：《說文解字注》，上海：上海古籍出版社，1988年，第 511 頁。

〔註4〕 （漢）班固撰：《漢書》卷 30《志第十》，北京：中華書局，1962 年，第 1734～1735 頁。

　　據《舊唐書·呂才傳》記載：唐太宗鑒於當時陰陽書發展泛濫，各種名目的禁忌穿鑿訛偽甚多，敕令呂才等嚴加勘正，共計 100 卷，於貞觀十五年（641 年）頒行全國。如其中《敘葬書》就對喪葬擇日、擇地進行了批判，云：「暨乎近代以來，加之陰陽葬法，或選年月便利，或量墓田遠近，一事失所，禍及死生，巫者利其貨賄，莫不擅加妨害。遂使葬書一術，乃有百二十家，各說吉凶，拘而多忌。」〔註5〕這雖是從墓地日期禁忌的擇選上而言，但也間接地反映了唐代社會民眾禁忌觀念的繁盛。

一、干支日期禁忌

　　關於干支日的禁忌，明清以來社會上就廣泛流行的萬年曆、通書，都記載有「百忌日」。內容上多大同小異，據《協紀辨方書》記載，十天干禁忌為「甲不開倉，乙不栽植，丙不修灶，丁不剃頭，戊不受田，己不破券，庚不經絡，辛不合醬，壬不決水，癸不詞訟」〔註6〕，十二地支禁忌是「子不問卜，丑不帶冠，寅不祭祀，卯不穿井，辰不哭泣，巳不遠行，午不苫蓋，未不服藥，申不安床，酉不會客，戌不乞狗，亥不嫁娶」〔註7〕。其實，這在唐代早已有類似記載。《敦煌叢刊初集》九〇載十天干忌事：「甲不開藏，乙不納財，丙不指灰，丁不剃頭，戊不度□，己不伐樹，申辛不作醬，壬不歸家，癸不買履。」〔註8〕十二地支日忌事：「子不問卜，丑不冠帶，又不買牛，寅不招客，卯不穿井，辰不哭泣、不遠行，巳不取奴，午不蓋屋，未不服藥，申不裁衣、不遠行，酉不會客，戌不祠祀，亥不呼婦。」〔註9〕

　　如以辰日不宜哭泣為例，唐初大臣張公瑾卒後，唐太宗悲痛萬分，有司稱：「準《陰陽書》，日子在辰，不可哭泣，又為流俗所忌。」太宗曰：「君臣之義，同於父子，情發於衷，安避辰日。」依舊舉哀哭泣。〔註10〕御史大夫

〔註 5〕（後晉）劉昫等撰：《舊唐書》卷 79《呂才傳》，北京：中華書局，1975 年，第 2723～3724 頁。

〔註 6〕謝路軍主編，鄭同點校：《欽定協紀辨方書》卷 35《附錄·百日忌》，北京：華齡出版社，2009 年，第 711 頁。

〔註 7〕謝路軍主編，鄭同點校：《欽定協紀辨方書》卷 35《附錄·百日忌》，北京：華齡出版社，2009 年，第 711 頁。

〔註 8〕黃永武：《敦煌叢刊初集》，臺北：新文豐出版公司，1985 年，第 411 頁。

〔註 9〕黃永武：《敦煌叢刊初集》，臺北：新文豐出版公司，1985 年，第 411 頁。

〔註10〕（後晉）劉昫等撰：《舊唐書》卷 68《張公瑾傳》，北京：中華書局，1975 年，第 2507 頁。

韋挺討議風俗利弊時，特意提及辰日不宜哭泣對禮教的不利影響，其上奏曰：「臣聞父母之恩，昊天罔極，創巨之痛，終身何已。至於喪服之數，哭泣之哀，聖人作範，佈在《禮經》。亡祿之家，鮮克由禮。今朝廷貴臣，搢紳士族，衣冠遞襲，教義是聞，丁父母重哀，拘攣俗忌，至辰日不哭，謂之重喪。信陰陽之書，惑吉凶之說。忽仁孝之至道，忘聖哲之丕訓，浸以成俗。為日已久。有斁皇風，事須懲革。」〔註11〕辰時緣何不宜哭泣？《論衡·辨祟篇》曰：「辰日不哭，哭有重喪」〔註12〕，顏之推依陰陽五行學說，在《顏氏家訓·風操》引陰陽書解釋云：「辰為水墓，又為土墓，故不得哭。」〔註13〕這即是說，不幸於辰日死亡的人，已有水、土兩墓在那，如若再哭泣、悲傷，就很可能會再死一人，有所謂「重喪」之禍。又如「甲不開藏」，因甲為十干之首，干支初轉就有破費，實屬理財不謹，傳統理財崇尚節儉、慎於用財，固有此忌。《敦煌叢刊初集》九〇又載：「丁巳日裁衣，人大凶；秋裁衣大忌，申日人吉；血忌日不裁衣；申日不裁衣，不死巳，凶；己午日出財，此絕本日，不利；丙子日不得與人錢及出粟與人，令人家貧，不利；癸亥日還債，令人終身負他人債，凶；丑日作窗，令人不利兄弟，凶；推諸忌諱，丑不種□，丁亥不治田、下種，戊不種樹，未不與人錢，望不受奇，夏至不呼女。」〔註14〕如癸亥日，乃為六十甲子之末，古之謂為「窮日」。拖到癸亥「窮日」才去還債，足見其人不善理家治財，終身窮厄也自然在情理之中。另外，唐代還流行「占十二時卜法」，此法以十二月為序，在子丑寅卯等十二時下分別注上「一」、「二」、「三」等，然後根據所卜之事，做出吉凶禁忌的判斷。〔註15〕

　　有唐一代，還盛行「五姓圖宅」的墓葬之法。將所有姓氏歸結到宮、商、角、徵、羽五音，然後依據五音的五行屬性，推斷出各種吉凶宜忌，其與時日關係也較為密切，如 S.0612「推修造日法」作：「宮家用金火日，水木日凶。商家用水土日，火木日凶。角家用水火日，金土日凶。徵家用木土日。羽家用金木日，火土日凶。」〔註16〕唐代喪葬擇吉還最忌「滅門」日和「大禍」日。

〔註11〕（宋）王溥撰：《唐會要》卷38，北京：中華書局，1955年版，第699頁。
〔註12〕黃暉撰：《論衡校釋》卷24《辨祟篇》，北京：中華書局，1990年，第1013頁。
〔註13〕（北齊）顏之推著，（清）趙曦明注，顏敏翔校點：《顏氏家訓》，上海：上海古籍出版社，2017年，第43頁。
〔註14〕黃永武：《敦煌叢刊初集》，臺北：新文豐出版公司，1985年版，第411頁。
〔註15〕參見敦煌文書 S.5614、P.2574、P.2859、北新0836等。
〔註16〕金身佳：《敦煌寫本宅經葬書校注》，北京：民族出版社，2007年，第156頁。

P.2534《陰陽曆‧葬事》云：「凡葬，值用歲月日滅門、大禍者凶。凡葬及殯埋、斬草日，值滅門日者，妨害深重，不可用。若值大禍日者，被劫盜，日與姓音相剋，害深。」〔註17〕而 P.3281《六十甲子五行本命元辰曆》則較為詳細記載了從甲子到癸亥六十日五姓的吉凶宜忌，〔註18〕最為充分體現了唐代趨吉避忌與重音姓的禁忌觀念。

關於唐代日期禁忌，有諸如入山忌日，《酉陽雜俎前集》卷 11 記載為：「大月忌三日、十一日、十五日、十八日、二十四日、二十六日、三十日，小月忌一日、五日、十三日、十六日、二十六日、二十八日。」〔註19〕晦日百官休息，不治事的禁忌。《新唐書‧宋申錫傳》云：「時二月晦，群司皆休。」〔註20〕；「國忌」或「公忌」（指皇帝的駕崩之日），此日凡大小百官皆停止日常政務，全國臣民禁止飲酒作樂。《舊唐書‧崔蠡傳》記載，大和年間（827 年～835 年），禮部侍郎崔蠡曾上疏論國忌日設僧齋、百官行香，事無經據。然唐文宗未予接受，認為這是「有助聖靈，冥資福祚」的盛事。〔註21〕與「公忌」相對而言的「私忌」，指一般臣民的父母親祭日。《朝野僉載》卷 4 有相關記載，唐代一官員龍襄，問同僚何為「私忌」，對曰：「父母忌日請假，獨坐房中不出。」〔註22〕此外，晚唐代風水宗師楊筠松依「二十八星宿」順數，還創制了「楊公十三忌」。這十三個「忌日」分別依次為正月十三、二月十一、三月初九、四月初七、五月初五、六月初三、七月初一、七月廿九、八月廿七、九月廿五、十月廿三、十一月廿一、十二月十九。〔註23〕「楊公十三忌」自古以來即受到江湖術士的重視，與這十三個日子相關的禁忌也名目繁多。熊伯龍《無何集》曰：「世俗多畏楊公忌，謂不宜出行。……其術元旦起角宿，

〔註17〕金身佳：《敦煌寫本宅經葬書校注》，北京：民族出版社，2007 年，第 307～309 頁。

〔註18〕黃正建：《敦煌占卜文書與唐五代占卜研究》，北京：學苑出版社，2001 年，第 92～94 頁。

〔註19〕（唐）段成式撰，方南生點校：《酉陽雜俎》卷 11《廣知》，北京：中華書局，1981 年，第 105 頁。

〔註20〕（宋）歐陽修、宋祁撰：《新唐書》卷 152《宋申錫傳》，北京：中華書局，1975 年，第 4845 頁。

〔註21〕（後晉）劉昫等撰：《舊唐書》卷 117《崔蠡傳》，北京：中華書局，1975 年，第 3403 頁。

〔註22〕（唐）張鷟撰：《朝野僉載》卷 4，北京：中華書局，1979 年，第 95～96 頁。

〔註23〕謝路軍主編，鄭同點校：《欽定協紀辨方書》卷 36《楊公忌》，北京：華齡出版社，2009 年，第 754 頁。

依二十八宿順數，值室即為楊公忌。」〔註24〕張巨湘先生《月球影響的探索》一書中，運用現代天文學知識，十分準確地驗證了它不過是對黑道凶日的另一種表述。〔註25〕由此足見，唐代日期禁忌名目之繁多，涉及方面之廣泛。

二、月份禁忌

關於月份禁忌，《敦煌掇瑣》載：「凡八月六日、十六日、廿二日不裁衣，凶；正月不洗衣；以十月十日裁衣，□死：夫婦勿以月一日、十六日沐浴，凶，不利。」〔註26〕此書還載有十二值日禁忌，云：「建日不治頭，除日不治眼，滿日不治腹，平日不治背，定日不治腳，執日不治手，破日不治口，危日不治鼻，成日不治胃，收日不治眼，開日不治耳，閉日不治目。」〔註27〕《酉陽雜俎前集》卷 11 亦載：「三月三不可食百草心，四月四日勿伐樹木，五月五日勿見血，六月六日勿起土，七月七日勿思忖惡事，八月四日勿市履屧，九月九日勿起床席，十月五日勿罰責人，十一月十一日可沐浴，十二月三日戒齋。」〔註28〕在諸多月份之中，以五月禁忌最為引人注目。

唐代凡出門遠行，必擇以良日佳期。當時普遍認為五月為凶月，出行則犯陰陽之忌，主不利。即便官吏上任，也會避開此月。《日知錄》卷 6 有云：「唐朝《新格》，以正、五、九月為忌月，今人相沿，以為不宜上任。」〔註29〕五月，俗謂「惡月」，亦稱「毒月」、「凶月」。有諺云：「善正月，惡五月」，五月曆來多禁忌，重五之日（五月五）自然更是令人諱莫如深。

《風俗通義·佚文》云：「俗說：五月五日生子，男害父，女害母。」〔註30〕又云：「俗云：五月到官，至免不遷。」〔註31〕緣何如此？《呂氏春秋·

〔註24〕　（清）熊伯龍：《無何集》卷7，北京：中華書局，1979年，第293～294頁。
〔註25〕　孫正治著：《細說本命年》，北京：九州出版社，2007年，第166頁。
〔註26〕　劉道超，周榮益著：《神秘的擇吉──傳統求吉心理及習俗研究》，南寧：廣西人民出版社，2004年，第206頁。
〔註27〕　劉道超，周榮益著：《神秘的擇吉──傳統求吉心理及習俗研究》，南寧：廣西人民出版社，2004年，第207頁。
〔註28〕　（唐）段成式撰，方南生點校：《酉陽雜俎》卷11《廣知》，北京：中華書局，1981年，第105頁。
〔註29〕　（清）顧炎武著，黃汝成集釋，欒保群、呂宗力校點：《日知錄集釋》，上海：上海古籍出版社，2013年，第1708頁。
〔註30〕　（東漢）應劭撰，王利器校注：《風俗通義校注》，北京：中華書局，1981年，第561頁。
〔註31〕　（東漢）應劭撰，王利器校注：《風俗通義校注》，北京：中華書局，1981年，第564頁。

仲夏紀》云：「是月也，日長至，陰陽爭，生死分；君子齋戒，處必掩身，身欲靜，止聲色，無或進，薄滋味，無致和，退嗜欲，定心氣，百官靜，事無徑，以定晏陰之所成。」〔註32〕其解釋說，五月乃陰與陽、生與死激烈鬥爭的一個月，君子須保持身心安定，禁絕一切欲望，以靜待陰陽成敗。《新唐書·崔信明傳》記載：「（崔）信明之生，五月五日日方中，有異雀鳴集庭樹，太史令史良為占曰：『五月為火，火主《離》，《離》為文，日中，文之盛也，雀五色而鳴，此兒將以文顯，然雀類微，位殆不高邪。』」〔註33〕它以陰陽五行學說為尊者諱，實際是對禁忌恐懼的一種心裏折射，也反映了這種禁忌觀念在有唐一代的廣為流行。《酉陽雜俎前集》卷 11 還有一個有趣的記載，言五月上屋會魂魄離身而去，即所謂「人蛻」，因而五月還忌諱上屋。〔註34〕

俗諺曰：「端午節，天氣熱；無毒醒，不安寧。」五月五日這天惡疫毒物橫行，為防疫避毒家家戶戶門上須懸掛艾草和菖蒲，兒童額前點雄黃，臂繫五色絲線（有時也可朱索繫髮，頭戴朱帽）。據《隋書·五行志》記載：「梁太清元年，丹陽有莫氏妻，生男，眼在頂上，大如兩歲兒。墜地而言曰：『兒是旱疫鬼，不得住。』母曰：『汝當令我得過。』疫鬼曰：『有上官，何得自由。母可急作絳帽，故當無憂。』母不暇作帽，以絳繫發。自是旱疫者二年，揚、徐、兗、豫尤甚。莫氏鄉鄰，多以絳免，他土傚之無驗。」〔註35〕此事一經傳開，遂成隋唐以來端午之禁忌習俗。

遠在先秦時代，艾就被製成艾條用於治病，而菖蒲有性溫味辛的特點，可開心竅，祛痰濕，飲菖蒲酒對預防夏令感染病有一定效用。從現代醫學角度來看，五月處於春雨甫去、酷暑將臨的轉接期，正是流行病、瘟瘴病癘潛伏發作之時，乙腦和腦脊髓炎等惡疾發病率也最高。古代社會生活在科技醫療衛生水平十分落後的情況下，由對疾病的恐懼而產生的諸多禁忌，譬如五月五日的「五」字諧音與戶、父、母相似，又進一步將其抽象的病魔具象為蛇、蜘蛛、蜈蚣、蛤蟆、壁虎等「五毒」，也是完全可以令人理解接受的。顧

〔註32〕張雙棣等譯注：《呂氏春秋譯注》，北京：北京大學出版社，2000 年，第 115～116 頁。

〔註33〕（宋）歐陽修、宋祁撰：《新唐書》卷 201《崔信明傳》，北京：中華書局，1975 年，第 5731 頁。

〔註34〕（唐）段成式撰，方南生點校：《酉陽雜俎》卷 11《廣知》，北京：中華書局，1981 年，第 104 頁。

〔註35〕（唐）魏徵等撰：《隋書》卷 23《五行下》，北京：中華書局，1973 年，第 660 頁。

炎武則認為源自五行家言和古老的「喜偶憎奇」觀念，在《日知錄》卷 6 並舉例說：「又考《左傳》，鄭厲公復公父定叔之位，使以十月入，曰：『良月也，就盈數焉。』而顏師古注《漢書》『李廣數奇』，以為『命只不耦』。是則以雙月為良，只月為忌，喜偶憎奇，古人已有之矣。」〔註36〕此論斷也不無道理。

三、節令曆日禁忌

（一）寒食節

自先秦始至南北朝，寒食歷來被視作一個重大節日，有兩個形成的源頭，其一是周代仲春之末的禁火習俗，其二則是春秋晉國故地山西祭奠介子推的習俗，主要包括禁火和冷食兩項。

寒食節在唐代仍是一個較大的節日，當時有不少詩人留下了有關寒食節的詩作。如張籍《寒食內宴二首》云：「廊下御廚分冷食，殿前香騎逐飛球，千官盡醉猶教坐，百戲皆呈未故休。」〔註37〕元積《連昌宮詞》云：「初過寒食一百六，店舍無煙宮樹綠。」〔註38〕沈佺期《嶺表寒食》云：「嶺外逢寒食，春來不見楊。」〔註39〕足見當時寒食節活動之盛況。

（二）社日

社日，有春社和秋社之分，乃古代祭祀社稷神的日子。歷代社日，各有不同，周用甲日，漢用午日，唐代以來則用戊日，即立春後第五個戊日為春社，立秋後第五個戊日為秋社。自唐代始，就有社日停針線、婦女歸寧的習俗。唐張籍《吳楚歌詞》有詩曰：「今朝社日停針線，起向朱縷樹下行。」〔註40〕這也許氏婦女們生活太過艱辛，某位聰明乖巧的同情者突發奇想，杜撰此一禁忌，可輕輕鬆鬆回娘家逍遙快活，因而深得民心，爭相仿傚而成習俗。

〔註36〕　（清）顧炎武著，黃汝成集釋，欒保群、呂宗力校點：《日知錄集釋》，上海：上海古籍出版社，2013 年，第 1709 頁。

〔註37〕　（清）彭定求等編校：《全唐詩》卷 385，北京：中華書局，1999 年版，第 4348頁。

〔註38〕　（清）彭定求等編校：《全唐詩》卷 419，北京：中華書局，1999 年版，第 4624頁。

〔註39〕　（唐）徐堅等著：《初學記》卷 4《歲時部下》，北京：中華書局，1962 年版，第 68 頁。

〔註40〕　（清）彭定求等編校：《全唐詩》卷 386，北京：中華書局，1999 年版，第 4373頁。

（三）中和節

中和節肇始於唐代中期，據《舊唐書‧德宗紀下》記載：唐德宗貞元五年（789年）正月詔：「自今宜以二月一日為中和節，以代正月晦日，備三令節數，內外官司休假一日。」〔註41〕唐德宗以後，每逢中和節禁屠一日，每年至二月初敕令禁止弋獵，以便於及時農作。

（四）七曜曆日

七曜（指日、月和金、木、水、火、土五星）曆日本始於古巴比倫或埃及，於八世紀唐代中期，經摩尼教徒由中亞之康居，傳至敦煌進入我國內地。開元十五年（727年），僧一行所作《大衍曆》已引用康居語七曜日譯名。之後迅速被傳統文化改造而廣泛傳播，唐代以七曜論日期宜忌之俗極其流行，每一曜日都既有所宜，又有所忌。敦煌文獻伯3081號日曆序文載云：「蜜日（日曜日）：不得弔死、問病、出行、往亡殯葬、鬥競、咒誓速見、恥辱，凶。莫日（月曜日）：不得裁衣、冠帶、剃頭、剪甲、買奴婢、六畜及歡樂，凶。雲漢日（火曜日）：不得聚會作樂、結交朋友，合夥下及同財、迎妻納婦，凶。嘀日（水曜日）：不得出行，未曾行處不合去，冠帶，沐浴，著新衣，凶。郁沒斯日（木曜日）：不得惡日啾唧，奸非盜賊，弔死，問病，鬥訟，凶。那頡日（金曜日）：不得和合湯藥，往亡殯葬，哭泣興易，凶。雞換日（土曜日）：不得出財，一出不回，作歡樂聚會，賞歌舞音聲，凶。」〔註42〕

除此之外，伯3081號《七曜日占法七種》還有：「七曜日得病坐」，以得病之不同曜日來占病情輕重及宜忌。同類的還有「七曜日失脫逃走禁等事」、「七曜日生福祿刑推」、「七曜日發兵動馬法」、「七曜日占五月五日直」等。〔註43〕伯2693號《七曜曆日》，則用十二地支所值不同曜日來卜斷各日吉凶宜忌。〔註44〕由此可見，七曜在唐代社會生活用日方面無處不在的身影。

〔註41〕（後晉）劉昫等撰：《舊唐書》卷13《德宗本紀下》，北京：中華書局，1975年，第367頁。

〔註42〕高國藩著：《敦煌古俗與民俗流變——中國民俗探微》，南京：河海大學出版社，1989年，第308頁。

〔註43〕黃正建：《敦煌占卜文書與唐五代占卜研究》，北京：學苑出版社，2001年，第91～92頁。

〔註44〕王晶波著：《敦煌占卜文獻與社會生活》，蘭州：甘肅教育出版社，2013年，第420～422頁。

（五）太歲

民諺有云：「敢在太歲頭上動土」、「太歲當頭坐，非災便是禍」。自先秦迄有唐一代，此禁忌盛行不衰。《開元占經·歲星名主一》引石氏曰：「歲星，木之精也，位在東方，青帝之子，歲行一次，十二年一周天，與太歲相應，故曰歲星。」〔註45〕由此可知，「歲」即歲星，亦稱木星。古代認為歲星12年行一周天（實際為11.86年），故而將黃道十二等分，以歲星所在位置為歲名。此即所謂的歲星紀年法，然歲星運行方向自西向東，與古人將黃道劃分為十二地支的順序方向恰好相反。於是便假設出一個與歲星實際運行方向相反的「太歲」（亦名「歲陰「），又被稱之太歲紀年法。《史記·天官書》云：「以攝提格歲：歲陰左行在寅，歲星右轉居丑。……」〔註46〕《荀子》也記載「武王之誅紂也，行之日以兵忌，東面而迎太歲」（注引《尸子》曰：「武王伐紂，魚辛諫曰：『歲在北方，不北征』」），而武土未從之事。〔註47〕表明早在商末周初，太歲禁忌觀念已發生變異，由最初的時辰紀年法又衍生出方位禁忌。

迄至唐代，有關太歲禁忌的記載更是不絕於冊。敦煌文獻斯2404號具注曆記載：「凡太歲太陰同遊日，常以甲子東遊，己巳日還；丙子日南遊，辛巳日還；庚子日西遊，乙巳日還；壬子日北遊，丁巳日還；戊子日中游，癸巳日還。若出遊之方，不得修造動土，若犯太歲妨家長，犯太陰妨家母。」〔註48〕從此則材料可以看出，太歲的日期與方位禁忌融合的痕跡。唐代張讀《宣室志》卷五載：「吾聞太歲所在，不可興土事，脫有犯者，當有修肉出其下，固不祥也。」〔註49〕《酉陽雜俎·續集》卷二亦載：「萊州即墨縣有百姓王豐兄弟三人，豐不信方位之忌，嘗於太歲上掘坑，見一肉塊，大如斗，蠕蠕而動。遂填，其肉隨填而出。豐懼，棄之。經宿，長塞於庭。豐兄弟女婢數日內悉暴

〔註45〕（唐）瞿曇悉達撰，常秉義點校：《開元占經》卷23《歲星占一·歲星名主一》，北京：中央編譯出版社，2006年，第241頁。

〔註46〕（漢）司馬遷撰：《史記》卷27《天官書》，北京：中華書局，1959年，第1313頁。

〔註47〕（清）王先謙撰，沈嘯寰、王星賢點校：《荀子集解》卷4《儒效篇第七》，北京：中華書局，1988年，第134～135頁。

〔註48〕任繼愈主編：《中國科學技術典籍通匯·天文卷》，第1分冊（敦煌吐魯番出土曆書·二八），鄭州：大象出版社，1993年，第479頁。

〔註49〕（唐）張讀撰，蕭逸校點：《宣室志》卷5，上海：上海古籍出版社，2012年，第35頁。

卒，惟一女存焉。」〔註 50〕

四、小結

　　日、時、月、節氣等時間概念都是人類對自然界時間性規律認識的反應。在社會生活實踐中，由於時間在日常生活中舉足輕重的作用，便造成了許多方面的禁忌規約與習俗。這些禁忌將某一時刻或者某一時間階段看成是一種禁忌物，故而時間在這裡也成了唯一重要的禁忌因由和根據。時間禁忌體現了我國傳統民眾對時間的一種特殊表述方式，凡時間皆有「宜」與「忌」、「吉」與「凶」、「良時」與「惡時」之別，禁忌正是為了明確和強化此才應運而生的。

　　唐代作為我國封建社會政治、經濟、文化的巔峰，民眾社會日常生活習俗異常繁盛，與之相伴的時間禁忌也自然豐富多元。然縱觀有唐一代的時間禁忌，總體來說它是束縛了人們的思想行動，具有消極防守、自我封閉的整體特點。與此同時，也反映了在雄闊豪邁、意氣高昂的唐代主流精神世界之外，對一些事物現象也是抱有恐懼、懷疑態度的另一側面。

〔註 50〕（唐）段成式撰，方南生點校：《酉陽雜俎》，北京：中華書局，1981 年，第 214 頁。

附錄一：《乙巳占》選錄〔註1〕

日蝕占第六

夫日依常度，蝕者，月來掩之也，臣下蔽君之象。日行遲，一日行一度，一月行二十九度餘；月行疾，二十七日半一周天，二十九日餘而迫及日。及日之時，與日同道，而在於內映日，故蝕其象。大臣與君同道，逼迫其主，而掩其明。又為臣下蔽上之象，人君當慎防權臣內戚在左右擅威者。

其蝕雖依常度，而災害在於國君大臣。或人疑之，以為日月之虧蝕，可以算理推窮，皆先期知之。蝕分多少時節、早晚所起，皆如符契左右，此豈天災之意耶？夫月毀於天，魚腦減於泉，月豈為螺蚌之災而毀其體乎？但陰陽之氣迭相感應自然耳。東風至而酒湛溢，東風非故為溢酒而來至也，風逼至而酒適溢耳，此豈不相感應者歟？若然，油水之類也。東風至，油水不溢而酒獨溢，猶天災見，有德之君修德而无咎，暴亂之王行酷而招災，豈不然也？陽燧之取火，方諸之取水，皆以象占之也。陽燧方諸銅蛤之類，將凡鏡往求而不得者，為無其象而不占也。

災之所起，起於昏亂之所，無災非朔而蝕者，名為薄蝕。凡薄蝕者，人君誅之不以理，賊臣漸舉兵而起，北陰氣盛，掩薄日光也。陰盛侵陽，臣凌其君，其分君凶，不出三年。無道之國，日月過之而薄蝕。兵之所攻，國家壞亡，必有喪禍。

裴子曰：夫日者君也，月者臣也，一歲十二會，君臣相見之象。君有失德，臣下專之，故有日蝕之咎，故伐鼓用幣。責上卿，是其禮退臣道也，以知

〔註1〕 石午編：《術數全書》中卷《乙巳占》，鄭州：中州古籍出版社，1994 年。

君臣忠。天下太平，雖交而不能蝕，蝕即有凶。臣下縱權篡逆，兵革水旱之應兆耳。日者陽精之明，曜魄之寶，其氣布德而生。生在地曰德，德者生之類也。德傷則亡，故日蝕，必有亡國死君之災。日蝕則失德之國亡。日蝕則王者修德。修德之禮重於責躬。是故禹湯罪己，其興也勃焉。

日薄蝕，色赤黃，不出三年，日蝕所當之國有喪。一曰日始出而蝕，是謂無明。齊越之國受兵亡地。凡日蝕者，則有兵有喪。失地因亡，皆以日蝕時早晚、分宿、日辰占之。

日午時已後蝕者，有兵，兵罷不起。

日蝕從上起，君失道而亡。從旁起，內亂兵大起，更立天子。

日蝕從下起，女主自恣，臣下興師動眾失律，將軍當之。

日蝕少半，諸侯、大臣亡國失地相逐。蝕半，有大喪亡國。蝕大半，災重，天下之主當之。蝕盡，亡天下，奪國，臣弒君，子弒父，不出三年。

日蝕見星，臣弒其君，天下分裂。

日蝕而暈傍珥，白雲來去掩映，天下大亂，大兵起。臣殺君，君失位。

日蝕陰侵陽，君位凶，群兵動，宜施恩賞。

日蝕而旁有似白兔、白鹿守之者，民為亂，臣逆君，不出其年。其分兵起。

凡日蝕之時，或有雲氣風冥暈珥，似有群鳥守日，名曰天雞，后妃謀易主位，奪其君，數視動靜，欲行其志。

日蝕大風地鳴，四方雲者，宰相專權謀反之象。

地震烈，日色昧而寒乃蝕者，四方正伯專誅，恣行殺逆。

日蝕而大寒，又在於平旦，中國大飢餓，賊盜起，夷狄動，諸侯亂。

日蝕星墜而復上，君將被殺，下將窮竭，賦斂重數之應。

日月俱蝕，國亡。

日者人主之象，故王者道德不施，則日為之變。

薄蝕無光。日以春蝕，大凶，有大喪，女主亡。夏蝕無光，諸侯死。秋蝕，兵戰，主人死。冬蝕，有喪，多病而疫。

凡四時以王日蝕者，主死。以相日蝕者，國相死。以囚死日蝕者，臣殺君。休廢日蝕者，多病疫。

日以正月蝕，人多病；二月蝕多喪；三月蝕大水；四月、五月蝕，大旱，民大饑；六月蝕，六畜死；七月蝕者歲惡，秦國惡之；八月蝕者兵起；九月蝕

者女工貴；十月蝕者，六畜貴；十一月、十二月蝕者，糴貴，牛死於燕國。其日之甲乙，一如略例中。

蝕列宿占。日在角蝕，將吏耕田。臣有憂為司農之官者。國四門閉，其國凶。（月同。）日在亢蝕，朝廷之臣有謀叛。日在氐蝕，天子病崩，卿相讒諛，君殺無辜，王後惡之。日在房而蝕，王者憂疾病有亂。又大臣專權。（月同。）日在心而蝕，君臣不相信。政令失儀度，準繩變其宜。日在尾蝕，將有疫，後宮中小凶。日在箕蝕，將有疾風飛砂，發屋折木，戒之於出入。日在斗蝕，將相憂，國饑兵起。（月同。）日在井蝕，其國反叛兵起，戒在后夫人祠禱之咎。日在女蝕，戒在巫祝后妃禱祠。日在虛蝕，其邦有崩亡，天下改服。（月同。）日在危蝕，有大喪，君臣改服。日在室蝕，人君出入無禁，好女色，外戚專權。日在壁蝕，則陽消陰壞，男女多傷敗其人道，王者失孝敬，下從師友，虧文章，損德教，學禮廢矣。日在奎蝕，魯國凶，邦不安，慎在人主、邊境廄庫。日在婁蝕，戒在聚斂之臣。日在胃蝕，委輸國有乏食之憂；日在昴蝕，大臣厄在獄，王者有疾，戒在主獄有犯誤天子者。日在畢蝕，將有邊將亡，人主有弋獵之咎。日在觜蝕，大將謀議，戒在將兵之臣。日在參蝕，戒在將帥。日在井蝕，秦邦不臣，畫謀不成，大旱，人流亡。日在鬼蝕，其國君不安。日在柳蝕，廚官門戶橋道之臣有憂。日在七星蝕，橋門臣憂黜。日在張蝕，山澤污池之官有憂。日在翼蝕，王者退太常，以法官代之，有德令則蝕不為害。其歲旱，亦為王者失祀，宗廟不親，戒在主車駕之官。日在軫蝕，貴臣亡，後不安。（月同。）

凡日蝕者，皆著赤幘以助陽也。天子素服避正殿，內外嚴警。太史靈臺伺日有變，便伐鼓。聞鼓音作，侍臣皆著赤幘，帶劍以助陽，順之也。

月占第七

夫月者，太陰之精，積而成象，魄質含影，稟日之光，以明照夜，佐修陰道，以之配日，女主之象也。以之比德，刑罰之義也。列之朝廷，諸侯大臣之數也。是以近日則光斂，猶臣近君卑而屈也；遠日則光滿，為其守道循法，蒙君榮華而體勢申也。當日則蝕，猶臣僭君道，而禍至於覆滅。盈極必缺，示其不可久盈也。月闕也，陰道、臣道、妻道，不可使盈，理當恒闕也。其行速，臣下之道也。行有弦望晦朔，遲疾陰陽，政刑之等威也。

日，日行一度；月，日行十三度一千三百四十分度之四百九十四分。此

平行之大率也。上元乙巳之歲，十一月甲子冬至夜半，日月如合璧，五星如連珠，俱起北方虛宿之中，合朔冬至，與日俱行，各修其度。至合正觀三年己丑之歲，積七萬九千三百四十五算上矣。推月朔置上元乙巳以來歲朔積分，（在日度中）以月法三萬九千五百七十一。以法去之，餘以日法約之為閏大餘，不盡為閏小餘，減冬至小餘。不足減，減大餘，加日法乃減之，大餘不足減，加六十乃減之，（冬至大小餘，並在日內推也者。）餘為所求。天正十一月大小餘，命以甲子算外，則天正朔日也。求次月朔者。加大餘二十九，小餘七百一十一，小餘滿日法去之從大餘，一大餘滿六十去之，命日如前，則次月朔日及餘也。求上弦日。加朔大餘七，小餘五百一十二，大餘滿法去之，命如前，則天正上弦常日也。又加得望日，又加得下弦，又加得後月朔日。前朔、後朔相去二十九日七百一十一分，謂之一月。一月之中，行天一周，又行二十九度七百一十一分，而又與日一合矣。求朔日夜半月所在度者，置朔日加時日所在度，減去朔小餘，則朔日夜半月所在度矣。求次日加時夜半月度，加十三度一千三百四十分度之四百九十四分。滿日法從度，度滿宿去之，命以次宿算外，則次日夜半月所在度及分矣。此皆平行也。月行又有遲疾不同。極遲一日行十二度強，極疾一日行十四度太強。大率合朔後極疾，起而漸遲，十三日半強而極遲，則又漸疾，十三日半強而極疾。一遲一疾，凡二十九日半強。又有陰陽行。上元之初，合朔已後，月則出日道外，行陽道，經十三日半強，則又入日道內，越黃道，行陰道，又十三日半強，而出黃道之外矣。當越道之處，名曰交道。大凡二十七日強而一出，一入兩過，交於黃道；黃道，日道也。月不行日道者，猶臣不可與君同名器矣。在黃道內外極遠之時出入各六度矣。朔日與同度之時，月在交道內，而當交則蝕矣。不當交則不蝕，此猶臣與君相遇，同道擅權而掩蔽君矣。望日加時，月在交道上過，則日蝕；不當交道上過，則不蝕矣。其推求法術，並著在《曆象志》、《乙巳元經》，事煩不能具錄，略表綱紀焉。

夫月之行也，每朔稟先於日，漸舒其照，遠而益明，行於列宿，不巡光道。舒而還斂，屈體戢光，盈而不僭，以至於晦，此順理之常也。猶大臣諸侯稟承君命，教令節度，巡行萬國，照察百揆，而無僭亂擅權之心。有功歸主，不自矜伐，退以報君焉。烏兔抗衡，光盛威重，數盈理極，危亡之災，一時頓盡，遂使太陽奪其光華，暗虛虧其體質，小僭則小虧，大驕則大虧，此理數之當然也。是以明王在上，月行依道。主不明，臣執勢，則月行失道。大臣用

事，背公向私，兵刑失理，則月行乍南乍北。女主外戚擅權，則或進或退朏
朒，皆君臣德刑不正之咎也。有不如常，隨其事占其吉凶。月行疾則君刑緩，
行遲則君刑急。月之與日，遲疾勢殊，而事勢異也。劉向曰：「是故人君，月
有變，則省刑薄斂以修德，恩從肆赦，故春秋有眚災肆赦之義矣。」

月若變色，將有災殃。青為饑而憂，赤為爭與兵，黃為德與喜，白為旱
與喪，黑為水，人病且死。

月若晝明者，月為臣，日為君，臣以明續君，當在其時，不可與君爭力
竟能。晝明者，此姦邪並作，不救，則失其行而必毀矣。其救也，出退強臣，
斷絕姦佞，近忠直，親賢良，則月得其行，不專明矣。是故人君宰相不從四時
行令，刑罰不中，大臣奸謀，黜賢蔽能，則日月無光而見瑕謫矣。不救其行，
五穀不成，六畜不產，人民上下不從，盜賊並起。

月出非出所，行非其路，皆女主失行，姦通內外陰謀，小國兵強，中國
民饑，下欲僭權矣。

月生正偃，天下有兵，合無兵，人主凶。

月行急，未當中而中，未當望而望，皆為急。兵大戰，軍破將死，大臣執
政逼君，主將有女主擅權，天下亂，易宗廟。

月未當缺而缺，大臣滅，女主黜，諸侯世家絕。

月再中，帝王窮。

月當出而不出，有陰謀，有死王，天下亂。

月未當上弦而弦，國兵起；未當下弦而弦，臣下多奸詐。當盈而不盈，
君侵臣，則大旱之災。未當盈而盈，臣欺君，有兵。

月初生而盛，女主持政。大月八日，小月七日，昏中過度，有兵事，如不
及度，喪事。月生五日，而昏中已後盛，君無威德，佞臣執權柄，民背君，尊
其臣。

月前望西缺，後望東缺，名反月，臣不奉法制度，侵奪主勢，無救，為湧
水，兵起。（其救也，止刑罰，誅姦猾，任賢而稽疑，定謀事成，則月變不為
傷亡也。）

月當晦而不盡，所宿國亡地。

月初生小而形廣大者，有水災。

月大而體小者旱，有氣色非常，皆為皇后陰謀事。

月始生有黑雲貫月，名激云。或一或二，或三或四，不出三日，有暴雨。

月上有黃芒，君福昌，皇后喜。

月生刺，是謂賊臣生中國。

月生牙齒，女主后妃亂，天下兵起。

月生爪牙，人主賞罰不行。一占云：人君左右，宜防刺客。

月望而中蟾光不見者，所宿之國山川大水，城陷民流，亦為女主宮中不安。

月出覆沒，天下亂。

月分為兩道，無道之君失天下。

月墜於天，有道之臣亡。

月出子地中，庶民出為王。

兩月並出相重，急兵至。

三月並見，其分有立諸侯，而女主有競。

兩月並出，天下治兵，異姓大臣爭朝勢為害，王者選能授之。

月重出，皆為暴兵殘害天下亂首，將有亡天下之象也。

余於大業九年在江都，時年十三，寓遊彼土。正月內，因送孝於城東。是時正月二十七日旦起，東方有二月，見之相去二尺許，分明在箕斗之間，眾懼見之。俄而玄感，於黎陽起逆，朱燮、管崇又殘賊於江南，天下因此遂兵賊相掠，至於滅亡，此尤大效也。

東方小月承大月，小國毀，大國伐之為主。凶在西方。小月承大月，小邑勝；大月承小月，大邑勝。

月兩弦中間，光盛面多眾，或二或三，或四或五，乃至十月並見，皆為天下分裂，天子政在諸侯。諸侯自立，諸侯傍氣象，皆與日占大同。

五星占第二十二

夫形器著於下，精象繫於上，所以通山澤之氣，引性命之情近取諸身，耳目為肝腎之用，鼻口實心腹之資，故情慾暢於性靈，神道宣於視聽彼此響應，豈不然與？是以聖人體而名之，垂教後世，授之以職位，分之以國野，象之事物，儌之以吉凶，雖變化萬殊，誰能越此，將來事業，可得而理焉。

《易》曰：在天成象，在地成形，變化見矣，此之謂也。但去聖久遠，通人間作名數多少，或有不同，今總列之。取其理當者以著於篇，浮華之流刪而不錄矣。

凡五星之行也，象人君次敘，不敢干犯亂常越次當位矣。猶如月有弦望晦朔、星有合見留逆。是故歲星、填星、熒惑晨見於日，後行逆於日。當其平旦之時，欲至於午上便密，留而平旦過午返則逆，逆行行至於夕時，又欲當午上則後，更留，留而午則又順行，行極而伏與日合，則同宿共度而受命於日。更晨見於東方，此皆不敢以昏旦之時，當於午後任行曆，故遲凝留焉。至於金水二星，則又甚耳。晨見東方平旦當丙巳之地，便速行以追日，及之，伏，伏與日合。合後出於西方速行，昏時至丁未之地，即遲行待日而又伏焉。此則日與五星，皆不敢以昏旦當午而盛。故《易》曰：日中則昃，月盈則蝕，天地盈虛與時消息。是則正南方者，君人之所面向也，故莫敢輕焉。而五星伏見，日數各殊，遲疾逆順，其數不等，求之見合，大較同一術焉。今列之如左：

歲星，率五十三萬四千五百三。（一本云：五百三百分一之五。）

晨伏十六日。一終三百九十八日。

熒惑，率一百四萬五千九十四六分半。

晨伏七十二日。一終七百七十九日。

填星，率五十萬六千六百三十八七分半。

晨伏十八日。一終三百七十八日。

太白率七十八萬二千四百五十分。

晨伏六日。一終五百八十三日。

晨見伏三百二十七分。（同夕見伏二百五十六日。）

辰星，率十五萬五千二百七十八五分半。

晨伏十一日。一終一百一十五日。

晨見伏五十二日分，同夕見伏五十三日、五十六日。

推合見日月術。

流星占第四十

流星者，天皇之使，五行之散精也。飛行列宿，告示休咎。若星大，使大；星小，使小。星大則事大而害深，星小則事小而禍淺。有尾跡光為流星，無尾跡者為飛星，至地者為墜星。出則使出，入則使入。干犯滅則為誅罰之象。墜星之所，其下流血，破軍殺將，為咎最深。

蜀後主建興十年，諸葛亮帥大眾伐魏，屯兵於渭南。有長星赤而芒角，

自東北西南流投營，三投再還，往大還小。占曰：兩軍相當，有大流星流來走軍上及墜軍者，皆破敗之兆也。九月，亮卒於軍營而退，群帥交爭，多相殘誅。

魏景初二年，司馬仲達懿圍公孫淵於襄平。八月丙寅夜，有大流星，長數十丈，色白有芒鬣，從首出東北，流墜襄平城東南。占曰：圍城而有流星來走城上及墜城中者，軍破。又曰：星墜當其下有戰傷。又曰：凡星所墜，國易姓，九月，淵突圍走至襄平星墜所，破斬屠城，坑其眾。

景元四年六月，大流星二，並如斗見西方，分流南北，光照地，隆隆有聲。占曰：流星為貴使，星大者使大。是年鍾會、鄧艾克蜀。二星二帥之象，二帥相背分流之象應也。鍾會既叛，三軍怒，隆隆有聲，兵將怒之驗也。

凡流星有芒角者及有聲為怒，色潤而遲為喜。疾則事速，緩而事遲。眾星皆流，人遷之象。星數流者，天下大兵，急使馳驛之象也，皆以色占。色青為饑為憂，色赤為旱為兵，色黃為喜為土功，色白為兵為刑罰，色黑為病死疾疫。各以其休王占之，各以其日辰所在宿分國屬而占。

附錄二：《葬經》選錄 [註1]

葬者乘生氣也。

生氣即一元運行之氣，在天則周流六虛，在地則發生萬物。天無此則氣無以資，地無此則形無以載。故磅礡乎大化，貫通乎品匯，無處無之，而無時不運也。陶侃曰：先天地而長存，後天地而固有。蓋亦指此云耳。且夫生氣藏於地中，人不可見，惟循地之理以求之，然後能知其所在。葬者能知其所在，使枯骨得以乘之，則地理之能事畢矣。

五氣行乎地中，發而生乎萬物。

五氣即五行之氣，乃生氣之別也。夫一氣分而為陰陽，析而為五行，雖運於天實出於地。行則萬物發生，聚則山川融結，融結者，即二五之精、妙合而凝也。

人受體於父母，本骸得氣，遺體受蔭。

父母骸骨，為子孫之本，子孫形體乃父母之枝，一氣相應，由本而達枝也。故程子曰：卜其宅兆，卜其地之美惡也。地美則神靈安，子孫盛，若培壅其根而枝葉茂，理固然也。惡則反是。蔡季通曰：生死殊途，情氣相感，自然默與之通。今尋暴骨，以生人刺血滴之而滲入，則為親骨肉，不滲則非。氣類相感有如此者。則知枯骨得蔭，生人受福，其理顯然，然不待智者而後知也。或謂抱養既成，元非遺體，僧道嗣續，亦異所生，其何能蔭之有？而不知人之心通乎氣，心為氣之主情通則氣亦通，義絕則應本絕。故後母能蔭前母子，

〔註1〕（晉）郭璞撰，（元）吳澄刪定：《葬書》，見《景印文淵閣四庫全書》第808
　　　冊，臺北：臺灣商務印書館，1986年。

前母亦發後母兒。其在物則萎薮蜓蛉之類是也，尚何疑焉。

經曰：氣感而應，鬼福及人。

父母子孫，本同一氣，互相感召，如受鬼福，故天下名墓，在在有之。蓋真龍發跡，迢迢百里，或數十里，結為一穴。及至穴前，則峰巒蓋擁，泉水環遠，疊樟層層，獻奇於後，龍脈抱衛，砂水翕聚。形穴既就，則山川之靈秀，造化之精英，凝結融會於其中矣。苟盜其精英，竊其靈秀，以父母遺骨藏於融會之地，由是子孫之心寄託於此，因其心之所寄，遂能與之感通，以致福於將來也。是知人心通乎氣，而氣通乎天。以人心之靈，合山川之靈，故降神孕秀，以鍾於生息之源，而其富貴貧賤，壽夭賢愚，靡不攸繫。至於形貌之嬌醜，並皆肖象山川之美惡，故嵩嶽生申，尼丘孕孔，豈偶然哉！嗚呼，非葬骨也，乃葬人之心也；非山川之靈，亦人心自靈耳。世有往往以遺骨棄諸水火而無禍福者，蓋心與之離故也。

是以銅山西崩，靈鐘東應。

漢未央宮一日無故鐘自鳴，東方朔曰：必生銅山崩應。未幾西蜀果奏銅山崩，以日揆之，正未央鐘鳴之日也。帝問朔何以知之，對曰：銅出於山，氣相感應，猶人受體於父母也。帝歎曰：物尚爾，況於人乎！昔曾子養母至孝，子出，母欲其歸，則齧指而曾子心痛。人凡父母不安而身離侍側，則亦心痛，特常人孝心薄而不自覺耳。故知山崩鐘應，亦其理也。

木華於春，栗芽於室。

此亦言一氣之感召也。野人藏栗，春至，栗木華，而家藏之栗亦芽。實之去本已久，彼華此芽，蓋以本性原在，得氣則相感而應，亦猶父母之骨葬乘生氣而子孫福旺也。夫一氣磅礴於天地間，無端倪，無終窮，萬物隨時運化，本不自知，而受造物者亦不自知也。

蓋生者氣之聚，凝結者成骨，死而獨留，故葬者反氣入骨，以蔭所生之法也。

乾父之精，坤母之血，二氣感合，則精化為骨，血化為肉，復藉神氣資乎其間，遂生而為人。及其死也，神氣飛揚，血肉消潰，惟骨獨存。而上智之士，圖葬於吉地之中，以內乘生氣，外假子孫思慕，一念與之吻合，則可以復其既往之神，萃其已散之氣。蓋神趨則氣應，地靈而人傑，以無為有，借偽顯真，事通陰陽，功奪造化，是為反氣入骨，以蔭所生之法也。

丘壟之骨，岡阜之支，氣之所隨。

丘壟為陰，岡阜為陽。丘言其高，骨乃山這帶石者。壟高不能自立，必藉石帶土而後能聳也。岡者跡也，土山為阜，言支之有毛脊者。壟之有骨，氣隨而行則易見，支無石，故必觀者毛脊而後能辨也。然有壟而土、支而石、壟而隱、支而隆者，又全藉乎心目之巧以區別也。

經曰：氣乘風則散，界水則止。

謂生氣隨支壟體質，流行滔滔而去，非水界則莫之能止。及其止也，必得城郭完密，前後左右環圍，然後能藏風，而不致有蕩散之患。經云：明堂惜水如惜血，堂裏避風如避賊。可不慎哉！

古人聚之使不散，行之使有止，故謂之風水。

高壟之地，天陰自上而降，生氣浮露，最怕風寒，易為蕩散。如人深居密室，稍有罅隙通風，適當肩背，便能成疾。故當求其城郭密固，使氣之有聚也。平支之穴，地陽自下而升，生氣沉潛，不畏風吹。〔缺〕出在曠野，雖八面無藏，已自不覺。或遇穴晴日朗，其溫和之氣自若，故不以寬曠為嫌，但取橫水之有止，使氣之不行也。此言支壟之取，用不同有如此。

風水之法，得水為上，藏風次之。

支壟二者俱欲得水，高壟之地，或從腰落，雖無大江攔截，亦必池塘以止內氣，不則去水稍遠，而隨身金魚不可無也。倘金魚不界，則謂之雌雄失經，雖藏風亦不可用。平支之地，雖若無蔽，但得橫水攔截，何嫌寬曠。故二者皆以得水為上也。

經曰：外氣橫形，內氣止生。蓋言此也。

水流土外，謂之外氣；氣藏土中，謂之內氣。故必得外氣形橫，則內之生氣自然止也。此引經以結上文得水為上之意。

何以言之？氣之盛雖流行，而其餘者猶有止；雖零散，而其深者猶有聚。

高壟之地，落勢雌雄，或去或止，各有〔缺〕作自〔缺〕一地可盡其力量也。而好龍多從腰落，分布枝蔓於數十里之間，或為城郭朝樂官曜禽鬼捍門華表羅星之類，皆本身自帶不可為。彼既流行，而餘者非止也，但當求其聚處，而使之不散耳。平支之龍，大山跌落平洋，四畔曠闊，其為城郭，亦不過

高逾數尺而已，且去穴遼遠，朝山一點，在乎雲靄之表，人莫不以八風無蔽為嫌，又豈知支壠氣隱，若零散而其深者猶有聚也，但得橫水攔截，使之有止耳。此言支壠之氣盛者如此。

故藏於涸燥者宜深，藏於坦夷者宜淺。

上句言壠，下句言支。高壠之地，陰之象也，氣在內，強剛而沉下，故言涸燥當深葬。平支之地，陽之象也，氣在外，弱柔而浮上，故言坦夷當淺葬。

經曰：淺深得乘，風水自成。

高壠之葬，潛而弗彰，故深，取其沉氣也；平支之葬，露而弗隱，故淺，取其浮氣也。得乘者，言所葬之棺，得以乘其生氣也。淺深世俗多用九星白法以定尺寸，謬也。不若只依金銀爐底求之為得。

夫陰陽之氣，噫而為風，升而為雲，降而為雨，行乎地中而為生氣。

陰陽之氣即地中之生氣，故噫為風，升為雲，降為雨。

凡所以位天地、育萬物者，何莫非此氣邪！斯蓋因曰葬乘生氣，故重舉以申明其義。愚嘗謂能生能殺，皆此氣也。葬得其法，則為生氣，失其道，則為殺氣。如所謂加減饒借吞吐浮沉之類，並當依法而剪裁之，不致有撞殺沖刑破腮翻斗之患也。

夫土者氣之體，有土斯有氣，氣者水之母，有氣斯有水。

氣本無體，假土為體，因土而知有此氣也。水本無母，假氣為母，因氣而知有此水也。五行以天一生水。且水何從生哉？生水者金也，生金者土也。土腹藏金，無質而有其氣。乾藏坤內，隱而未見，及乎生水，其兆始萌。言氣為水母者，即乾金之氣也。世人不究本源，但以所見者水爾，故遂以水為天地之始，蓋通而未精者也。

經曰：土形氣形，物因以生。

生氣附形而有，依而行，萬物亦莫非〔缺〕也。此引經結上有文有土斯有氣之意。

夫氣行乎地中，其行也因地之勢，其聚也因勢之止。

氣行地中，人不可見。其始也則因地之勢而知其行，其次也又因勢之止而知其聚也。

葬者原其起，乘其止。

善葬者，必原其起以觀勢，乘其止以扡穴。凡言止者，乃山川融結，奇秀之所有，非明眼莫能識也。《片玉髓》云：草上露華偏在尾，花中香味總居心。其止之謂與！或謂黏穴乘其脈之盡處為止，然則蓋倚撞安可以止雲。不知人正恐後世不識止處，故立為四法以乘之。夫蓋者止於蓋，倚者止於倚也，撞黏莫不皆然，唯觀義之所在，高低正側，何往而非止乎！

地勢原脈，山勢原骨，委蛇東西，或為南北。

平夷多土，陡瀉多石，支之行必認土脊以為脈，壟之行則求石脊以為骨。其行度之勢，委蛇曲折，千變萬化，本無定式，大略與丘壟之骨、岡阜之支略同。

千足為勢，百尺為形。

千尺言其遠，指一枝山之來勢也。百尺言其近，指一穴地之成形也。

勢來形止，是謂全氣，全氣之地，當葬其止。

原其遠勢之來，察其近形之止，形勢既順，則山水翕合，是為全氣之地。又當求其止處而葬之，斯盡善矣。止之一字，最謂吃緊。世之葬者，不乏全氣之地，但於止處則有味焉耳。夫千里來龍，五足人手，才差一指，盡廢前功，縱奇峰聳拔，秀水之玄，皆不為我用矣。若得其傳，知其止，則如數二三，辨黑白，人或見其莽然可左可右可移可易，而不知中間自有一定不易之法、尺寸不可遷改者。《指南》云：立穴若還裁不正，縱饒吉地也徒然。高低深淺如葬誤，福變為災起禍愆。

宛委自復，迴環重複。

宛委自復，指其勢而言。或順或逆，即委蛇東西或為南北之意也。迴環重複，以其形而論。層拱疊繞，即朝海拱辰之義也。全氣之地，其融結之情如此。

若踞而候也。

如人踞然不動，而有所待然。

若攬而有也。

如貴人端坐，器具畢陳，攬之而有餘。

欲進而卻，欲止而深。

上句言擁衛之山須得趨揖朝拱，不欲其僭逼衝突而不遜也。下句言瀦蓄之水必得止聚淵澄，不欲其陡瀉反背而無情也。

來積止聚，沖陽和陰。

來山凝結，其氣積而不散；止水融會，其情聚而不流。斯乃陰陽交濟，山水沖和也。

土高水深，鬱草茂林。

水深沉則土壤高厚，氣沖和則草木茂昌。程子曰：曷謂地之美？土色光潤，草木茂盛，乃其驗也。

貴若千乘，富如萬金。

氣象尊嚴，若千乘之貴；擁簇繁夥，猶萬金之富。

經曰：形止氣蓄，化生萬物，為上地也。

堂局完密，形穴止聚，則生氣藏蓄於中矣。善葬者因其聚而乘之，則可以福見，在昌後裔。如萬物由此氣而成，化育之功，故為上地。

地貴平夷，土貴有支。

支龍貴平坦夷曠，為得支之正體。而土中復有支之紋理，平緩恰軟，不急不燥，則表裏相應。然卻有支體而得壟之情性者，直如擲槍，急如繃線，謂之倒火硬木，此陽中含陰也，法當避殺，黏唇架折而葬。劉氏所謂直急則避，毬而湊簷是也。陽者為弱，本宜湊入，奈何性急，要縮下一二尺，緩其急性，苟執支法拖之則凶。此支龍之至難體認者，故景純謂支龍之辨，蓋言此也。

支之所起，氣隨而始；支所終，氣隨以鍾。

此言平支行度體段，原其始則氣勢隨之而行，乘其止則氣脈因之而鍾，觀勢察脈，則可以知其氣之融結矣。

觀支之法，隱隱隆隆，微妙玄通，吉在其中。

隱隱，有中之無也；隆隆，無中之有也。其體段若盞中之酥，雲中之雁，灰中線路，草裏蛇蹤，生氣行乎其間，微妙隱伏而難見，然其吉則無以加矣。

經曰：地有吉氣，土隨而起；支有止氣，水隨而比。勢順形動，回復始終，法葬其中，永吉無凶。

引經以明上文支龍行度，言平夷之地，微露毛脊，圓者如浮漚，如星，如珠，方者如箱，如印，長者如玉尺，如蘆鞭，曲者如幾如帶，方圓大小不等者如龜魚蛙蛤，是皆地之吉氣湧起，故土亦隨之而凸起。及其止也，則如雞窠旋螺之狀，言形止脈盡而一水交度也。高水一寸，便可言山，低上一寸，便可言水，此支氣之止，與水朋比而相為體用者也。勢順形動者，龍勢順伏而不反逆，局形活動而多盤旋，砂水鉤夾，迴環重複，首尾無蔽，始終有情，依法自可扡穴。

山者勢險而有也，法葬其所會。

山言壟也，勢雖險峻，而其中復有不險之穴，但當求其止聚融會處而葬之，則善矣。蓋高壟之地，來勢高大，落勢雄壯，結勢亦且〔缺〕急此〔缺〕之〔缺〕也，卻有一等以隴為體而得支之情性者，大山翔舞垂下，及至平地，變為支體，謂之下山水，此陰中含陽也。若不識黏葬山麓，莫不以前拖平地為裀褥，豈知其勢未住，兩邊界水隨脈而行，平平隱伏，直至堂心，其脈始盡。《天寶經》曰：凡認脈情看住絕，水若行時脈不歇。歇時須有小明堂，氣止水交方是穴。後面要金氣可乘，前頭要合水可泄。若還鑿腦而鑿胸，湊急傷龍匪融結。此定穴之密語也，故當求其砂水會處，枕毬而葬。陰者為強，固當縮下，奈何性緩，要插上七八寸，急其緩性，名為湊交鬥煞，劉氏所謂擺緩，則入簷而湊毬是也。苟執壟法扡之，則主敗絕，此又高隴之至難體認者。

乘者所來。

言生氣之所從來，因其來而知其止，故葬者得以乘之，不使有分寸之違也。脈不離棺，棺不離脈，棺脈相就，剝花接木，法當就化生腦上，循脈看下，詳認雞跡蟹眼三文名字交牙滴斷，或分十字，或不分十字，看他陰陽配與不配，及夫強弱順逆急緩生死浮沉虛實，以定加減饒借。內接生氣，外揚穢氣，內外符合，前後無蔽，始為真穴，一有不順，即花假矣，此乘生氣之要訣也。下言乘金穴土義同。

審其所廢

謂入首廢壞，真偽莫辨，故不得不詳加審察也。夫天真未喪，則定穴易

為力，但乘其來，即知其止。卻有一等不幸為牛羊踐踏，上破下崩，歲久年深，或種作開墾，或前人謬扡其旁圍牆拜壇，不無晦蝕，或曾為居基，益低損高，或田家取土，鋤掘戕賊，而大八字與金魚不可得而移易，但要龍真局正，水淨砂明，當取前後左右四應，證之心目，相度酌量開井，無不得矣。蓋夫一氣化生支壠，隨氣而成形質，今既廢壞莫辨，故必於廢中審之，則凡所謂陰陽剛柔急緩生死浮沉虛實之理，無不了然。既得其理，則倒杖之法亦因之而定焉。

擇其所相。

謂擇其所相輔於我者。法當於小八字下看兩肩暗翅，肩高肩低，以分陰陽作用，次視三分三合，崎急平緩，以別順逆饒減。盡觀蟬翅之砂，蝦鬚之水，以定葬口界限，是皆左右之所相。苟失其道，則有破腮翻斗、傷龍傷穴、偽淺傷深之患，故不得不詳加審擇也。下篇言相水印木義同。

避其所害。

謂避去死氣，以求生氣也。蓋穴中之氣，有刑有德，裁剪得法，則為生氣，一失其道，則為死氣，故不得不審而避之。何以言之？避死挨生是也。如陽脈落穴，以陰為生，陽為死。陰脈落穴，以陽為生，陰為死。脈來邊厚邊薄，以薄為生，厚為死。雙脈一長一短，以短為生，長為死。一大一小，以小為生，大為死。以秀嫩光淨圓厚湧動為生，枯老臃腫破碎直硬為死。又或砂水之間，反□斜飛，直撞刺射，皆為形煞。橫過之山如槍如刀尖利，順水可收拾為用者用之，可避去者避之，此則以眼前之所見者而論之也。又程子謂五患，劉氏謂四惡，皆在所當避也。

是以君子奪神功，改天命。

上文所謂乘審擇避，全憑眼力之巧，功力之具、趨全避缺，增高益下，微妙在智，觸類而長，玄通陰陽，功奪造化，及夫穴場一應作用裁剪放送之法，皆是也。陳希夷先生曰：聖人執其樞機，秘其妙用，運於己心。行之於世，天命可移，神功可奪，曆數可變也。道不虛行，存乎入耳。

禍福不旋日。經曰：葬山之法若呼吸，中言應速也。

禍福之感召，捷於影響，能乘能審，能擇能避，隨其所感，否則為凶應矣。大要在分別陰陽以為先務。有純陰純陽，邊陰邊陽，上陽下陰，上陰下陽，陰交陽半，陽交陰半，強陽弱陰，老陽嫩陰，各有做法陰來則陽受，陽來

則陰作，或入簷而鬥毬，或避毬而湊簷。又有陽噓陰吸之不同，順中取逆，逆中取順，情有蓋黏，則正毬順作，情在倚撞，則架折逆受。假若陰脈落穴，放棺饒過陽邊，借陽氣一噓，其氣方生。陽脈落穴，放棺饒過陰邊，借陰氣一吸，其氣方成。所謂陽一噓而萬物生，陰一吸而萬物成是也。苟不識裁剪放迭之法，當噓而吸，當吸而噓，宜順而逆，宜逆而順，及夫左右吐深淺不知其訣，不能避殺挨生，則生變為殺氣，縱使高下無差，左右適宜，淺深合度，猶且不免於禍，況未當於理者乎！古歌曰：若還差一指，如隔萬重山。良有以也。

山之不可葬者五：氣以生和，而童山不可葬也。

土色光潤，草木茂盛，為地之美。今童山粗頑，土脈枯槁，無發生沖和之氣，故不可葬。卻又有一等石山，文理濕潤，光如卵殼，草木不可立根，自然、不產，開井而得五色土穴者，是又不可以童而棄也。

氣因形來，而斷山不可葬也。

夫土者氣之體，有土斯有氣。山既鑿斷，則生氣隔絕，不相接續，故不可葬。《青華秘髓》云：一息不來身是殼。亦是此意。然與自然跌斷者則又不相侔矣。

氣因土行，而石山不可葬也。

高壟之地，何莫非石，所謂山勢原骨，骨即石也，石山行度，有何不可，惟融結之處不宜有石耳。夫石之當忌者，焦壇而頑，麻燥而蘇，或不受鋤掘，火焰飛揚，蕭煞之氣，含煙帶黑，為凶也。其餘縱使有石，但使體質脆嫩，文理濕潤，顏色鮮明，則無不吉矣。又有奇形怪穴隱於石間者，四畔皆石，於其中有土穴，取去土盡，始可容棺。又有頑石鑿開而下有土穴，皆可入選，是未可以石為嫌也。

氣以勢止，而過山不可葬也。

此言橫龍滔滔竟去，挽之不住，兩邊略有垂下，不過撓掉而已。氣因勢而止，穴因形而結，過山無情，其勢未止，其形未住，故不可葬。卻又有一等橫龍滴落，正龍腰落，及夫斬關為穴者，不同也。

氣以龍會，而獨山不可葬也。

支龍行度，兄弟同完，雌雄並出，及其止也，城郭完密，眾山翕集，方成

吉穴。彼單山獨龍，孤露無情，故不可葬。卻又有一等支龍不生手足，一起一伏，金水行度，趺露平洋，兩邊借外衛送為養蔭，及其止也，雌雄交度，大江拱朝或橫攔，外陽遠接，在乎縹緲之間，縱有陰砂，僅高一步，此又不可以孤露而棄之地。何以言之？蓋得水為上，藏風次之，所以為貴也。

經曰：童斷石過獨，生新凶而消已福。

此復證五凶之不可用也，凡此是無所〔缺〕適足腐骨爛棺而已，主退敗少亡瘵疾，久則歸於歇滅，可不慎哉！

上地之山，若伏若連，其原自天。

此言上地龍之行度體段也，大頓小伏，藕斷絲連，謂之脫卸。夫大地千百里，行龍其何可窮乎，故遠若自天而來也。

若水之波。

此言隱藏伏於平洋大阪之間，一望渺無涯際，層層級級，若江面之水，微風蕩漾，則有輕波細紋，謂之行地水。微妙玄通，吉在其中矣。

若馬之馳。

原其起，若馬之奔騰，將欲止，如馬之及廄。

其來若奔。

其來也，奔馳迅速，如使者之告捷。

其止若屍。

其止也，若屍居不動，無復有去意，若懷萬寶而燕息。

眾山朝揖，萬水翕聚。

如貴人燕安休息珍〔缺〕，富如萬金，若攬而有也。

若具萬善而潔齊。

明堂寬綽，池湖繚繞，左右前後眼界不空，若貴人坐定，珍饌畢陳食前方丈也。

若橐之鼓。

橐乃無底囊，今煆者引風之具即者其類也，才經鼓動，其氣即盛，吉納氣之滿也。

若器之貯。

如器之盛物，滿而不溢，言氣之止聚也。

若龍若鸞，或騰或盤。

若龍之盤旋，鸞之飛騰，言其活動有蜿蜒翔舞之體段，無破碎死蠢之形狀。

禽伏獸蹲，若萬乘之尊也。

來勢如虎出深林，自幽而漸顯，氣象蹲踞而雄壯；止勢如鷹落平砂，自高而漸低，情意俯伏而馴順，氣象尊嚴，擁護綿密，若萬乘之尊也。

無光發新。

眼界軒豁，氣象爽麗，神情性悅，一部精神，悉皆收攝而納諸擴中，然而至理微妙，未易窺測，要令目擊道存，心領意會，非文字之可傳，口舌之可語也。《中庸》曰：人莫飲食，鮮能知味也。

朝海拱辰。

如萬水之朝宗，眾星之拱極，枝葉之護花朵，廊廡之副廳堂，非有使之然者，乃一氣感召，有如是之翕合也。《易》云：水流濕，火就燥，雲從龍，風從虎，聖人作而萬物睹。其斯之謂與！

龍虎抱衛，主客相迎。

凡真龍落處，左回右抱，前朝後擁，所以成其形局也。未有吉穴而無吉。案：若龍虎抱衛而主客不相應，則為花假無疑。

四勢朝明，五害不親。

四勢即龍、虎、主、客也，貴乎趨揖朝拱，端嚴而不欹側，明淨而不模糊。情勢如此，烏有不吉？更欲不親五害。五害者，童、斷、石、獨、過也。

十一不具，是謂其次。

此特指上地而言。十中有一（缺）泥以為說，則世間無全地矣，非概論也。海眼曰：篇中形勢二字，義已了然，可見勢在龍，而形在局，非俗人之所謂喝形也。奈何卑鄙之說，易惑人心，須至錮蔽，以訛傳訛，以盲誘盲，無益反害，莫此為甚。總之道理原屬廣大精微，古聖先賢原為格物致知窮理盡性大學問，今人只作籠利想，故不得不以術行耳。匪直今人之術不及古人，今人之用心先不及古人之存心矣，奈何！

附錄三：《神相全編》選錄[註1]

相說

　　大凡觀人之相貌，先觀骨格，次看五行，量三停之長短，察面部之盈虧，觀眉目之清秀，看神氣之榮枯，取手足之厚薄，觀鬚髮之疏濁；量身材之長短，取五官之有成，看六府之有就，取五嶽之歸朝，看倉庫之豐滿，觀陰陽之盛衰，看威儀之有無，辨形容之敦厚，觀氣色之喜滯，看體膚之細膩，觀頭之方圓，頂之平塌，骨之貴賤，骨肉之粗疏，氣之短促，聲之響亮，心田之好歹，俱依部位流年而推，骨格形局而斷，不可順時趨奉，有玷家傳。但於星宿、富貴、貧賤、壽夭、窮通、榮枯得失、流年、休咎，備皆周密，所相於人，萬無一失。學者亦宜參詳推求，真妙不可忽諸。

十觀

一取威儀

　　如虎下山，百獸自驚；如鷹升騰，狐兔自戰，不怒而威，不但在眼；亦觀顴骨、神氣取之。

二看敦重及精神

　　身如萬斛之舟，駕於巨浪之中，搖而不動，引之不來，坐臥起居，神氣清靈，久坐不昧，愈加精彩；如日東升，刺人眼目，如秋月懸鏡，光輝皎潔；面神眼神，俱如日月之明，輝輝皎皎，自然可愛，明明潔潔，久看不昏；

〔註 1〕（宋）陳摶編著，（明）袁忠徹訂正，鍾琳、郭安注譯：《神相全編》，北京：北京師範大學出版社，1993 年。

如此相者，不大貴亦當小貴，富亦可許，不可妄談定。

三取清濁

但人體厚者自然富貴，清者縱瘦，神長必以貴推之。濁者有神，謂之厚，厚者多富。濁而無神，謂之軟，軟者必孤，不孤則夭。

四看頭圓頂額高

蓋人頭為一身之主，四肢之元，頭方者頂高，則為居尊天子；額方者頂起，則為輔佐良臣；頭圓者，富而有壽；額闊者；貴亦堪誇；頂平者，福壽綿遠；頭扁者，早歲迍邅；額塌者，少年虛耗；額低者，刑克愚頑；額門殺重者，早年困苦；部位傾陷，髮際參差者，照依刑克兼觀，不可一例而言，有誤相訣。

五看五嶽及三停

左顴為東嶽，俱要中正，不可粗露傾塌。額為南嶽，亦喜方正，不宜撇竹低塌。右顴為西嶽，亦與左顴相同。地閣為北嶽，喜在方圓隆滿，不可尖削歪斜，卷竅兜上。土星為中嶽，亦宜方正聳上印堂。五嶽成也。書云五嶽俱朝，貴壓朝班，亦且錢財自旺。三停者，額門、準頭、地角，此面部三停也。又為三財，又為三主，又名三表，俱要平等。上停長，少年忙；中停長，福祿昌；下停長，老吉祥；三停平等，一生衣祿無虧；若三停尖削、歪斜、粗露，俱不利也。可照流年部位氣色而推，不可一體而斷。

六取五官六府

五官

眉為保壽官：喜清高疏秀彎長，亦宜高目一寸，尾拂天倉，主聰明富貴，機巧福壽，此保壽官成也；若粗濃黃淡，散亂低壓，乃刑傷破敗，此一官不成也。

眼為監察官：黑白分明，或鳳眼、象眼、牛眼、龍虎眼、鶴眼、猴眼、孔雀眼、鴛鴦眼、獅眼、喜鵲眼，神藏不露，黑如漆，白如玉，波長射耳，自然清秀有威，此監察官成也；若蛇、蜂、羊、鼠、雞、豬、魚、馬、火輪四白等眼，赤白紗侵，睛圓黑白混雜，兼神光太露，昏昧不清，此監察官不成也，又且愚頑凶敗。

耳為採聽官：不論大小，要輪廓分明，喜白過面，水耳、土耳、金耳、牛耳、圓棋耳、貼腦耳、對面不見耳，高眉一寸，輪厚廓堅，紅潤姿色，內有長

毫，孔小不大，此採聽官成也，或鼠耳、木耳、火耳、箭羽耳、豬耳、輪飛廓反，不好之耳，或低小軟弱，此採聽官不成也，不利少年損六親。

鼻為審辨官：亦宜豐隆聳直有肉，伏犀龍虎鼻，獅牛鬍羊鼻，截筒盛囊懸膽鼻，端正不歪不偏，不粗不小，此審辨官成也。若狗鼻、鯽魚、鷹嘴、劍峰、反吟、復吟、三曲、三彎、露孔、仰灶、扁弱、露脊、露骨、太大孤峰，況又兇惡，貧苦無成，刑惡奸貪，此審辨官不成也。

口為出納官：唇紅齒白，兩唇齊豐，人中深長，仰月彎弓，四字口方，牛龍虎口，兩唇不反不昂，不掀不尖，此出納官成也。或豬狗羊口，覆船，宴魚紉魚，鼠食羊食，唇短齒露，唇黑唇皺，上唇薄下唇反，鬚黃焦枯粗濁，此出納官不成也。書云，但一官成者，掌十年之貴祿富豐，不成者，必主十年困苦。

六府者

天庭日月二角為天府，宜方圓明淨，不宜露骨，天府成也。或削低塌偏尖，天府不成也，主初年運塞。

兩顴為人府，宜方正插鬢，不粗不露，齊揖方拱，此人府成也。若粗露高低，尖圓繃鼓，此人府不成也，主中年運否。

地角邊腮為末景地府，喜府地閣懸壁，木昏不慘，不尖不歪，不粗不大，地府成也。若高低粗露，削尖耳後見重腮，地府不成也。書云：一府就，掌十年之富盛，相反者主十年之凶敗。

七取腰圓背厚

胸坦腹墜，三甲三壬，體膚細嫩可也，背厚闊，腰硬腰圓，最嫌背脊成坑，背薄肩垂，肩昂頸削，腰宜圓宜硬，宜大宜平，不可細小、軟弱，崎彎無屁股，臀薄尖削露，臀宜平厚，不宜大竅，胸宜平滿，骨莫粗露；項下雙條，心窩不陷，腹宜有囊如葫蘆，臍下肉橫生，不宜尖削。或如鵲肚，雞胸，狗肚，此不堪也。書云：腰圓背厚，方保玉帶朝衣，驟然不豫，慷慨過人，必主發達富盛；胸平腹囊，故宜紫袍掛體，雖不出前，不入凡流，必須發達；背如三甲，項後肉厚，兩肩繃肉厚，腹如三壬，臍下肉長，兩腿邊肉長；書云：背負三山如護甲，臍深納李腹垂箕，如此之相必大貴，不貴之時富可誇。但頭大無肉，腹大無囊，不是農夫必是屠傅，不是粗人定是木作；若尖削陷軟，狗肚雞胸，縱富必無結果。書云：男子腰小，難主家財亦且夭折；凸胸露臀，當成窮酸，男子為僕，女子為婢，相中最宜推詳，不可忽略。

八取手足

宜細嫩隆厚，掌有八卦，紋路鮮明，或如撰血尖起三峰，奇紋異紋，節如雞彈，指尖相稱，指大相停，掌平如鏡，或軟如綿，龍虎相吞，掌厚背厚，腕扁肘圓。足背有肉，足底有紋有痣掌略帶彎，手背不宜粗露，筋骨指節不宜漏縫。書云，腫節漏縫神昏神懶，浮筋露骨，身樂心憂，掌紅撰血，富貴綿綿，手軟如綿，閒且有錢，尖起三峰，招生晚景，掌平如鏡，白手興家。紋露粗率，晚年衣祿平常，但相掌訣法有載於後，宜與前後兼觀。

九取聲音與心田

書云：要知心裏事，但看眼神清，眼乃心之門戶，觀其眼之善惡，必知心事之好歹，其心正則眸子必正眼視上其心必高，眼視下心有感思，眼轉動而不言，心有疑慮；眼視斜而口是心非，益已害人，言不可聽；眼正視，其人中正，入黨無偏，眼噁心必惡，眼善心必慈，有陰騭者，或救人難厄，或救人危險，濟人貧窮，救人性命，不淫不亂，財寬量大容物。人俱有紫黃容紅氣色，發見於眼下，臥蠶之宮，印堂福堂之住。縱相貌不如，其心田好，終有富貴。若相貌堂堂，心事奸險，縱然富貴，不日貧窮。書云：未觀相貌先看心田，有相無心相從心滅，有心無相相從心生，昔裴度還帶，宋郊渡蟻，廉頗扶危救人過渡，各千金不受，本是不貴之相，後反大貴而陰陽扶之。聲音宜響亮，出自丹田，臍下一寸是也。聲響如雷灌耳，或如銅鐘玉韻，或如甕中之聲，或如銅鑼銅鼓，或如金聲，或聲長尾大如鼓之響，俱要清潤，縱相貌不如，亦主富貴。或人小聲大，人大聲雄，俱要深遠，丹田所出，此富貴綿遠之相也。夭折貧賤之人，聲輕聲噎，聲浮聲散，聲低聲小，或如破鑼破鼓，語音焦枯，聲大尾焦，聲雄不圓。書云：富貴之聲出於丹田，夭賤之人，聲出舌端，或有餘韻，縱焦枯烈，早年虛耗，晚主發達矣。

訣曰：言未舉而色先變，話未盡而氣先絕，俱夭賤之人。觀聲音，知為相之根本，觀陰陽，知為相之元神，形貌莫外乎聲音，陰陽部位不好，有此相者，競許富貴。但聲音響亮者，雖貧終能發達，不必狐疑。

十觀形局與五行

形局者：乃人一身之大關也，或如龍形、虎形、鶴形、獅形、孔雀形、鸛形、牛形、猴形、豹形、象形、鳳形、鴛鴦、鷺鷥、駱駝、黃鵬、練雀等形，此富貴形相；或豬形、狗形、羊形、馬形、鹿形、鴉形、鼠形、狐狸形，此兒

暴貧薄夭折之相也。

五行者：金、木、水、火、土也，書云，金得金剛毅深，木得木資財足，水得水文章貴，火得火見機果，土得土厚豐庫，金形白色喜白，木形瘦喜青，水喜肥黑，火不嫌尖宜赤色，土喜厚今色宜黃，此五形正局也。合此者富貴福壽，反此者貧賤夭折，但學者憑五行兼骨格，推斷相法，多端總斷。

五法

擇交在眼，眼惡者怕多薄，交之有害，然露者無心，不可不詳審也；問貴在眼，未有眼無神而貴且壽者；問富在鼻，鼻為土生金，厚而豐隆者必富；問壽在神，未有神不足而壽且貴者，縱貴亦大富；求全在聲，士農工商，聲亮必成，不亮無終；上相不出此五法，拘於口耳眉額手足背腹之間者，乃庸相士也。

切相歌

入眼方知訣，還觀主起中，語遲終富顯，步緊必貧窮，犬眼休為伴，雞睛莫與逢，項偏多蹇滯，頭小定飄蓬，骨露財難聚，筋浮病必攻，唇掀知命夭，腹墜祿須豐，腰肥知有福，額廣壽如松，腳長兼耳薄，辛苦道途中。

論形俗

蜀人相眼，閩人相骨，浙人相清，淮人相重，宋人相口，江西人相色，魯人相軒昂，胡人相鼻，太原人相重厚。

論氣色

天道周歲，二十四節氣，人面一年氣色，亦二十四變，以五行配之，無不驗者。促色最難審，當於清明昧爽之時觀之，又須隔絕不醉，不近色，乃可決耳，慎之慎之。氣色半月一換，交一節氣，子時既變矣。氣色在皮內肉外，隱隱可掬者，方是真氣色。氣色現而安靜者，應之遲，若點點焰動不定者，應之速；春要青，夏要紅，秋要白，冬要黑，四季月要黃，此天時氣色也。

木形人要青，火形人要紅，金形人要白，水形人要黑，土形人要黃，此人身之氣色也。

木形色青，要帶黑忌白，火形色紅，要帶青忌黑，金形色白，要帶黃忌紅，水形色黑，要帶白忌黃，土形色黃，要帶紅忌青，此五形生剋之氣色也。

　　青如晴天日未出之色，而有潤澤，為正，為吉；如打傷痕而乾焦，則為邪為凶；紅如隙中日影之色，而有潤澤，為正，為吉；如打傷痕而焦枯，為邪為凶；白如玉而有潤澤，為正，為吉；如粉如雪而起粟，則為邪，為凶；黑如漆而有潤澤，為正，為吉；如煙煤而暗，則為邪，為凶；黃如鵝而有潤澤，為正，為吉；如敗葉色而焦枯，則為邪凶。

　　色白主服，紅主訟及瘡疤破財，如火珠焰發者，主火災；青主驚恐疾病，黑主大病死亡，黃主疾病尖脫。氣色雖現，亦要看神色正，而神脫色亦空耳，色而神旺，色終莫能為大害也。

下篇：隋唐方術述要

隋唐神仙術述要

　　自 20 世紀以來，中國國力在近代的衰退，曾引發過世界技術變革的神仙術也不復原有的精神。如果說術數被彼時的學者作為「封建迷信」所批判，那麼比術數看上去更加「迷信」的神仙術，更是被攻擊的對象。神仙術中的服食與外丹、導引與房中、存想與內丹，在近代史中，沒有在隋唐時期那種引領時代潮流的模樣。再加上如太平天國、義和團運動中的一些極端行為，往往與神仙術頗有聯繫，更是被當時的中國學術界所不齒。反而是一些海外漢學家，如英國的李約瑟、荷蘭的高佩羅、法國的索安等人，會在其著作中對神仙術中一些涉及到與近代科學有關的內容，作一些系統的研究。如煉丹術與化學的關係、房中術與中國古代兩性之學、道教中的一些實驗等。

　　中國學界重拾神仙術的研究熱度，時間已到了改革開放之後。至今有如張榮明《中國古代氣功與先秦哲學》（上海人民出版社，1987 年）；李零《中國方術概觀》（服食卷、房中卷、雜術卷、導引行氣卷等多個分冊，人民中國出版社，1993 年）；孟乃昌《道教與中國煉丹術》（北京燕山出版社，1993年）；嚴善炤《古代房中術的形成與發展》（臺灣學生書局，1996 年）；陳國符《中國外丹黃白法考》（上海古籍出版社，1997 年）；胡孚琛《道學通論：道家、道教、仙學》（社會科學文獻出版社，1999 年）、《道學通論：道家、道教、丹道》（社會文獻出版社，2004 年）；容志毅《中國煉丹術考略》（三聯書店，1998 年）；王永平《道教與唐代社會》（首都師範大學出版社，2002 年）；張志堅《道教神仙與內丹學》（宗教文化出版社，2003 年）；趙益《六朝南方神仙道教與文學》（上海古籍出版社，2006 年）；馮國超《中國古代性學報告》（華夏出版社，2013 年）；韓吉紹《道教煉丹術與中外文化交流》（中華書

局，2015 年）等與神仙術直接相關的專著，他們中既有專攻文化的文科學者，也有身具理工科背景的科技工作者。

除此之外，還有一些通論性、綜合型國內外著作中，也有提及神仙術相關的內容。如吳康主編《中華文化神秘文化辭典》（海南出版社，1993 年）；鄭傑文、陳朝暉《方術迷信與科學》（山東人民出版社，1993 年）烏丙安《中國民間信仰》（上海人民出版社，1995 年）；金良年主編《中國方術大全》（中華書局，1997 年）；高國藩《中國巫術史》（三聯書店，1999 年）；賈二強《神界鬼域：唐代民間信仰透視》（陝西人民教育出版社，2000 年）；李零《中國方術考》（東方出版社，2001 年）、《中國方術正考》（中華書局，2006 年）；馬保平《古方術研究導引》（甘肅人民出版社，2009 年）；顧宏義、黃國榮《中國方術史話：中國讀本》（中國國際廣播出版社，2010 年）；趙洪聯《中國方技史》（上海人民出版社，2013 年）；（意大利）玄英著，韓吉紹譯《太清：中國中古早期的道教煉丹術》（齊魯書社，2016 年）；金身佳《方術與中國古代政治》（湘潭大學出版社，2017 年）等著作。

從上述著作中，我們不難看出，對神仙術的研究，要麼專攻於某一個具體的方向，要麼是在其他結合性研究中附帶。把神仙術以關乎性命的角度、從整體研究論述還有待發掘。因此，從此角度繼續擴展神仙術的研究，仍具有一定的學術價值。

第一章　隋唐神仙術相關問題

　　作為中華文化的一部分，神仙術通常與迷信、巫蠱等神秘主義的內容聯繫在一起。對於普通民眾來說，從字面上看，就是與神仙有關的術。但通過考察神仙術的具體內容，可以確定它並非完全是迷信、巫蠱。結合神仙術在不同歷史時期的具體內容，可以發掘出很多有關於古人對人的先天性命、養生長壽等內容的探索。固然因歷史的侷限，會夾雜或者依附在一些神秘主義的行為上，但神仙術對於當時的社會進步和科技發展都有相當大的作用。在隋唐時期，伴隨著方術方技的發展，中華文明許多重要的文明成果也在這一時期產生，更是有許多影響後世的相關典籍和民俗也隨之出現。這個過程中的神仙術，既有上層社會對長生不死的追求，也有宗教方面對羽化成仙的夙願，還有普通民眾對理想生活的精神寄託。因此，研究隋唐時期的神仙術，既要研究當時的神仙術的理論、技術、手法，也應適當考慮其為學的本來目的，並應帶著「袪魅」〔註1〕的心態去找到神仙術中可用於現代社會的積極內容。

一、隋唐神仙術概念辨析

　　神仙術的定義，在學術上是有許多爭論的，如金身佳先生引用秦皇漢武時期的歷史資料，認為神仙術是「求仙術」，是對神仙說與不死之藥的研究〔註2〕；馬保平先生則認為神仙術是「長生術」的別稱，認為長生術（神仙

〔註 1〕 參見馬克斯·韋伯《新教倫理與資本主義精神》對「disenchantment」（譯為「袪魅」）的定義，簡單來說，就是「去魅」「解咒」「去神秘主義」的意思。

〔註 2〕 參見金身佳：《方術與中國古代政治》，湘潭：湘潭大學出版社，2017 年，第 141～148 頁。

術）的內容「包括外丹術、內丹術、養生術、房中術、辟穀術等」〔註3〕；在金炳華先生主編的《馬克思主義哲學大辭典》中認為「神仙術，即『煉丹術』」〔註4〕。總的來說，神仙術在不同的歷史時期和不同的歷史著作的表述中各有所指。在官修史書中，神仙術多指為了保求性命而進行的理論或者實踐研究〔註5〕；在民間醫術之中，神仙術通常表述為治病之外的養生之術〔註6〕；在道家道教等派別中，又時常與精神修煉、煉丹升仙有關〔註7〕。因此，神仙術有諸如求仙術、長生術、攝生術、養生術等別稱。隋唐神仙術的定義則要從這些爭論中，找到一個最符合隋唐時期神仙術的概念。以本書通篇的分類來說，神仙術屬於方技類。之所以這樣劃分，是源於《漢書・藝文志・方技略》中的說法。在《方技略》中，《漢書》將方術方技按聯繫天道與關乎性命的實際操作環境，區分出了術數與方技，方技泛指具有「生生」性質的方法技巧，而神仙術作為一種「保性命之真」的技巧，與「生生」是有很大關係的。〔註8〕這實際上就是把術數視為天道的方術，如占星、堪輿等皆入其類；而把方技作為關乎性命的方術，如醫術、神仙術等皆入其類。〔註9〕李

〔註3〕 馬保平：《中國方數文化思想方法研究》，北京：中國社會科學出版社，2007年，第12頁。

〔註4〕 參見金炳華主編：《馬克思主義哲學大辭典》，上海：上海辭書出版社，2003年，第457頁。

〔註5〕 如「神仙者，所以保性命之真，而游求於其外者也。」參見（漢）班固撰，（唐）顏師古注：《漢書》卷30，北京：中華書局，1962年，第1780頁。

〔註6〕 如嵇康認為：「世或有謂神仙可以學得，不死可以力致者；或上壽百二十，古今所同，過此以往，莫非妖妄者。此皆兩失其情。請試粗論之：夫神仙雖不目見，然記籍所載，前史所傳，較而論之，其有必矣。似特受異氣，察之自然，非積學所能致也。至於導養得理，以盡性命，上獲千餘歲，下可數百年，可有之耳。而世皆不精，故莫能得之。」參見（三國魏）嵇康著，戴明揚點校：《嵇康集校注》卷3，北京：人民文學出版社，1962年，第143～144頁。

〔註7〕 如「《精神》者，所以原本人之所由生……以反其性命之宗，所以使人愛養其精神，撫靜其魂魄，不以物易己，而堅守虛無之宅者也。」參見何寧撰：《淮南子集釋》卷21，北京：中華書局，1998年，第1444頁。

〔註8〕 「方技者，皆生生之具，王官之一守也。」「神仙者，所以保性命之真，而游求於其外者也。」參見（漢）班固撰，（唐）顏師古注：《漢書》卷30，北京：中華書局，1962年，第1780頁。

〔註9〕 如李零先生認為：「隋唐以來的方術書，其分類與早期有許多不同，而且是不斷變化。數術類中，天文曆算漸漸與各種占卜分開，後者被歸入「五行」類；方技類，則一律歸入「醫書」，不再細分為房中、神仙等類。」參見李零主編：《中國方術概觀・服食卷》序言，北京：人民中國出版社，1993年，第2頁。

零先生在其《中國方術概觀》的序言中也認為「『方技』是以研究『小宇宙』（micro-cosmos），即『生命』（或『性命』）和『人道』為主」。〔註10〕在這個基礎上，再反觀中國方術方技史上的許多內容，就可以得到一個比較清晰的認識：神仙術是屬於有關於人的性命的方技。

　　隋唐時期的「神仙術」，在官史中並非完全用了「神仙」二字。作為一種非主流的文化，我們僅從當時的歷史中去看，它的概念劃分會有許多含糊不清的地方。但當把它放到中國方技歷史的座標中去看，反而會發現，隋唐時期的神仙術，仍然討論的是有關於人的、以先天性命為方法或者為目的的一種方技。在唐代司馬承禎整理的《天隱子》中開篇就說：「神仙之道，以長生為本，長生之要，以養氣為先。夫氣受之於天地，和之於陰陽。陰陽神（虛）〔靈〕，謂之心。心主晝夜，寤寐謂之魂魄。如此，人之身，大率不遠乎神仙之道。」〔註11〕這一時期所有與性命有關的方技，如服食、導引、煉丹、房中術等，都能納入到神仙術的範疇中。而之所以能納入，我們則要通過以下內容的考證來證明。

（一）官史定義

　　神仙術作為方術的一種，在官修史書中的定義，最早是由《漢書·藝文志·方技略》記載的〔註12〕。漢書中將與人之性命有關的方技，作為神仙術的主要內容。這種全性保真的方術，與醫術是不同的。醫術的重點是在於治後天之病患，而神仙術則重點是在於養先天之性命。《漢書》中，「方技」一詞專指和醫術有關的方術〔註13〕，是一種後天之術。這種說法，一方面造成了

〔註10〕李零主編：《中國方術概觀·服食卷》序言，北京：人民中國出版社，1993 年，第 1 頁。

〔註11〕（唐）司馬承禎撰，吳受琚輯釋，俞震、曾敏校補：《司馬承禎集》卷 12，北京：社會科學文獻出版社，2013 年，第 329 頁。

〔註12〕「神仙者，所以保性命之真，而游求於其外者也。聊以蕩（湯）意平心，同死生之域，而無怵惕於胸中。然而或者專以為務，則誕欺怪迂之文彌以益多，非聖王之所以教也。孔子曰：『索隱行怪，後世有述焉，吾不為之矣。』」參見（漢）班固撰，（唐）顏師古注：《漢書》卷 30，北京：中華書局，1962 年，第 1780 頁。

〔註13〕「方技者，皆生生之具，王官之一守也。太古有岐伯、俞拊，中世有扁鵲、秦和，蓋論病以及國，原診以知政。漢興有倉公。今其技術晻昧，故論其書，以序方技為四種。」參見（漢）班固撰，（唐）顏師古注：《漢書》卷 30，北京：中華書局，1962 年，第 1780 頁。

後世方技、醫術分類不清的後果〔註14〕，但同時也可以看出，以班固為代表的史家們，是把醫術作為一種人創造的治後天之病患的方法。那麼對應的神仙術，則目的是改造先天之性命以達到修仙或者長生目的方法。

在兩漢至隋唐的漫長歷史中，神仙術一直是方技當中的重要內容。要注意的是在這個過程中，方術方技名稱是不斷變化的。如《晉書》、《隋書》、《周書》以「藝術」來命名方技傳，《魏書》以「術藝」來命名方技傳，《北齊書》、《舊唐書》又用「方伎」來指方技。這些變化一方面其內容基本上是對兩漢三志方技定義的繼承，但另一方面，也造成了隋唐時期方技以及神仙術記載混亂的後果〔註15〕。在《隋書・藝術列傳》中，「藝術」、「術藝」、方術等詞經常混用，而唐代史書中一方面在紀傳中用「藝術列傳」，另一方面又在志書中用「五行志」。在這個過程中，與神仙術有關的，不僅有長生之術，也包括丹藥、房中等內容，還有宗教的神仙體系。但不管如何變化，神仙術仍是以全性保真的先天造化為主要內容的方技。論全性保真，房中術也是一種以全性保真為目的的方術方技。在《漢書・藝文志・方技略》中，是獨列為一類的。但從其方法目的來看，房中術是以存於人體的先天之精來達到保持或者延長人先天之性命的目的的方術，並沒有超出神仙術所討論的範圍。唯一的區別在於，房中術所進行的場所是人體本身。那麼房中術也應當是廣義的神仙術應中討論的內容。在隋唐時期，房中術還多了一些諸如採補的邪道方法，應當加以批判說明。

（二）民間流俗

神仙術作為一種帶有明顯神秘主義色彩的方術方技，在民俗上有許多表現。在民間，往往把這些有驅鬼治病、占卜禍福的人叫做「神仙」，把他們的手段稱作「神仙術」。這種神仙與神仙術的說法往往與中華文化原生的鬼神文化有聯繫。在《中國民俗史》中就有描述：「隋唐時代，民間信仰萬物有神靈主宰」〔註16〕。這種文化往往又並非完全是道教、佛教或者其他宗教的宗教

〔註14〕如清代章學誠《校讎通義・漢志方技》：「方技之書，大要有四：經、脈、方、藥而已。經闡其道，脈運其術，方致其功，藥辨其性。四者備，而方技之事備矣。」方技在漢代就是醫術的代名詞。

〔註15〕如趙洪聯就認為「這些分類看似詳盡，結構上卻存在混亂和重複的現象。」參見趙洪聯：《中國方技史（增訂版）》，上海：上海書店出版社，2017年，第571頁。

〔註16〕鍾敬文、蕭放主編，韓養民、李志慧、郭興文、李穎科等著：《中國民俗史・隋唐卷》，北京：人民出版社，2008年，第408頁。

信仰造成的。神仙術在這種民俗文化中，往往扮演的是為了達到性命長壽目的的媒介、技巧的角色。比如通過畫符咒去驅鬼、通過吃鬼來祛病。鬼神往往是人們想像出來的、先天存在的東西。在中國古代神話傳說中，也常有神仙、仙山、鬼魅故事出現，如《山海經》中記載的「蓬萊」〔註17〕、「崑崙」〔註18〕等。這些傳說並沒有隨時間消逝，在兩漢魏晉時期，這些傳說依然在民間大為流傳〔註19〕。加上如秦始皇、漢武帝等皇帝對長生不老的追尋、封禪名山的行為，流傳過程中加上了許多神仙逸聞。如《太平廣記》中記載的唐代天寶年間剡縣丞李強友路過太山死而復活的故事〔註20〕。

　　同時，隋唐民間還有對先天命運的樸素認識。一方面人們大多嚮往良好的命運，另一方面又對命運無常感到無奈甚至懼怕。這種認知在一些地方材料中有所體現，比如敦煌的 S.6196《陰陽書》〔註21〕、S.6216《命書》〔註22〕殘卷中就有許多記載。而神仙術在這個過程的作用，就是用一些術法來逃避或者改變這種先天命運的方術方技。而這些方術方技又往往和兩漢三國時期流行的讖緯學說大有聯繫。這些神仙術的流傳在此基礎上，又通過讖緯反作用於上層社會。漢唐多次發生的巫蠱之禍，史書多次記載的君王天生異象，

〔註17〕「蓬萊山在海中。」「上有仙人宮室，皆以金玉為之；鳥獸盡白，望之如雲，在渤海中也。」參見袁珂：《山海經校注》卷7，上海：上海古籍出版社，1980年，第324、325頁。

〔註18〕「西海之南，流沙之濱，赤水之後，黑水之前，有大山，名曰崑崙之丘。」參見袁珂：《山海經校注》，上海：上海古籍出版社，1980年，第407頁。

〔註19〕「蓬邱，蓬萊山是也，對東海之東北岸，周回五千里，外別有圓海，繞山，圓海水正黑，而謂之冥海也。無風而洪波百丈，不可得往來。上有九老丈人、九天真王宮。蓋太上真人所居，唯飛仙能到其處耳。」參見王根林、黃益元、曹光普校點：《漢魏六朝筆記小說大觀·拾遺記》，上海：上海古籍出版社，1999年，第69頁。

〔註20〕參見（唐）戴孚撰，方詩銘輯校：《廣異記》，北京：中華書局，1992年，第127～128頁。

〔註21〕如 P.6196《陰陽書》載：「正月病者，鬼從南來，二月病者，鬼從東南來，三月病者，鬼從南方來，四月病者，鬼從西北來，五月病者，鬼從北方來，六月病者，鬼從東北來……金日病者，男吉女凶，木日病者，男吉女凶，水日病者，男吉女凶，火日病者，男凶女吉，土日病者，男凶女吉。」參見高國藩：《敦煌民俗學》，上海：上海文藝出版社，1989年，第327頁。

〔註22〕如「憂病者，生憂，非此，年無憂年；發者，天非，禍所及，皆是天也。白病者，鬼名天賊，四頭一足，一如行使，人手沉重。五藏不通……死其開散之大吉，鬼去千里外，急急如律。」參見高國藩：《敦煌民俗學》，上海：上海文藝出版社，1989年，第327～328頁。

也是神仙術對先天性命的一種別樣的體現。這些有關於命運的神話傳說，在隋唐歷史進程中，也逐漸地與道教神仙故事、佛教故事糅合到一處，形成了中華民族特有的神仙體系和民間習俗，也形成了許多與之相關的方技，如石鎮法〔註23〕、解厭法〔註24〕、符鎮法〔註25〕、丹藥法〔註26〕、誦經法〔註27〕以及綜合性質的複合法〔註28〕等。這些方技運作的理論依據，與神仙術中的煉丹、存想等有緊密聯繫。

（三）宗教闡釋

與先秦兩漢時期的神仙術不同，隋唐時期的神仙術，已經在多方面與宗

〔註23〕 如「凡人居宅，處不利，有疾病、逃亡、耗財，以石九十斤，鎮鬼門上，大吉利。艮是也。人家居宅已來，數亡遺失，錢不聚，市賈不利，以石八十斤，鎮辰地，大吉。居宅以來數遷，兼官口舌，年年不絕，以石六十斤，鎮大門下，大吉利。」參見余欣：《神道人心：唐宋之際敦煌民生宗教社會史研究》，北京：中華書局，2006年，第213頁。

〔註24〕 如「宅舍寅卯地，有直街巷及開門沖者，厭之法：鐵女七人，各長七寸，白石七兩，虎頭一具，用磚屋盛之，用庚日埋於寅卯間，入土七尺，大吉。又法，取赤石一條，長五寸，錢五文，陽宅埋丑地，陰宅埋未，必遷官。」參見余欣：《神道人心：唐宋之際敦煌民生宗教社會史研究》，北京：中華書局，2006年，第218頁。

〔註25〕 如「第一符：病患，此神符鎮四角，除雲（去）百鬼，萬患消除。第二符：管公明神符，卻鬼，見口走出；萬里病患自除，宜保財物，安門上，大吉。第四符：咸安心符……第十七符：先賢孔夫子、呂才定略，天圓地方，辰日書此，六畜王（旺），急急如律令。」參見余欣：《神道人心：唐宋之際敦煌民生宗教社會史研究》，北京：中華書局，2006年，第225頁。

〔註26〕 如「凡人家虛耗，錢財失，家口不健，官職不遷，準《九宮》、《八宅》及《五姓宅》、《陰陽等宅》，同用之，並得吉慶。用雄黃五兩，朱沙（砂）五兩，磠青五兩，白石羔（膏）五兩，紫石羔（膏）五兩。右件等物石函盛之，置中庭，以五色綵隨理之，綵三尺，令人宅家（吉）。讀文曰：『時加正陽，宿鎮天倉。五神和合，除陰禍殃。急急如律令。』流酒一盞，又呪曰：『東西起土，五神賽之……急急如律令。』上酒一盞。埋鎮之後，百日內不煞生，不行大〔奸〕，不出惡語，慎之大吉。」參見余欣：《神道人心：唐宋之際敦煌民生宗教社會史研究》，北京：中華書局，2006年，第227頁。

〔註27〕 如「露出中庭，讀是經典：某等安居立宅已來，建立南序北堂，東西之廂，碓磨倉庫，井窖門牆，園林池沼，六畜之欄……當如我教，若不順我語，令汝等頭破作七分，如多羅樹枝。」參見余欣：《神道人心：唐宋之際敦煌民生宗教社會史研究》，北京：中華書局，2006年，第233頁。

〔註28〕 「此法合桃符、念呪、石鎮、符鎮、祭祀為一體，故稱之為複合法。」參見余欣：《神道人心：唐宋之際敦煌民生宗教社會史研究》，北京：中華書局，2006年，第237頁。

教聯繫起來。隋唐時期是一個中華文化開放包融的時代，除了本土的道教神仙術，還有佛教的神仙術——這兩者是影響最大的。除此之外，還有諸多宗教如摩尼教、襖教、景教、回教（伊斯蘭教）也有類似的先天術法。

在道教中，神仙術有許多內容。其一，指與道教神仙體系有關的理論，包括修仙、長生、存想等內容。這一部分既有講述神仙故事的《南華經》，又有有關不死不老的《山海經》，還有把《道德經》解釋為長生久視之道的理論〔註29〕。還有如存想術法中，就有以神仙為對象的專門修煉內容〔註30〕。其二，指煉丹術。在隋唐時期，特別是唐代，歷代皇帝都非常熱衷於長生之術，都有過服食丹藥的經歷。如唐太宗、唐憲宗、唐穆宗、唐敬宗等皇帝。這一時期的煉丹術主要指外丹術。其三，指積攢功德。比如把先秦時期祭祀禮儀化用到道教功德中，如沐浴、焚香、醮、齋戒等。尤其在唐代，皇帝以老子後代自居，對道教的相關祭祀活動非常推崇。

在佛教中，吸收了道教的一些神仙術理論，結合佛教原有的佛砣體系，也形成了一些有關於神仙術的內容。一方面佛教把自己的佛砣、僧徒都神化成為了神仙，如釋迦摩尼，本是指有覺悟的人，在隋唐時期就成了佛祖。另一方面，佛教各宗各派也形成了自己的一套獨特的修行方式。如出家修道要剃髮受戒，如念「阿彌陀佛」就能成佛的淨土宗，如坐禪修行的禪宗。這些修行方式中，有許多也和神仙術中的導引之法頗有聯繫，如隨佛教傳入中國的瑜伽〔註31〕。

二、隋唐神仙術流傳人群

雖然在中華文化的集體意識中，神仙術一直是被儒家文化貶斥在「正道」之外的「小道」，但神仙術流傳的人群卻是非常廣泛的，既有高高在上的帝王將相，也有散逸山林的名士風流。在薈薈眾生中，神仙術還經常和神秘的神

〔註29〕　參見鍾敬文、蕭放主編，韓養民、李志慧、郭興文、李穎科等著：《中國民俗史・隋唐卷》，北京：人民出版社，2008年，第374頁。

〔註30〕　如「讀《上皇玉虛君道經》，當思太一尊神務猶收，真氣紫色焰焰，從兆泥丸中入，下布兆玉枕之下，泥丸之後戶。畢，微祝曰：『太一保命，固神定生。為我上招帝真之氣，下布紫戶之庭。玉經仰徹，九元朗明。七祖同歡，俱升上清。畢，引紫氣三咽止，便讀《玉經》。』」參見（宋）張君房纂輯，蔣力生等校注：《雲笈七籤》卷42，北京：華夏出版社，1996年，第236頁。

〔註31〕　由唐代高僧玄奘翻譯的《瑜伽師地論》，是早期比較有影響的瑜伽理論，但與現代瑜伽的差別很大，是唯識宗和法相宗主要的佛法理論，側重於理論。

話傳說聯繫在一起，對社會民生有著不可小覷的影響力。特別是中華文明與其他文明表現出來的宗教信仰不同，中國的信仰是多元的，神仙術在這個過程卻是這種多元信仰中都會用到的內容。隋唐時期的中國人，在各自不同的需求下，產生了不同的神仙術流傳人群。

（一）為求長生的統治階層

中國古代的統治階層歷來對長生不老很感興趣，無論是秦始皇海外求仙，還是漢武帝碣石祭神，都逃不脫對永恆生命的渴望。而到了隋唐時期，作為最高統治者的皇帝，如隋煬帝，十分熱衷於煉丹；如唐高祖，直接就以神化之後的老子後代自居。這一方面是為了鞏固封建王朝的統治，另一方面也體現了統治者自己對成聖成仙的渴求。道教尊老子為太上老君，而唐朝自李淵開始就以老子的後裔自居。自他以後，歷代唐朝皇帝如太宗、高宗、玄宗、憲宗、武宗，都十分崇信道教。在這個過程中，僅泰山一地，就有高宗、武則天、中宗、睿宗、玄宗曾多次派道士、宦官前去齋醮。太宗、憲宗、穆宗、敬宗等皇帝，甚至直接死於服丹。

隋唐之前，春秋時期著名的道家代表人物老子，已被奉為道教教主。據《史記》載老子姓李名耳〔註32〕，唐朝皇室與老子同姓。為了增強李唐皇室的權威性，自李淵開始，李唐皇帝便以老子的後裔自居，通過扶植道教來鞏固皇權。如武德八年（625年），李淵下令尊崇儒釋道三教，以道教為三教之首，並修築太和宮於終南山〔註33〕，確立了有唐一代的崇道政策，並以京師寺觀不清淨為由，於次年整頓佛道〔註34〕，實際上打壓了南北朝時期極為興

〔註32〕「老子者，楚苦縣歷鄉曲仁里人也，姓李氏，名耳，字聃，周守藏室之史也。」參見（漢）司馬遷撰：《史記》卷63，北京：中華書局，1959年，第2139頁。

〔註33〕「（武德）八年……夏四月，造太和宮於終南山。」參見（後晉）劉昫等撰：《舊唐書》卷1，北京：中華書局，1975年，第15頁。

〔註34〕「（武德）九年……夏五月辛巳，以京師寺觀不甚清淨，詔曰：釋迦闡教，清淨為先，遠離塵垢，斷除貪欲。所以弘宣勝業，修植善根，開導愚迷，津梁品庶。是以敷演經教，檢約學徒，調懺身心，舍諸染著，衣服飲食，咸資四輩。自覺王遷謝，像法流行，末代陵遲，漸以虧濫。乃有猥賤之侶，規自尊高；浮惰之人，苟避徭役。妄為剃度，託號出家，嗜欲無厭，營求不息。出入閭里，周旋闤闠，驅策田產，聚積貨物。耕織為生，估販成業，事同編戶，跡等齊人。進違戒律之文，退無禮典之訓。至乃親行劫掠，躬自穿窬，造作妖訛，交通豪猾。每罹憲網，自陷重刑，黷亂真如，傾毀妙法……朕膺期馭宇，興隆教法，志思利益，情在護持。欲使玉石區分，薰蕕有辯，長存妙道，永固福田，正本澄源，宜從沙汰。諸僧、尼、道士、女冠等，有精勤練行、守戒律

盛的佛教。其後，唐太宗在貞觀十二年（638 年）也曾下令規定，道士、女冠位在僧、尼之前。唐高宗在乾封元年（666 年）追封老子為「太上玄元皇帝」〔註 35〕。到了玄宗時期，對道教更是推崇備至。玄宗詔令道士、女冠隸宗正寺，位在親王之次，視為皇族宗室。又令王公以下皆習《老子》，極力壯大道教勢力。當時兩京和各州均建有玄元皇帝廟，道觀也很多，長安有 30 所。開元末年，道教發展到鼎盛時期。之後，憲宗李純、武宗李炎都十分崇信道教。唐武宗特別崇信道教，相信長生不老之術、養生攝氣之學，道士趙歸真成為他的座上賓。武宗在很長一段時裏跟著趙學習「道術修攝之事」〔註 36〕，在宮中修金籙道場，拜趙歸真為老師，服藥煉氣，不能自拔。

（二）引為治術的士人群體

　　除了皇帝以外，隋唐時期許多大臣、名人也對長生十分熱心。如尉遲敬德之侄出家於玄奘門下，法名為窺基；〔註 37〕如盧照鄰，曾於太白山「以服餌為事」〔註 38〕；如顏真卿，聲稱服食丹藥後「氣力壯健如年三四十人」〔註 39〕；還有很多詩人如李白、杜甫、韓愈、白居易，都對求仙問藥十分關心。而他們對長生之術的關心，往往推動了神仙術在隋唐時期的更加廣泛地傳播，影響了整個隋唐時期的社會風氣，進而在隋唐文化中，很多地方可以看到和神仙術有關的內容。如《顏氏家訓・歸心》載有隋代世情：「世有祝

者，並令大寺觀居住，給衣食，勿令乏短。其不能精進、戒行有闕、不堪供養者，並令罷遣，各還桑梓。所司明為條式，務依法教，違制之事，悉宜停斷。京城留寺三所，觀二所。其餘天下諸州，各留一所。餘悉罷之。」參見（後晉）劉昫等撰：《舊唐書》卷 1，北京：中華書局，1975 年，第 16～17 頁。

〔註 35〕「（乾封元年）二月己未，次亳州。幸老君廟，追號曰太上玄元皇帝，創造祠堂。其廟置令、丞各一員。」參見（後晉）劉昫等撰：《舊唐書》卷 1，北京：中華書局，1975 年，第 90 頁。

〔註 36〕「帝在藩時，頗好道術修攝之事，是秋。召道士趙歸真等八十一人入禁中，於三殿修金籙道場。帝幸三殿，於九天壇親受法籙。右拾遺王哲上疏，言王業之初，不宜崇信過當，疏奏不省。」參見（後晉）劉昫等撰：《舊唐書》卷 1，北京：中華書局，1975 年，第 585～586 頁。

〔註 37〕「窺基（632 年～682 年）俗姓尉遲，字洪道……係右金吾衛將軍尉遲敬宗之子、開國將軍尉遲敬德之侄。」參見《西安市志》第 7 冊，《人物志・古代人物・隋唐・窺基》，西安：西安出版社，2000 年，第 333 頁。

〔註 38〕（後晉）劉昫等撰：《舊唐書》卷 190，北京：中華書局，1975 年，第 5000 頁。

〔註 39〕（唐）王讜撰，周勳初校證：《唐語林校證》卷 6，北京：中華書局，1987 年，第 523 頁。

師及諸幻術，猶能履火蹈刃，種瓜移井」〔註40〕；如唐代前期的中國志怪傳奇小說《廣異記》中記載的光怪陸離的故事；如唐傳奇中那些奇人異事：定婚店、太陰夫人、板橋三娘子、杜子春、紅線、崑崙奴、柳氏傳、霍小玉傳、裴航等。隋唐時期的神仙術無疑為中華文化增添了許多浪漫主義色彩和創新精神。

與統治者們熱衷長生、求仙問道不同，作為社會文化主流的儒家文化在對待神仙術態度上，是十分謹慎的。這種態度放在名士個人身上會出現一些矛盾的狀態。如韓愈，一方面反對道教、佛教干政，寫《原道》去批判；另一方面，自己又服用硫磺，一病不起〔註41〕。這體現了士人作為人對長生的嚮往與儒者作為儒家道統傳承者在自我認同上的身份衝突。

一方面，士人們把神仙術貶斥為「小道」，不值得過於關注。如孔子有語云：「素隱行怪，後世有述焉，吾弗為之矣。」〔註42〕《漢書》中也對此加以引用說明。這表明了士大夫們對神仙術這種「不夠」光明正大的方術進行了貶斥。這種態度也體現在史書中對方技名稱的考證不太重視上，在宋代的《新唐書》更是隱去了許多神仙術相關士人有關神仙術研究的事蹟與著作。

另一方面，士人們本身對《易經》的推崇，又不得不對與之有關的神仙術進行治術方面的討論，甚至對神仙術抱有一定的幻想。如隋蕭吉作《五行大義》，試圖整合五行學說；如孔穎達作《周易正義》，從儒學角度分析易理，除易學「八論」外，還論說諸如八卦方位、六爻上下之次等內容。除此之外，隋唐時期還對東漢盛行的讖緯之說進行了打壓。出於維持自身統治的合法性，在唐中期以後，官方還直接禁止了讖緯之說，不過民間依然有相關術法流傳。也正是主流文化出於道統的正道需求，才會在隋唐之後，在經學之中誕生出理學來。

（三）用以修仙的宗教人士

與士人的敬而遠之不同，宗教界對神仙術卻是十分熱衷。在隋唐時期，既有道教符籙派和丹鼎派對神仙術的爭論，也有佛教灌頂法、契印法等佛家

〔註40〕（隋）顏之推撰，檀作文譯注：《顏氏家訓》卷5，北京：中華書局，2011年，第220頁。

〔註41〕「退之服硫磺，一病訖不痊。」參見（清）彭定求等編校：《全唐詩》卷452，白居易《思舊》，北京：中華書局，1960年，第5114頁。

〔註42〕陳曉芬、徐儒宗譯注：《論語、大學、中庸》，北京：中華書局，2011年，第303頁。

神仙術的傳播。這些宗教人士中有許多人對神仙術有十分深入的探討。其中道教對神仙術的貢獻是很大的。

如唐代著名道士成玄英及其弟子李榮，以「重玄」思想為當時的統治者所欣賞，其修行方法也在此時期頗為流行，對神仙術中的內丹理論構建和方法傳播有很大的幫助。如司馬承禎，結合儒家工夫論中的正心誠意和佛教工夫中的止觀、禪定之法，整合老莊思想，形成了一套獨有的修仙理論，為武則天、唐睿宗、唐玄宗等數代皇帝所賞識〔註43〕。他認為只要「遂我自然」、「修我虛氣」〔註44〕，就能修道成仙，人本身具有修煉神仙的天賦。如吳筠，在唐代服丹服餌蔚然成風之時，提出要以重視精氣神的內丹修煉為主，認為外丹以外物修仙，不是正道。他的這種思想對內丹術在隋唐時期的壯大發展有一定的推動作用。同時，他還著有《玄鋼論》、《神仙可學論》等〔註45〕著作，試圖在理論上證明神仙術修仙是有可能的。還有創立全真道的呂洞賓，主張無生死、黜是非、齊昏暗、忘禍福而求「太和」的譚峭等諸多道教人士。這一時期的道教神仙術，不僅限於道教宗教發展，其中很多關於神仙術的理論也具備一定的可操作性，如符籙派道教長於齋醮法事，唐時為最興盛。

而隋唐時期佛教的神仙術，在道教的刺激下，也有長足的發展。如東晉時期帛尸梨蜜多羅《灌頂經》在唐朝迅速傳播；如由北齊、隋代交替時期的那連提耶舍，帶來了天竺的《日藏分》、《月藏分》，裏面有許多關於祭祀的方法；如唐代密宗出現了金剛界、胎藏界的說法，涉及了許多有關於印咒的秘術；還有不空傳入的《宿曜經》，詳細描述了二十八宿神仙的性格、狀態。這些都極大地豐富了隋唐時期神仙術的內容。

〔註43〕「承禎嘗遍遊名山，乃止於天台山。則天聞其名，召至都，降手敕以讚美之……景雲二年，睿宗令其兄承褘就天台山迎之至京，引入宮中，問以陰陽術數之事……承禎固辭還山，仍賜寶琴一張，及霞紋帔而遣之，朝中詞人贈詩者百餘人。開元九年，玄宗又遣使迎入京，親受法籙，前後賞賜甚厚。十年，駕還西都，承禎又請還天台山，玄宗賦詩以遣之。十五年，又召至都。玄宗令承禎於王屋山自選形勝，置壇室以居焉。」參見（後晉）劉昫等撰：《舊唐書》卷192，北京：中華書局，1975年，第5127～5128頁。

〔註44〕參見（唐）司馬承禎撰，吳受琚輯釋，俞震、曾敏校補：《司馬承禎集》卷12，北京：社會科學文獻出版社，2013年，第330頁。

〔註45〕「筠尤善著述，在剡與越中文士為詩酒之會，所著歌篇，傳於京師。」「文集二十卷，其《玄綱》三篇、《神仙可學論》等，為達識之士所稱。」參見（後晉）劉昫等撰：《舊唐書》卷192，北京：中華書局，1975年，第5129、5130頁。

三、隋唐神仙術歷史呈現

隋唐時期是中國方術歷史發展過程中承前啟後的歷史時期。這一時期的神仙術發展了兩漢魏晉以來的神仙術理論與方法，創造了許多新的神仙術體系，也為後來宋代的全真道、正一道等奠定了基礎。

（一）對兩漢魏晉神仙術的繼承

隋唐時期的神仙術，首先是對兩漢神仙術「全性保真」觀念的繼承。無論神仙術的方法、理論怎麼變，其目光始終沒有離開先天性命。《天隱子》所言：「神仙之道，以長生為本。」〔註46〕無論是羽化成仙、修真成聖，還是服用丹藥、益壽延年，其目的始終是為了改造人的先天性命。固然在此過程中，有許多如丹藥致死、先天壽長而後天壽短的現象，但都是在當時歷史條件下，對人的先天性命進行了許多探究，其經驗教訓也為後人所吸取。然後是對魏晉時期神仙術的發展。這種發展在儒釋道三教都有體現。既有對《易經》儒家經典的發展，也有對《黃庭經》《抱朴子》《神仙傳》《靈寶經》等魏晉時期的道教神仙術的發展。金丹內丹之說、養性之術、修真之道，都在這一時期有很大的發展，而兩漢魏晉時期的佛家方術，也在這一時期融合了中華文化，形成了各具特色的方式方法。既有和醫術有關的「醫方明」〔註47〕，也有帶有神秘主義色彩的灌頂、契印等神仙術。

神仙術在這一時期的發展，也影響了古代中國的科技，如火藥、指南針、印刷術等，都與之有關。我們從現代科學的角度去看隋唐時期的神仙術，自然會認識到其中有許多迷信、落後的內容。但我們換個角度思考，現代的科學，不也是從西歐中世紀蒙昧的神學時代中逐漸產生的嗎。而中華文化之所以在近代折戟，恰恰就在於，我們雖然知道到了我們古代文化中有蒙昧之處，需要學習西方，卻沒有主動從自己文化的角度去層層推進出屬於我們自己的科學方法。通過對隋唐時期神仙術的研究，也許能為將來古代中國科技的現代化，做出一定的貢獻。神仙術在隋唐時期的發展，比之兩漢魏晉，無疑是一種時代的進步。

〔註46〕（唐）司馬承禎撰，吳受琚輯釋，俞震、曾敏校補：《司馬承禎集》卷12，北京：社會科學文獻出版社，2013年，第329頁。

〔註47〕「七歲之後，漸授五明大論……三曰醫方明，禁呪閑邪，藥石針艾。」參見（唐）玄奘撰，董志翹譯注：《大唐西域記》卷2，北京：中華書局，2012年，第113頁。

（二）對五代兩宋神仙術的啟發

而對於後來的五代兩宋，隋唐時期的神仙術更是有許多啟發意義。一方面，兩宋時期的許多流派，是建立在隋唐時期神仙術基礎上的。如對辟穀、存想的反思，成就了以眠休養生息的陳摶；如張伯端著《悟真篇》，傳呂祖的道法，敘丹藥之本末，是內丹理論發展至系統精微的代表作〔註48〕；如道教神霄派創始人王文卿，以神霄五雷法為基礎，在理論與組織上對神霄派的形成與發展作了相當重要的貢獻，神霄派在宋代的傳人林靈素在宋徽宗時期以此入朝講經〔註49〕，為一時人物；如王重陽，進一步將神仙術集中在「修真」之上，創立了全真教；如佛教禪宗、淨土宗在中國的本土化。這對神仙術本身的發展具有重大意義。

另一方面，隋唐時期的神仙術的經驗教訓，也激發了其他學術思想的激盪。比如對外丹術的反思，促進了內丹術在兩宋的建構與興盛，進而影響到了中國學術界對哲學的探討；比如儒家對神仙術這種具體方法的缺失，也引起了宋代儒者對經學的反思，從而出現了理學，出現了工夫論，有了自己在思想上的為學工夫；還比如外丹術與內丹術的分離，更進一步地推進了中國古代火藥、冶金工藝的發展以及性命修養工夫的出現。

〔註48〕「張伯端所著《悟真篇》對於內丹養生學的發展有極其重大的意義，是內丹養生學歷史上劃時代的著作，影響後世近一千年。」參見張欽、張濤：《張伯端的內丹修煉思想及其貢獻》，《老子學刊》（第八輯），2016年7月，第119頁。

〔註49〕「甲子，會道士二千餘人於上清寶籙宮，詔通真先生林靈素諭以帝君降臨事。丁卯，御集英殿策高麗進士。辛未，改天寧萬壽觀為神霄玉清萬壽宮。乙亥，幸上清寶籙宮，命林靈素講道經。」「乙酉，詔諸路選漕臣一員，提舉本路神霄宮。丁亥，以林靈素為通真達靈元妙先生，張虛白為通元沖妙先生。」參見（元）脫脫等撰：《宋史》卷21，北京：中華書局，1977年，第397、400頁。

第二章　外丹與隋唐服食

　　服食在神仙術中，泛指通過食用一些東西來增益先天性命的方法。這些「東西」，既可以是後天的食物、藥物，也可以是先天之精氣。服食起源於戰國方士，後大多由道教承襲服食術。魏晉南北朝時，倡服金丹，同時，服食草木藥也較普遍。《抱朴子》有專篇論服食，多為草木藥服食方。而外丹術作為一種服食以先天材料煉製而成的丹藥的方法，是隋唐時期非常流行的服食神仙術。唐以後外丹術漸衰，但某些服食藥方為醫家所吸收提煉，豐富了古代的醫藥學。除此之外，隋唐時期的辟穀、服餌也流傳較多。雖然同為食用物品，醫術與服食在目的上是有顯著不同的。李零在其《中國方術考》裏就描述了這種區別：醫術的直接目標是為治病服務的，而服食則是為了長生、不死或者修仙。〔註1〕由此看來，以長生、不死或者修仙為目的的服食，是神仙術中重要的一類。

一、以後天補先天的養生補益

　　服食的內容是很廣泛的，古人服食的對象從動植物到礦物、化合物都有涉及。形式上和醫術醫方有很大的相似性。這種相似性體現的最多的，就在飲食進補與醫術養生方面。而之所以其中有些內容會被歸於神仙術，是因為有很多飲食進補與醫術養生的目的，在於煉神修仙，與以治病為主的醫術在目的上有區別。如葛洪就把入藥之物分為上、中、下三品，升仙之藥為上藥、

〔註1〕「醫術是以治病為出發點，進而追求養生與延年；而服食則是以追求長生、不死和成仙為目標，退而求其次，才求諸醫藥養生。這是研究古代服食首先應當注意的一點。」參見李零：《中國方術考》，北京：東方出版社，2000年，第306頁。

養性之藥為中藥、除病之藥為下藥。〔註2〕他是把煉出「上藥」作為最終目的的，在其《抱朴子》中對金石之藥的探討，遠多於醫術草木之藥的探討。而以修仙為目的的服食，實際上是這種思想傾向的延續。在隋唐時期，有很多飲食進補和醫術養生的方藥都與神仙、修仙有關。

（一）飲食進補

　　隋唐時期的飲食文化很豐富，其中有很多內容與神仙服食有關，還出現了許多和食療有關的專著，如《食療本草》〔註3〕、《食醫心鑒》〔註4〕等。出於對仙道的嚮往，隋唐時期有許多人把飲食進補作為一種羽化成仙的捷徑。由於人、仙殊途，這樣的飲食進補往往與一般具有減少疾病、療疾延壽功效的食品不同，其目的是為了在此基礎上直接獲得羽化成仙的能力。通過飲食仙藥、仙丹進補，從而直接登仙，其理論基礎與道家學說和道教神仙故事有千絲萬縷的聯繫。神仙以及神仙之物往往以一些特殊的形態出現在人世，凡人只要吃了這些特殊的仙物，就可以達到長生、成仙的目的。在神話故事中常出現的仙桃仙酒等物，在隋唐時期就已形成為一種觀念。如《太平廣記》中記載的「龍石」〔註5〕、《酉陽雜俎》中記載的「仙桃」〔註6〕。這種飲食進補是明顯區別於食用尋常食品藥物的。除了這些仙人賜食以外，亦有取材於自然食材的飲食進補。在如吃了仙魚的侯生〔註7〕、烹食靈芝的蕭

〔註2〕 葛洪：《抱朴子・內篇・仙藥》，其中升仙之藥能「令人身安命延，升為天神，遨遊上下，使役萬靈，體生毛羽，行廚立至」。參見（晉）葛洪撰，王明校釋：《抱朴子內篇校釋》卷11，北京：中華書局，1986年，第196頁。

〔註3〕 唐代孟詵撰，張鼎增補改編，唐開元時期成書。一般認為此書前身為孟詵《補養方》，張鼎補充89種食療品，又加按語（冠以「案經」，或作「謹按」），編為本書。共載文227條，涉及260種食療品。

〔註4〕 唐代咎殷約撰於公元9世紀。集錄食品治病之方，詳載用量、服法，多切實用。原書佚，《證類本草》《醫方類聚》等書均引錄其書。日本多紀元堅有輯佚本。今本《食醫心鑒》係日本多紀元堅輯自《醫方類聚》。1901年羅振玉從東京青山求精堂藏書中得之攜歸印行。

〔註5〕 「（姚生）試探咀嚼，覺芳馨，食之遂飽……硬如石，不可復食。」參見（宋）李昉等編：《太平廣記》卷424《逸史・張公洞》，北京：中華書局，1961年，第3451頁。

〔註6〕 「仙桃，出郴州蘇耽仙壇，有人至心祈之，輒落壇上，或至五六顆，形似石塊，赤黃色，破之，如有核三重，研飲之，愈眾疾，尤治邪氣。」參見（唐）段成式撰，方南生點校：《酉陽雜俎》前集卷18，北京：中華書局，1981年，第174頁。

〔註7〕 「鄞縣侯生者，於漚麻池側得鱔魚，大可尺圍，烹而食之，髮白復黑，齒落

逸人〔註8〕等許多傳說中，對此類事件多有敘述。

但這些看似神奇的飲食，並非日常生活中能常見。雖然亦是飲饌食品，但無論是飲食的食物還是飲食所處的場景，都是很難再度複製的。這些仙品的出現往往與神仙有關：要麼是修仙之士得自仙人居所，要麼是凡人誤入仙境得來，不過其品性狀態往往與凡俗的食物不同；即使是凡俗中的自然食材，其形態、大小、功效也非同尋常。這些「超出常理外」〔註9〕的食品，肯定不能以尋常食品來衡量。不過這種飲食進補可以補先天性命的觀念，影響了隋唐時期的飲食文化的許多方面。除了日常飲食之外，隋唐時期還有許多其他的飲食文化十分興盛，如灑、茶、飲子等可以日常進行的服食方法。如《唐本草》中記載的「酒，味苦、甘、辛，大熱，有毒。主行藥勢，殺百邪惡毒氣。」〔註10〕、唐代產生的我國第一部茶學專著陸羽《茶經》、以及《千金要方》記載的飲子〔註11〕。此外還有許多食養的方法出現，如孫思邈《千金要方》所言「安身之本，必資於食」「不知食宜者，不足以存生也」〔註12〕，並於食治方留下了相應的配方。從今人的角度來看，以飲食進補作為成仙捷徑的目的並沒有真正實現，但在推動修性養真方面、對我國的健康飲食文化的生成方面，是有客觀上的積極影響的。

（二）醫術養生

醫術在隋唐時期也是有很大的發展的，本書之前的章節有專門論述，故不作過多討論，在此主要討論的是治病之外的養生活動。醫術在隋唐時期除

更生，自此輕健。」參見（唐）段成式撰，方南生點校：《酉陽雜俎》續集卷8，北京：中華書局，1981年，第278頁。

〔註8〕「後因治園屋發地，得物狀類人手，肥而且潤，色微紅。逸人得之，……於是烹而食，味甚美，食且盡。自是逸人聽視聰明，力愈壯，貌愈少，而發之禿者盡黝然而長矣，其齒之墮者亦駢然而生矣。」參見（唐）張讀撰，蕭逸校點：《宣室志》卷1，上海：上海古籍出版社，2000年，第1022頁。

〔註9〕參見付婷：《隋唐飲食文化研究》，陝西師範大學博士學位論文，2015年，第148～150頁。

〔註10〕參見（唐）蘇湖等撰，（日）岡西為人重輯：《新修本草》卷第十九《米中‧灑》，日本：國立中國醫藥研究所1982年版，何清湖再版，太原：山西科學技術出版社，2013年。

〔註11〕李楊、程偉：《隋唐時期飲食文化與中醫藥文化互動發展文獻考略》，南京：江蘇中醫藥，2018年第3期，第74頁。

〔註12〕（唐）孫思邈撰，李景榮等校釋：《備急千金要方校釋》卷26，北京：人民衛生出版社，2014年，第893、894頁。

了治病救人以外，還有很多內容是超出了治病醫術範圍的，這當中就有一部分是以維護先天性命為目的的。這種醫術和神仙術交叉的情形，一方面是一些醫術大家在研究藥理病理時總結出來的涉及性命存養的養生之法，另一方面也有以神仙術尋求長生之藥時輯集發展的治病之方、延年之術。既有基於自身延壽需要的煉氣士，也有濟世求人動機的醫者。

在這類特殊的情況中，孫思邈的《千金方》是作為醫術大家而後帶有維護先天性命的特點的醫者。曾有學者列出了孫思邈的十大貢獻〔註13〕，其中除了他在醫術醫學上的貢獻外，還發展了養生長壽之學，主張動靜結合，並輔以食治、食療、衛生等，同時還有煉丹方面的實踐。《千金方》中不光對治病之醫術有所發展，也對我國的養生之術有所增益。除了收集自東漢以來的醫論、醫方、用藥、針灸之外，還有很多有關於服餌、食療、導引、按摩的養生方法。雖然以葛洪三品藥的觀點來看，孫思邈之《千金方》中所載，多為中品養生之藥，不能成仙，但可作為大眾長生之方，足以補虛羸、防病患。這種方技已經超越了治病的目的，無疑對先天性命是有實際補益效果的。除此之外，孫思邈還在其《攝養枕中方》中直接論述了其醫術養生的邏輯〔註14〕，他所說的「搜求秘道，略無遺餘。自非至妙至神，不入茲錄，誠信誠效始冠於篇，取其宏益，以貽後代。苟非其道，慎勿虛傳。傳非其人，殃及三世。」〔註15〕

〔註13〕 十大貢獻：一、整理研究《傷寒論》；二、集唐以前醫方學之大成；三、開創了本草藥物按其功效進行分類的方法；四、對雜病的認識、防治和護理也有不少創見；五、正確闡明瞭許多營養缺乏症的防治問題；六、重視針、藥並重的綜合治療的原則，強調在針灸處方上辯證施治；七、奠定了婦科、兒科發展的初步基礎；八、總結了許多醫療技術；九、發展了養生長壽學；十、其煉丹實踐對製藥做了貢獻。參見李經緯：《孫思邈在醫學發展上的偉大貢獻》，見《中醫雜誌》，1962 年第 2 期，第 25～29 頁。

〔註14〕 「夫養生繕性，其方存於卷者甚眾。其或幽微秘密，疑未悟之心。至於澄神內觀，遊元采真，故非小智所及。常思所尋，設能及之。而志不能守之，事不從心，術即不驗。誠由前之誤，交切而難遣，攝衛之道，賒遠而易達。是以混然同域，絕而不思者也。嵇叔夜悟之大得，論之未備，所以將來志士，覽而懼焉。今所撰錄，並在要典，事雖隱秘，皆易積壓易為，以補斯闕。其學者不違情慾之性，而俯仰可從；不棄耳目之玩，而顧盼可法。旨約而用廣，業少而功多。余研核方書，蓋亦久矣。搜求秘道，略無遺餘，自非至妙至神，不入茲錄。誠信效始冠於篇，取其宏益，以貽後代。苟非其道，慎勿虛傳。傳非其人，殃及三世。凡著五章為一卷，與我同志者寶而行之云爾。」參見周紹良主編：《全唐文新編》第 1 部第 3 冊，吉林文史出版社，2000 年 12 月，第 1824 頁。

〔註15〕 周紹良主編：《全唐文新編》第 1 部第 3 冊，長春：吉林文史出版社，2000 年 12 月，第 1824 頁。

已經超出醫術治病的範圍，達到涵養性命的地步。而且唐代道教人士所尊崇的南北朝道教藏書《太清道林攝生論》中，也提到了攝生、養性的概念，並延用了陶弘景《養性延命錄》中的「養性」之意〔註16〕，即養性為延命之舉，並非單純地治病。《太清道林攝生論》中已直接列出了數種以延長性命的養生方法，具可參考趙洪聯的《中國方技史（增訂本）》〔註17〕。

二、以先天補先天的服餌辟穀

　　隋唐服食之中，除了飲食養生方面有所創建，在此之外還嘗試著通過食用先天的靈物著手來引起自身先天性命的變化，以及直接減少攝入穀物肉食——這些食物帶有後天的雜質——來達到存養性命的目的，這其中最主要的就是服餌和辟穀。如孫思邈就認為：「況欲求仙，大法有三，保精、引氣、服餌」〔註18〕。同時唐代佛教經典《楞嚴經》也把服餌作為成仙之要術〔註19〕。

（一）以藥為引的服餌

　　服餌是一種通過服食靈物或者藥物來達到激發人體性命變化的服食方法。但服餌並非是單純地食用，而是以食用為始，把靈物或者藥物轉化為先天之氣，被人體所吸收，最終達到增益性命的目的。《舊唐書·隱逸傳》載，王遠知修習吐納導引之術，服食靈芝和白術等，活到百歲以上，且頭髮烏黑、步履輕捷。〔註20〕可見，服餌是一整套服食之術當中的一部分，與醫術以及導引吐納等相配合而使用。而服餌的最終目的，還是要飛昇成仙。但在我國修仙文化中的仙，很多時候並非指那些自古相傳的天神地祇，而是由人經過一些神仙術的修煉，從除病開始，卻老延年，逐漸身輕力健，然後飛昇。而服餌的引子，與輕身健力有很大的關聯。以雙古堆漢簡《萬物》為例，其中與服餌有

〔註16〕　參見趙洪聯：《中國方技史（增訂版）》，上海：上海書店出版社，2017年，第671頁。

〔註17〕　有飲食養生、飲酒養生、著衣養生、沐浴養生、房中養生、臥起養生、小勞養生、情志養生、居處養生九種方法。參見趙洪聯《中國方技史（增訂本）》，上海：上海書店出版社，2017年，第671～677頁。

〔註18〕　（唐）孫思邈撰：《攝養枕中方》，上海：三聯書店，1989年，第9頁。

〔註19〕　「堅固服餌不休息，食道圓成，名地行仙；堅固草木而不休息，藥道圓成，名飛行仙。」參見（唐）般剌密帝譯：《楞嚴經》卷8，（日）高楠順次郎、渡邊海旭等輯，小野玄妙等校：《大正新修大藏經》第19冊，東京：大正一切經刊行會，1960年，第145頁。

〔註20〕　參見（後晉）劉昫等撰：《舊唐書》卷192，北京：中華書局，1975年，第5125頁。

關的內容有學者分了六類〔註21〕，其中有三類就與輕身健力有關：疾行善趨類、明目登高類、潛水行水類。其所用藥物如鳥喙、牛膽、馬朒等，雖非人體先天之物，卻是其他動物的先天之物，其服食的目的也是為了輕身而飛昇。

　　而隋唐時期的服餌，正處於轉變期。隋唐前期的服餌受魏晉之風影響頗深，帝王服丹、名士服散、庶民服石的現象依然常見。因為依據葛洪、魏伯陽等人的理論，服什麼餌就能達到什麼效果，既然是為了堅固性命，那麼直接服用金石丹藥會有更好的效果，因為金石先天就是堅固的，只是需要煉化。但在隋唐時期，大量的皇室貴族因丹藥而折損性命，使得當時的隱逸修仙之士對服餌之引從金石逐漸轉移到草木上來，這個進程持續直至宋代。比如《因話錄》中記載，崔綧以正確的方式服靈芝而長壽〔註22〕，就是這種觀念轉變的體現。除了文學作品，在道家典籍《太清經斷穀法》中亦有服餌之法轉變的體現，其書中所錄服餌之引已主要為草木類藥物，如茯苓、巨勝、黃精、天冬、萎蕤、松脂等，但其中仍有鉛作為備選項。〔註23〕在孫思邈的《千金方》中亦有對服餌引子的論述：「服餌大法必先去三蟲……次服草藥……次服木藥……次服石藥，依此次第乃得遂其藥性庶事安穩可以延齡矣」〔註24〕認為在服餌過程中，草木之藥優先於金石之藥，要依次進行，不能直接服用丹藥。因此到了兩宋時期，服草木為餌已成了主流。

（二）以氣為食的辟穀

　　服食中有一類特殊的服食先天之氣的方法，多被稱為辟穀。辟穀術起於先秦，大約與行氣術同時。集秦漢前禮儀的論著《大戴禮記‧易本命》說：「食肉者勇敢而悍，食穀者智慧而巧，食氣者神明而壽，不食者不死而神」〔註25〕，是有關食氣最早的記載。《淮南子‧地形訓》也有類似的記載。道教

〔註21〕李零：《中國方術考》，北京：東方出版社，2000年，第325～326頁。

〔註22〕「忽見床下有菌，甚鮮肥，因煮而食之，雜以菫味。自此體腹輕健，至老更無疾病，月中視小字，夜食生蟲。元和初猶在，年九十餘卒。……向得靈藥，便能正爾服之，當已輕舉矣。其次，食所化靈芝，不雜菫茹，又應反顏住世，壽不可量。」參見（唐）趙璘撰，曹中孚校點：《因話錄》卷6，引自《唐五代筆記小說大觀》，上海：上海古籍出版社，2000年，第871頁。

〔註23〕祝青：《服餌休糧古籍文獻正理研究》，江西中醫藥大學碩士學位論文，2021年，第23頁。

〔註24〕（唐）孫思邈撰，李景榮等校釋：《備急千金要方校釋》卷27，北京：人民衛生出版社，2014年，第943頁。

〔註25〕（漢）戴德撰，（清）王文錦點校：《大戴禮記解詁》卷13，北京：中華書局，

創立後，承襲此術，修習辟穀者，代不乏人。從漢至宋，辟穀術在道教內一直十分流行，隋唐時期正其發展的重要階段。《舊唐書·隱逸傳》載，唐道士潘師正居嵩山二十餘年，「但服松葉飲水而已」[註26]，其徒司馬承禎亦傳其辟穀導引服餌之術。由此觀之，辟穀與其他服食術最大的不同在於，需要吃的東西不是尋常金石、藥物，而是自然而然之氣。而服食類氣，能直接影響人的先天性命。因為不食五穀，辟穀又有許多別稱，如斷穀、休糧、卻穀、絕粒、去穀、絕穀等。

唐朝及以前本草醫書[註27]中，對具有辟穀功效的藥物均有收錄。常見的辟穀藥物有合玉石、松根白皮、旋覆花、乳頭香、桃櫸子、青粱米等。《千金翼方》中，還有專門的辟穀篇。[註28]據郭建紅《辟穀技術中醫文南考》中統計，其中有辟穀方五十多篇，並附有相關論述[註29]，文中提及辟穀有除百病、輕身、延年、益壽等作用。[註30]但要注意的是，這些藥方多是作為辟穀的輔助之方，辟穀的本質仍然是利用這些方劑使人逐漸減少對後天糧食的依賴，最終達到不食用後天糧食，排除身體雜質，純以先天之氣為食的境界。

但在歷史的實踐過程中，這些有辟穀功效的輔助之術對延年益壽頗有效果。完全不食後天食物的神仙辟穀反而延壽的機率不高。唐代《宣室志》中有記載，有蘭陵人為了修仙，平時不吃穀物、以氣為食，每天都做導引動作，想以此長生成仙，但最後頭髮白了、背也駝了、面容枯槁、牙齒也相繼

1983 年，第 259 頁。

〔註26〕（後晉）劉昫等撰：《舊唐書》卷 192，北京：中華書局，1975 年，第 5126頁。

〔註27〕如《名醫別錄》《本草經集注》《新修本草》《海藥本草》《食療本草》等。

〔註28〕參見（唐）孫思邈著，李景榮、蘇禮、任娟莉等校釋：《千金翼方校釋》卷 13，北京：人民衛生出版社，2014 年，第 335～347 頁。

〔註29〕「『服茯苓第一』記載辟穀方 6 首，均以茯苓為主藥，單藥成方或配伍使用。『服松柏脂第二』記載辟穀方 20 首，論 1 首。以松脂、柏脂單藥成方，或配伍成方，單藥因炮製方法不同，各自為獨立方。『服松柏實第三』則以松實、柏實、松葉、柏葉為主藥，單方或複方均有，記載辟穀方 19 首。『酒膏散第四』記載辟穀方 6 首、論 1 首。『服雲母第五』記載辟穀方 3 首，論 1 首，其中雲母粉單方兩首，複方一首。『服水第六』記載辟穀論 1 首、法 7 首，並無藥物，提出不同於服水辟穀方法。」參見郭建紅：《辟穀技術中醫文南考》，《中華中醫藥雜誌》第 5 期，2021 年 5 月，第 3016 頁。

〔註30〕參見郭建紅：《辟穀技術中醫文南考》，《中華中醫藥雜誌》第 5 期，2021 年5 月，第 3016 頁。

脫落。〔註31〕一方面是完全不食五穀肉類的確會造成營養不良，另一方面也是於修仙理論眾多，因而在實際操作中往往夾雜著對神仙的盲目崇拜，從而傷害自身。

三、以雜術補先天的外丹服用

外丹術在隋唐時期是十分熱門的服食方技。《漢書・藝文志・方技略》中就有相關記載，東漢時出現《黃帝九鼎神丹經》和《太清金液神丹經》丹書，開始煉製以汞為主要原料的還丹，並且還有被稱為丹經王的魏伯陽撰寫的《周易參同契》。外丹術在兩漢發展起來後，至魏晉時演變成神仙道教以金丹大藥為升仙之要。葛洪在其《抱朴子・金丹》中認為，金石之藥是「假外物以自堅固」，將服食還丹、金液作為上乘仙術〔註32〕。而所謂金丹，是金液與還丹的合稱。金液與還丹分別代表了水煉與火煉。水煉，即將金石銷化為液，其藥物以金玉為代表。火煉，即將金石放在爐鼎中鍛鍊成丹藥，其藥物以砂汞最為有名。其中火煉占十之八、九，水煉只占十之一、二。隋唐時期著名的醫藥家孫思邈，著有《千金方》、《千金翼方》，其中也包含了很多丹法，其外丹專著《大清丹經要訣》至今尚存。此外，陳少微所著的《修伏靈砂妙訣》、《九還金丹妙訣》，張果所著《玉洞大神丹砂真要訣》以及唐代作訣文成書的《黃帝九鼎丹經記訣》等，均為隋唐時期外丹術的傳世之作。連作為皇帝的唐玄宗，在去蜀地的路上，還對外丹術中的雄黃念念不忘〔註33〕。

（一）金液與水煉

水煉法是外丹術的一種，是一種利用金石藥物的溶液製取丹藥的方法。晉代葛洪《抱朴子》中提到的《三十六水經》，以及後來《宋史・藝文志》著

〔註31〕「從道士學神仙。因絕粒吸氣，每日柔搦支體，冀延其壽……發盡白，色枯而背僂，齒有墮者。」參見（唐）張讀撰，蕭逸校點：《宣室志》卷1，上海：上海古籍出版社，2000年，第1022頁。

〔註32〕「余考覽養性之書，鳩集久視之方，曾所披涉篇卷以千計矣，莫不皆以還丹金液為大要者焉。然則此二事，蓋仙道之極也。服此而不仙，則古來無仙矣。」參見（晉）葛洪撰，王明校釋：《抱朴子內篇校釋》卷4，北京：中華書局，1986年，第70頁。

〔註33〕「玄宗幸蜀，夢思邈乞武都雄黃，乃命中使雄黃十斤，送於峨眉頂上。中使上山未半，見一人幅巾被褐，鬚鬢皓白，二童青衣丸髻，夾侍立屏風側，以手指大磐石曰：『可致藥於此，上有表錄上皇帝。』」參見（唐）段成式撰，方南生點校：《酉陽雜俎》前集卷2，北京：中華書局，1981年，第19頁。

錄的《煉三十六水石法》，均記載了中國古代水法煉丹的方法。《黃帝九鼎神丹經訣》對三十六水法作了重要闡述：「礬石、雄黃、丹砂化之為水（溶液），一依八公三十六水正經，其法皆用硝石乃成之。」〔註34〕並且指出「凡欲長生，而不得神丹金液，徒自苦耳。」〔註35〕水煉法內含水法反應，也涉及到溶液中的多種化學平衡，通常採用將金石藥物置「華池」內溶解為溶液或懸濁液的方法進行。煉丹者通過水法煉丹，在溶解金石之藥的過程中，積累了豐富的化學與醫學、與長生相關的經驗。自漢魏以來，煉丹家之所以不停地在伏煉「金液」大藥，其原因並非真的要去「溶解」黃金或其他礦物，而是要想方設法將黃金或金砂類礦物中的不朽因素提取出來。據《中華道藏》記載，「金在醯中過三七日，皆軟如餌，屈伸隨人，其精液皆入醯中，成神氣也。」〔註36〕可見，道士服食的並不是將金溶解後的液體，而是要服食由「金」匯入到醯中的精液，即原先隱含在金塊內的精氣或精液一類能使人長生的因素。這也是由於在神仙服食過程中，先天之氣不會直接產生，必須要經過提煉。而通過醯或水的浸泡，道士們認為就可將隱含的先天之氣提取出來，供人體吸收。在苦酒等液體浸入金石類礦物藥，在經過一定時期的浸泡後，金石類礦物藥中的不朽因素便會進入苦酒等液體中，服食了這樣浸泡成的液體，自然會汲取其中所富含的先天不朽之氣，進而獲得與金石、尤其是與黃金一樣不朽長生的功能。

　　在隋唐時期，有關水煉的三十六水法〔註37〕已基本成形〔註38〕並不斷發

〔註34〕 張繼禹主編：《中華道藏》第 18 冊，《黃帝九鼎神丹經訣》卷 8，北京：華夏出版社，2014 年，第 101 頁。

〔註35〕 張繼禹主編：《中華道藏》第 18 冊，《黃帝九鼎神丹經訣》卷 1，北京：華夏出版社，2014 年，第 77 頁。

〔註36〕 張繼禹主編：《中華道藏》第 18 冊，《太清金液神丹經》卷上，北京：華夏出版社，2014 年，第 7 頁。

〔註37〕 「36 種水包括：礬石水、雄黃水、雌黃水、丹砂水、曾青水、白青水、礬石水、磁石水、硫黃水、硝石水、白石英水、紫石英水、赤石脂水、玄石脂水、綠石英水、石桂英水、石硫丹水、紫賀石水、華石水、寒水石水、凝水石水、冷石水、滑石水、黃耳石水、九子石水、理石水、石腦水、雲母水、黃金水、白銀水、鉛錫水、玉粉水、漆水、桂水、鹽水以及後樸的石膽水、銅青水、戎鹽水、鹵鹹水、鐵華水、鉛釭水、釭水。」參見韓吉紹：《〈三十六水法〉新證》，《自然科學史研究》，2007 年第 4 期，第 508 頁。

〔註38〕 「故《經訣》成書應在貞觀八年（公元 634 年）至顯慶四年（公元 659 年）間」「銅銚在唐宋醫方著作中始較為常見。」參見韓吉紹：《〈三十六水法〉新證》，《自然科學史研究》，2007 年第 4 期，第 511〜513 頁。

展，也有了專門的水法制備容器「銅銚」，還產生了自漢代《三十六水法》之後的第二部水法煉丹經典《軒轅黃帝水經》。在早期的三十六水法中，煉出來的金液是作為神仙服食直接用來飲用的。如葛洪在抱朴子所言「（淳漆）餌之法……或以玉水合服之」「桂可以蔥涕合蒸作水，可以竹瀝合餌之。」〔註39〕如《軒轅黃帝水經》所言神砂石水：「如人服之一蛤盞，能則時盡退水澤穢，立可長生，目視鬼神，無寒暑……服之三盞，百日自然天真之道，脫離屍骸，直超三界，可作上仙之體，證無為物外之身也。」〔註40〕水煉法是作為一種獨立的外丹術而存在的。但是到了隋唐時期，水煉法逐漸成了為火煉法的附庸。如《黃帝九鼎神丹經訣》中，玄黃製好後，「當以雄黃丹砂水和飛之」〔註41〕，「造九鼎神丹，所用水銀皆須去毒。去毒之法，不得礬石水，其毒不盡。」〔註42〕這裡的「丹砂水」和「礬石水」既沒有直接服用，也不是丹藥煉製的目的，水煉法成了外丹術中一種常用的輔助手段。但在隋唐時期，除了外丹術在用「金液」「水煉」的概念外，新興的內丹也將這兩個概念引入到內丹術中，但已經不是外丹術中有具體物質成份的可服食丹藥了，這些內容將在後面章節的內丹術中再作專門論述。

（二）還丹與火煉

伴隨著水煉法的發展和變遷，火煉法在隋唐時期逐漸成了主流。我國早在戰國時期就有方仙道流行，其中就有丹藥的燒煉。這種丹藥燒煉的活動中，除了有「金液」的產生，還有「還丹」的出現。最初先秦時期的還丹指的是丹藥煉製過程丹砂燒成水銀之後，放置到一定時間水銀又還原成丹砂的具體形態。而到了漢末魏晉時期，還丹成了用以服食的神仙丹藥，煉製這類丹藥的方法包括金丹術與黃白術，出現了魏伯陽、陶弘景、葛洪等煉製丹藥的

〔註39〕（晉）葛洪撰，王明校釋：《抱朴子內篇校釋》卷4，北京：中華書局，1986年，第82～85頁。

〔註40〕（唐）徐久：《軒轅黃帝水經藥法》，參見（明）張宇初、張宇清等編撰：《正統道藏》第19冊，北京：文物出版社、上海：上海書店、天津：天津古籍出版社，1988年，第319頁。

〔註41〕（唐）佚名：《黃帝九鼎神丹經訣》，參見（明）張宇初、張宇清等編撰：《正統道藏》第18冊，北京：文物出版社、上海：上海書店、天津：天津古籍出版社，1988年，第795頁。

〔註42〕（唐）佚名：《黃帝九鼎神丹經訣》，參見（明）張宇初、張宇清等編撰：《正統道藏》第18冊，北京：文物出版社、上海：上海書店、天津：天津古籍出版社，1988年，第817頁。

特殊人群。在他們的理論中，「金丹」便是長生之藥。他們在神仙傳說的基礎上，希望通過燒煉從金石藥物中獲取可以服食成仙長生之藥。他們煉出來的產物有還丹、仙丹、靈丹等名稱，而製取這些丹藥的方技則被稱為「金丹術」。〔註43〕黃白則是指煉丹過程中，銅、鉛、錫等賤金屬變成的「黃金（藥金）」或「白銀（藥銀）」〔註44〕。無論是金丹術還是黃白術，其過程都與火煉有關，而且產生的成丹是固體。這些能產生固體丹藥的練法都屬於火煉，其理想的成品丹藥多被稱為還丹。而到了唐朝，上至皇帝，下至官民，在史書上都有很多服食火煉丹藥的例子，甚至有好幾任皇帝都死於丹毒，還樂此不疲。

　　相較於水法煉丹逐漸趨向於輔助，火煉在隋唐時期達到極盛。出現了許多火法煉丹的著作，如《甲庚至寶集成》《大丹鉛汞論》《張真人金石靈砂論》《太古土兌經》《龍虎還丹訣》〔註45〕等。除了煉丹理論之外，還有歸納分類的相關著作，如隋末蘇元朗《寶藏論》〔註46〕記載了藥金、藥銀近30種；唐代梅彪《石藥爾雅》〔註47〕考證了許多丹藥的名稱，載「諸有法可營造丹名」69種、「諸大仙丹有名無法者」28種，明晰了許多煉丹術的概念。此外，另有專門記載丹砂製作的著作，如陳少微撰《大洞煉真寶經修伏靈石

〔註43〕　參見容志毅：《南北朝道教煉丹與化學研究》，山東大學博士學位論文，2005年，第23頁。

〔註44〕　「黃者，金也。白者，銀也。古人秘重其道，不欲指斥，故隱之云爾。或題篇云庚辛，庚辛亦金也。」參見（晉）葛洪撰，王明校釋：《枹朴子內篇校釋》卷16，北京：中華書局，1980年，第286頁。

〔註45〕　均見錄於（明）張宇初、張宇清等編撰：《正統道藏》，北京：文物出版社、上海：上海書店、天津：天津古籍出版社，1988年。分別是：（唐）清虛子：《甲庚至寶集成》，（明）張宇初、張宇清等編撰：《正統道藏》第19冊，第247～275頁；（唐）金竹坡：《大丹鉛汞論》，（明）張宇初、張宇清等編撰：《正統道藏》第19冊，第288～291頁；（唐）張久該：《張真人金石靈砂論》，（明）張宇初、張宇清等編撰：《正統道藏》第19冊，第5～8頁；（唐）張先生：《太古土兌經》，（明）張宇初、張宇清等編撰：《正統道藏》第19冊，第387～395頁；（唐）金陵子：《龍虎還丹訣》，（明）張宇初、張宇清等編撰：《正統道藏》第19冊，第107～126頁。

〔註46〕　（隋）蘇元朗撰：《青霞子寶藏論》，參見（南宋）鄭樵撰：《通志》卷67《藝文五·右外丹》，北京：中華書局，1987年，第793頁。

〔註47〕　（唐）梅彪：《石藥爾雅》，（明）張宇初、張宇清等編撰：《正統道藏》第19冊，北京：文物出版社，上海：上海書店，北京：文物出版社，上海：上海書店、天津：天津古籍出版社，1988年，第62～66頁。

妙訣》〔註48〕。而火練的燒製方法在隋唐時期有所變化，除了用原來的鼎爐煉丹以外，在燒製過程中，往還要加入「丹訣」，其中又有文訣、口訣之別〔註49〕。通常示人的是能寫在紙墨上的文訣，而真正燒製的過程中又會用到解釋文訣的口訣，而口訣一般不示於人，只有少數人知道〔註50〕。雖然這種方式一定程度上起到了保密的作用，但也為後來的研究帶來了阻礙。後人雖得丹經，面對紛亂的丹名〔註51〕，但沒有對應的丹訣，往往會煉丹失敗。

對於還丹的服食，隋唐時期亦有變化。隋唐以前，火煉丹藥多為直接口服。如葛洪《抱朴子》載「第四之丹名曰還丹。服一刀圭，百日仙也。」〔註52〕而到隋唐之後，服食還丹往往會同時服用一些水法金液或者草藥，如《參同契五相類秘要》所言「夫大還丹用鉛為主，用水銀為君，硫磺為臣，雄黃為將……故君臣配合，主將拘伏，使佐宣通。」〔註53〕這種變化體現了隋唐時期外丹服食對同時期醫術相關理論的融合，也吸收了諸多服用外丹致死的經驗教訓。從結果上看，外丹火煉也沒有真正達到服食成仙的目的，反而在服食之後會有減少壽命甚至引發暴斃。這也導致，在唐朝的火法煉丹越發地精細：對丹砂源產地、品狀更明細的分辨；對礦石含汞理更精確的測定；金屬汞提煉法的改進；對丹爐火候更詳細的描述與分析〔註54〕。雖然沒有從根本

〔註48〕 （唐）陳少微：《大洞煉真寶經修伏靈石妙訣》，（明）張宇初、張宇清等編撰：《正統道藏》第 19 冊，第 13～27 頁。

〔註49〕 「夫訣有二也：一者文訣，可以文傳者，紙墨能傳；口訣者，非口不宜。」參見（唐）佚名：《黃帝九鼎神丹經訣》，參見（明）張宇初、張宇清等編撰：《正統道藏》第 19 冊，北京：文物出版社、上海：上海書店、天津：天津古籍出版社，1988 年，第 111 頁。

〔註50〕 如《庚道集》載：「此法（訣）口口相傳，不記文字……七百年內許傳三人，得此法可為國之師。」參見張繼禹主編：《中華道藏》第 18 冊，《庚道集》卷2，北京：華夏出版社，2014 年，第 480 頁。

〔註51〕 「由於道教各流派不一，加上為了保密，丹經中的藥名和配方多使用隱名暗語，寫得稀奇古怪，一種藥物，常有十數種甚至幾十種不同的別名……如『汞』下注明其隱名、別名竟有二十一種之多。」參見顧宏義，黃國榮著：《中國方術史話》，北京：中國國際廣播出版社，2010 年，第 95 頁。

〔註52〕 （晉）葛洪撰，王明校釋：《抱朴子內篇校釋》卷 4，北京：中華書局，1980年，第 75 頁。

〔註53〕 （宋）盧天驥：《參同契五相類秘要》，參見張繼禹主編：《中華道藏》第 18冊，北京：華夏出版社，2014 年，第 53 頁。

〔註54〕 徐儀明：《中國方術大全‧外丹》，呼和浩特：內蒙古教育出版社，1999 年，第 25 頁。

上解決丹毒的問題，但在服食之外，隋唐外丹術的發展變化，既催動了內丹術的興起、醫藥等方面的進一步細化，也從中出現了我國古代的火藥煉製方法、推動了古代化學的發展。

第三章　房中與隋唐導引

　　導引術是一種呼吸運動，肢體運動，意念活動想結合的神仙術。通過呼吸吐納、屈伸俯仰、活動關節等方式達到以先天之氣涵養全身的目的。導引之「導」，指的是「導氣」，其「引」指的是「引體」。在《莊子集釋》中，李楨認為「導氣令和，引體令柔」〔註1〕。導氣指的是與氣有關的吐故納新之法〔註2〕，通常是為了調和氣息；而引體則是一種類似模仿動物或者做出其他動作的形體之法，「若熊之攀樹」〔註3〕。隋唐時期的導引術並沒有專門的綜合性著作，多夾雜在醫經、道經、佛經之中，如隋代巢元方的《諸病源候論》中就有 200 餘種與導引有關的「養生導引法」論述；唐代孫思邈在其《千金要方》中也有多處導引行氣法，還記載了來自天竺的《天竺按摩婆羅門法》〔註4〕；還有如隋代智顗在《修習止觀坐禪法要》中闡釋的「止觀法」這樣的佛教導引術。但這些導引術除了有治病救人功能外，在隋唐時期還帶有延展性命的功能，具有預防疾病與延年益壽的功能，是帶有神仙術功能的。除此之外，隋唐時期還流行一門特殊的導引之法——房中術，其中既有外在引體的內容，也對內在導氣方面有所要求，是一種內外兼修的導引之法。

〔註1〕（清）郭慶藩撰，王孝魚點校：《莊子集解》，《莊子·刻意第十五》，北京：中華書局，1961 年，第 537 頁。

〔註2〕「吐故氣，納新氣也。」參見（清）郭慶藩撰，王孝魚點校：《莊子集解》，《莊子·刻意第十五》，北京：中華書局，1961 年，第 537 頁。

〔註3〕（清）郭慶藩撰，王孝魚點校：《莊子集解》，《莊子·刻意第十五》，北京：中華書局，1961 年，第 537 頁。

〔註4〕參見（唐）孫思邈撰，李景榮等校釋：《備急千金要方校釋》卷 27，北京：人民衛生出版社，2014 年，第 937 頁。

一、由外而內的引體之術

引體是通過外在運動或者擺出動作影響體內先天精氣的運轉，從而達到延長性命的導引之術。這種由外而內方法起源於原始的舞蹈，如《呂氏春秋》載：「昔陰康氏之始……民氣鬱閼而滯著，筋骨瑟縮不達，故作為舞以宣導之」。〔註5〕而之所以與普通舞蹈不同，就在於這種引體之術的目的並非是在舞蹈中專門用於祭祀或者表達情情感的動作，而是為了身體健康。在張文安的博士論文《周秦兩漢神仙信仰研究》中還考察到這種原始的舞蹈還帶驅寒、活動關節的目的。〔註6〕後來隨著巫舞分離，這種引體之術成了特殊的專門之術，往往和長生有關。在《莊子》中也有記載：「道引之士，養形之人，彭祖壽考者之所好。」〔註7〕兩漢時期慢慢形成了一套體系，如長沙馬王堆《導引圖》中的各種姿式示意圖，還有東漢末年華佗提倡的五禽戲。這些引體之術除了一定的治病功能外，更是強身健體，然後身輕力健。到了隋唐時期，亦有如孫思邈、慧琳等宗教人士對引體之術有相關的注疏。

（一）屈伸俯仰

人外在身體的屈伸俯仰是最常見也最直觀的引體之術。在隋唐時期，引體之術受「五禽戲」影響力比較大。柳宗元曾提到過「聞道偏為五禽戲，出門鷗鳥更相親」〔註8〕，練習五禽戲的人，其形態與具體的動物形似。不過近來有學者考證，唐代常習的「五禽戲」是源自華佗，但對比陶弘景《養性延命錄》中的五禽之戲，也並非完全是一種簡單模仿的引體修煉方法〔註9〕。同

〔註5〕（戰國）呂不韋編，陸玖譯注：《呂氏春秋》上冊，《仲夏紀第五・古樂》，北京：中華書局，2011年，第148頁。

〔註6〕「《帝王統錄》引《教訪記》載：『昔陰康氏，次葛天氏，元氣肇分，災診未弧，民多重腿之疾，思所以通利關節，是始制舞。』參見張文安：《周秦兩漢神仙信仰研究》，鄭州大學博士學位論文，2005年，第79頁。

〔註7〕（清）郭慶藩撰，王孝魚點校：《莊子集解》，《莊子・刻意第十五》，北京：中華書局，1961年，第535頁。

〔註8〕（清）彭定求等編校：《全唐詩》卷352，柳宗元《從崔中丞過盧少府郊居》，北京：中華書局，1960年，第3948頁。

〔註9〕「從柳宗元的表述語氣中可以判斷，他接觸到的五禽戲應該是接近薛道衡描述的那類風格，而不太會是陶弘景記載的那種，因為這個五禽戲顯然更突出對動物形和神的模仿和刻畫，以致他出門再看到鷗鳥就有同類之感。這種感覺，陶弘景的那種是不可能產生的。」參見楊新科：《〈養性延命錄〉之「五禽戲」本義考辨》，《宗教學研究》，2021年第3期，第6頁。

時，還有學者考證了一本有關五禽戲的著作《太上老子養生訣》很大可能是成書於唐朝〔註10〕，而此書中的五禽戲練法、內容與之前的五禽戲沒有太大的不同，僅在五禽順序上略有不同，把熊放在鹿之前。而伴隨著隋唐盛世，五禽戲除了是一種神仙方術以外，還誕生了另一種功能——武術的雛形。如「五禽舞功法圖說」中記載，五禽戲「一曰虎。訣曰：如虎形……低頭，捏拳……四曰猿。訣曰：如猿形，閉氣，如撚拳」〔註11〕在多處提到了，除了要形似以外，這種引體之術還要用上一定的力氣，這一定程度上是一種技擊之術了，實際上是推進了導引術與搏擊之術之間的結合。並且這種引體之術在隋唐時期的醫者、道士之間流傳很廣。如唐代名道司馬承禎曾提到：「是知五勞之損，動靜所為。五禽之導，搖動其關……氣之源流，升降有敘」〔註12〕認為五禽戲是一種重要的導引之術，如孫思邈在其《千金要方·養性序第一》中也提到：「調利筋骨有俯仰之方」〔註13〕，並倡導修習五禽戲；這樣的引體之術除了能延年益壽之外，還有一定的武術技擊的作用。

　　除此之外，隋唐開放的社會環境下，還有域外傳入中國的引體之術，其中典型的就是佛家引體之術。北魏時期，禪宗始祖達摩自南印度來中國傳教，帶來了印度的瑜伽之術，相傳有流傳《易筋洗髓經》留世。但通過今天看到的《易筋經》經考證，一說是明末天台紫凝道人所創《易筋經》，一說是清代周守儒得自少林空悟禪師的《達摩洗髓易筋經》〔註14〕。而前者內容和五禽戲的引體方式方法類似，有許多模仿自然界生物的功法，後者則有許多類似現代瑜伽的姿勢。僅從佛家傳承而言，周氏《易筋經》更接進佛家引體之法。對比隋唐時期的五禽戲，禪宗的《易筋經》也有許多單式站立的、不動或者微小的動作，但這些動作並非是模仿具體的動物，而是有些類似於「軟骨功」這種鍛鍊身體柔韌度的工夫。相傳達摩依靠這些引體動作在洞中面壁十

〔註10〕梁思貴、魏燕利：《五禽戲之文獻傳存與功法流變新考》，《宗教學研究》，2012年第 2 期，第 84～89 頁。

〔註11〕蕭天石主編：《道藏精華》第 2 集之 10，《內外功圖書輯要》，臺北：自由出版社，2008 年，第 183～194、183～194 頁。

〔註12〕（宋）張君房纂輯，蔣力生等校注：《雲笈七籤》，北京：華夏出版社，1996年，第 115～338 頁。

〔註13〕（唐）孫思邈撰，李景榮等校釋：《備急千金方校釋》卷27，北京：人民衛生出版社，2014 年，第 928 頁。

〔註14〕參見（清）周守儒撰，項揚惠、吳德華、張鑒若、曹江編：《達摩洗髓易筋經》，重慶：科學技術文獻出版社重慶分社，1990 年。

年，悟出了性命之真，活了 150 多歲。而隋唐時期正是禪宗南宗形成的重要時期，筋骨強健的武僧甚至直接參與軍事鬥爭，唐武德三年，就有少林武僧助秦王的故事〔註15〕。唐代僧人道宣所輯的《廣弘明集》中，還記載了前秦時期來華的印度僧人鳩摩羅什以打坐為主的「沙門法」〔註16〕。唐代還有密宗金剛界、胎藏界二部流傳，這其中又包含了「契印」之法，如唐代金剛智《金剛頂經瑜伽觀自在王如來修行法》中提到：「次結蓮華部三昧耶陀羅尼印。即以二羽蓮華合掌，禪智、檀慧相拄頭，六度，頭相去一寸，置於右耳上。」〔註17〕以特殊的引體方式進行禪思，這種方式集中在手指上，與之前的引體之法又略有不同。隋唐時期與世界文明的交流，給引體之術帶來了良好的歷史發展時機。

（二）按摩點打

引體之術除了屈伸俯仰之外，還有一類特殊的方法，就是按摩點打（又稱點穴或者打穴）。比起屈伸俯仰用具體的動作、姿勢來影響先天之氣的運轉，按摩點打則是結合了醫術當中的人體穴位來影響氣的運轉。按摩受佛家道家引體之術的影響較大：如《諸病源候論》中引用的《養生方導引法》中記載了摩腹、兩手相摩、摩面、摩身體、摩目、摩形、摩臍等按摩方法〔註18〕。如孫思邈在其《備急千金要方》中就提到過按摩源自於天竺國按摩法〔註19〕，而晉代《太清道林攝生論》中也記載有「自按摩法」。相關學者就按摩法的來源

〔註15〕「王世充叨竊非據，敢逆天常，窺覦法境，肆行悖業……法師等並能深悟機變，早識妙因，克建嘉猷，同歸福地。擒彼凶孽，廓茲淨土……今東都危急，旦夕殄除，並宜勉終茂功，以垂令範，各安舊業，永保休祐。」參見（清）董誥等編：《全唐文》卷10，李世民《告柏谷塢少林寺上座書》，北京：中華書局，1983 年，第 115 頁。

〔註16〕「沙門法者，應當靜處敷尼師壇，結跏趺坐，齊整衣服，正身端坐，偏袒右肩，左手著右手上，閉目以舌拄齶……」參見（前秦）鳩摩羅什譯：《禪秘要法經》卷上，（日）高楠順次郎、渡邊海旭等輯，小野玄妙等校：《大正新修大藏經》第 15 冊，東京：大正一切經刊行會，1960 年，第 243 頁。

〔註17〕（唐）金剛智譯：《金剛頂經瑜伽觀自在王如來修行法》，（日）高楠順次郎、渡邊海旭等輯，小野玄妙等校：《大正新修大藏經》第 19 冊，東京：大正一切經刊行會，1960 年，第 75 頁。

〔註18〕散見於（隋）巢元方撰，丁光迪主編：《諸病源候論校注》，北京：人民衛生出版社，2013 年。此外有學者對相關觀點進行了歸納，參見趙洪聯：《中國方技史（增訂本）》，上海：上海書店出版社，2017 年，第 680～681 頁。

〔註19〕「天竺國按摩，此是婆羅門法。」參見（唐）孫思邈撰，李景榮等校釋：《備急千金要方校釋》卷27，北京：人民衛生出版社，2014 年，第 937 頁。

是有爭論的〔註20〕，但對隋唐時期的按摩法來說，二者都有影響，也融合了二者的相關理論。無論是《備急千金方》還是《太清道林攝生論》中的按摩之術，在很多術語、方法上是相同的，只是在某些動作順序的排列上有較大差別。考察其具體內容，也可以看到，按摩法在隋唐時期都有二者的影子在。如其中的「指腕運動」，要求將兩手十指互相扭捉如洗衣狀，這明顯有印度瑜伽之術的影子，而「臂腕運動」中要求兩手十指交叉，一翻手，掌心朝前，一回手，手心朝胸，又形似道教的太極之說。而真正使按摩與先天性命聯繫起來的，是中國傳統的經絡系統，從而在按摩的基礎上，又發展出了點打之法。

點打之法並非是武俠小說或者影視劇中的隔空點穴之術，點打的過程大多數並不快，沒有立竿見影的效果。而且在點打過程中，往往要配合一些按摩之法或者針灸之法，點打的具體規律、時節、時辰等都有要求。如《千金要方》中的按摩十八勢，要求每幾日就要做上幾次，才能達到效果〔註21〕。還有類似今天踩背按摩法的「踏脊背」〔註22〕，實際上就是用足去刺激背俞穴，從而達到精氣運行的效果。

二、由內而生的導氣之術

導氣之術是在引體之術基礎之上發展而來的另一種導引之法，也稱行氣、運氣。引體之術人們能夠在現實世界中很好地找到各種形態或者姿式的原型，而導氣之術卻是建立在人體之內「氣」的理解之上。在導氣理論中，「氣」是性命之本，《莊子·知北遊》中就提到「人之生，氣之聚也。聚則為生，散則為死」〔註23〕；引體之術以及之前的辟穀之術等方法並不能直接作用於先天性命，需要「氣」作媒介。而「氣」如何被人體吸收，如何在人體內運轉，則需要用導氣之法。在隋代巢元方撰寫的《諸病源候論》中，把引用的

〔註20〕參見丁省偉、范銅鋼：《關於「天竺按摩法」中印標籤之爭的考察》，《四川體育科學》，2021 年第 3 期，第 92～97 頁。

〔註21〕「老人日別能依此三遍者，一月後百病除，行及奔馬，補益延年，能食，眼明、輕健，不復疲乏。」參見（唐）孫思邈撰，李景榮等校釋：《備急千金方校釋》卷 27，北京：人民衛生出版社，2014 年，第 938 頁。

〔註22〕「凡人無問有事無事，恒須日別一度遣人蹋脊背，及四肢頭項，若令熟蹋，即風氣時行不能著人。此大要妙，不可具論。」參見（唐）孫思邈撰，李景榮等校釋：《備急千金方校釋》卷 27，北京：人民衛生出版社，2014 年，第 937 頁。

〔註23〕參見（清）郭慶藩撰，王孝魚點校：《莊子集釋》，北京：中華書局，1961 年，第 733 頁。

與養生導引有關的書籍統稱為《養生方導引法》〔註24〕，其中有許多導氣、行氣、運氣的方法，是隋唐時期有關導氣行氣之術的重要參考文獻，實際上彙集了唐代以前的許多導引之術，而且引用的具體書籍無法準確定位，其中的相關理論都是散見於書中，還需要提煉辨別。另外，在一些宗教人士〔註25〕在注疏經典時，亦有一些導氣相關理論的論證。

（一）呼吸吐納

呼吸吐納是導氣行氣之術中最常見的一種。有學者認為「吐納之術，學於龜鶴」〔註26〕，這種認識與《史記·龜策列傳》中記載的以龜支床五六十年不亡的事件有關。最初的呼吸吐納是受到了此類事件的啟發，模仿龜鶴的呼吸方法，以此達到與龜鶴同壽的目的〔註27〕。到了隋唐時期，這種常見的呼吸吐納之法還有許多別稱，如唐代《墨子閉氣行氣法》提到「行氣名煉氣，一名長息」〔註28〕，這些名稱需要歸類到一起來，實際上都是呼吸吐納。在醫書《諸病源候論》中，除了醫術相關內容以外，其引用的《養生方》綜合了許多隋唐時期常用的呼吸吐納法，我們可以一探隋唐時期人們日常生中的呼吸吐納法的表現形態。

比如說行氣的方法，在以口納氣，以鼻出氣方面，會有「偃臥，令兩手布膝頭，取踵置尻下，以口內氣，腹脹自極，以鼻出氣，七息」〔註29〕的描述，《養生方導引法》云：「引氣五息、六息，出之，為一息。」〔註30〕還有以鼻納氣，以口出氣方面，有「閉口微息，正坐向王氣，張鼻取氣，逼置臍

〔註24〕「《諸病源候論》所引《養生方》，是養生類著作的統稱……《養生方導引法》也是涉及養生導引法著作的統稱。」參見趙洪聯：《中國方技史（增訂本）》，上海：上海書店出版社，2017年，第677～678頁。

〔註25〕如（唐）成玄英：「斯皆導引神氣以養形魂，延年之道，駐形之術。」參見（晉）郭象注，（唐）成玄英疏：《南華真經注疏》卷6，北京：中華書局，1998年，第314頁。

〔註26〕臧振：《蒙昧中的智慧：中國巫術》，北京：華夏出版社，1994年，第120頁。

〔註27〕「由此啟發求長生者模仿龜鶴的呼吸，相信可與龜鶴同壽。」參見臧振：《蒙昧中的智慧：中國巫術》，北京：華夏出版社，1994年，第120頁。

〔註28〕參見趙洪聯：《中國方技史（增訂本）》，上海：上海書店出版社，2017年，第678頁。

〔註29〕（隋）巢元方撰，丁光迪編注：《諸病源候論校注》卷4《虛勞陰療濕候》，北京：人民衛生出版社，2013年，第73頁。

〔註30〕（隋）巢元方撰，丁光迪編注：《諸病源候論校注》卷1《風身體手足不隨候》，北京：人民衛生出版社，2013年，第16頁。

下，小口微出氣，十二通。」〔註31〕的描述。行氣的方法不一，但原則相同，都是凝神淨慮、呼吸吐納。《養生方導引法》云：「徐徐以口吐氣，鼻引氣入喉。須微微緩作，不可卒急強作，待好調和。引氣、吐氣，勿令自聞出入之聲……一息數至十息，漸漸增益，得至百息、二百息，病即除愈。不用食生菜及魚肥肉。大飽食後，喜怒憂恚，悉不得輒行氣。惟須向曉清靜時行氣，大佳，能愈萬病。」〔註32〕行氣務須「微微緩作」，即要輕細舒緩，「勿令自聞出入之聲」，時間以破曉之時為佳。

還有有關氣在人體內的走向，《諸病源候論》中也描述有上、下以及上下四布三個方面。向上。《養生方導引法》云：「正坐倚壁，不息行氣，從口輒令氣至頭而止。」〔註33〕行氣從口至頭而止。向下。《養生方導引法》云：「以背正倚，展兩足及指，瞑心；從頭上引氣，想以達足之十趾及足掌心，可三七引，候掌心似受氣止。蓋謂上引泥丸，下達湧泉是也。」〔註34〕從頭上引氣，意想達足之十趾及足掌心。又云：「正倚壁，不息行氣，從頭至足止。」〔註35〕不息，原意不用呼吸，實指「閉口微息」靜止之意；故云行氣「從頭至足止」。又云：「每引氣，心心念送之，從腳趾頭使氣出。」〔註36〕行氣想像中使氣從腳趾頭出。又云：「互跪，調和心氣向下至足，意想氣索索然，流佈得所，始漸漸平身，舒手傍肋，如似手掌納氣出氣不止，面覺急悶，即起背至地，來去二七。」〔註37〕在行氣意想中使氣向下至足。上下四布。《養生方導引法》云：「思心氣上下四布，正赤，通天地，自身大且長。」〔註38〕思念

〔註31〕（隋）巢元方撰，丁光迪編注：《諸病源候論校注》卷19《積聚候》，北京：人民衛生出版社，2013年，第381頁。

〔註32〕（隋）巢元方撰，丁光迪編注：《諸病源候論校注》卷1《風身體手足不隨候》，北京：人民衛生出版社，2013年，第16頁。

〔註33〕（隋）巢元方撰，丁光迪編注：《諸病源候論校注》卷32《疽候》，北京：人民衛生出版社，2013年，第617頁。

〔註34〕（隋）巢元方撰，丁光迪編注：《諸病源候論校注》卷1《風偏枯候》，北京：人民衛生出版社，2013年，第11頁。

〔註35〕（隋）巢元方撰，丁光迪編注：《諸病源候論校注》卷1《風偏枯候》，北京：人民衛生出版社，2013年，第11頁。

〔註36〕（隋）巢元方撰，丁光迪編注：《諸病源候論校注》卷1《風身體手足不隨候》，北京：人民衛生出版社，2013年，第16頁。

〔註37〕（隋）巢元方撰，丁光迪編注：《諸病源候論校注》卷4《虛勞膝冷候》，北京：人民衛生出版社，2013年，第90頁。

〔註38〕（隋）巢元方撰，丁光迪編注：《諸病源候論校注》卷27《白髮候》，北京：人民衛生出版社，2013年，第508頁。

心氣上下四布。

在這個過程中，可以看出隋唐時期的導氣之法，最終落到了「心心念送之」〔註39〕上，以意念引導先天之氣的運行。這實際上已經帶有了唯心主義色彩了，但先天之氣這個概念，本就是中華傳統文化中形而上學的內容。古人不能認識先天之氣的具體情況，在當時的歷史條件下，以此來探索人體以求性命長久，不可避免地陷入到了一種邏輯的循環中去了，對現實世界性命的延長不能起到決定性的作用了。但如果把意念作為一種先天手段來看的話，這也未嘗沒有達到影響先天之氣的目的。所以，除了《諸病源候論》最終以意念為最終手段，如孫思邈的養生十三法〔註40〕這樣的外在導引之法，雖然中間有自然呼吸法、腹式呼吸法、提肛呼吸法、停閉呼吸法等呼吸吐納的方法，最終還是落到意念工夫〔註41〕上，也不足為怪了。

（二）閉氣胎息

與呼吸吐納不同，閉氣胎息的方法不直接呼吸空氣，而是要經過一些程序。在《抱朴子·內篇》中記載的閉氣法，需要吸空氣入鼻中，然後馬上屏住氣，初學者做不到不以鼻口，還得以鼻引氣，但要十分勻緩，儘量不讓耳中聽見氣息出入，最好能達到以鴻毛置鼻口上，呼吸而鴻毛不動。引氣之後，閉氣默數 1、2、3、4……至 120，再以口微吐。此後漸漸加多數字，據說可以至千數。達到這個數字，才算是閉氣成功了。〔註42〕在唐代，閉氣又被稱為胎息〔註43〕。人們認為人呼吸的正常空氣還達不到先天之氣的純度，應當模仿胎兒在腹中，不用口鼻呼吸，以求能像胎兒一樣直接吸收先天之氣的狀態，

〔註39〕（隋）巢元方撰，丁光迪編注：《諸病源候論校注》卷1《風身體手足不隨候》，北京：人民衛生出版社，2013 年，第 16 頁。

〔註40〕張寧：《孫思邈養生十三法的整理研究》，武漢體育學院碩士研究生論文，2021年，第 15～25 頁。

〔註41〕「練習孫思邈養生十三法時，習練者應適時調整意念活動，這是在練習過程中的關鍵環節。」參見張寧：《孫思邈養生十三法的整理研究》，武漢體育學院碩士研究生論文，2021 年，第 28～29 頁。

〔註42〕「初學行氣，鼻中引氣而閉之，陰以心數至一百二十，乃以口微吐之，及引之，皆不欲令己耳聞其氣出入之聲，常令入多出少，以鴻毛著鼻口之上，吐氣而鴻毛不動為候也。漸習轉增其心數，久久可以至千。至千則老者更少，日還一日矣。」參見（晉）葛洪撰，王明校釋：《抱朴子內篇校釋》卷8，北京：中華書局，1986 年，第 149 頁。

〔註43〕「閉氣，唐人亦名『胎息』。」參見趙洪聯：《中國方技史（增訂本）》，上海：上海書店出版社，2017 年，第 680 頁。

從而達到延展性命的目的，因此將這種方法稱作「胎息」。唐代李賢引《漢武內傳》注：「習閉氣而吞之，名曰胎息；習嗽舌下泉而咽之，名曰胎食。」〔註44〕據此認為通過閉氣達到不用呼吸的狀態就是胎息了。這說明胎息是一種特殊的閉氣之法，不光通過閉氣延長吐氣的時間，最終還要達到不吸口鼻得來的後天之氣，排除身體後天雜誌，而只與先天之氣進行交換的目的。

在《諸病源候論》載「向晨，去枕，正偃臥，伸臂脛，瞑目閉口不息，極脹腹、兩足；再息，頃間吸腹仰兩足，倍拳，欲自微息定，復為之。春三、夏五、秋七、冬九。蕩滌五臟，津潤六腑，所病皆愈。」〔註45〕描述了通過閉口不息，以先天之氣洗滌五臟六腑，從而使一身通泰的方法。在閉氣胎息的同時，還會搭配一些其他引導術，比如握固法，「伏，解髮東向，握固，不息一通，舉手左右導引，掩兩耳。令髮黑不白。伏者，雙膝著地，額直至地，解髮，破髻，舒頭，長敷在地。向東者，向長生之術。握固，兩手如嬰兒握，不令氣出。不息，不使息出，極悶已，三噓而長細引。」〔註46〕以「兩手如嬰兒握，不令氣出」的方式達到長生的目的。

三、內外兼修的房中之術

房中術是一種特殊的導引之法，既有一些具體的動作，也有體內的行氣要求，而且房中術的過程，往往是男女之間進行。但要注意，房中術並非是縱慾之術，其本來目的也是在修神仙之術以求飛昇或者長生。在馬王堆帛書中就有《合陰陽》、《十問》、《天下至道談》等篇目言及房中之術，《漢書·藝文志·方技略》也把房中術列為四大方技之一。魏晉時期產生的《素女經》，葛洪的《抱朴子內篇》、陶弘景的《御女損益篇》，都對房中術有相關闡述。到了隋唐時期，唐代的《洞玄子》《玉房秘訣》、孫思邈的《千金要方·房中補益》都與房中術有關。而這些有關房中術的著作中，有明顯的三類房中術；一種是源自原始生殖崇拜的天地自然之道，一種是兩性之前延長性命的互補之術，還有一種是損人利己的採補之法。

〔註44〕趙洪聯：《中國方技史（增訂本）》，上海：上海書店出版社，2017年，第680頁。

〔註45〕（隋）巢元方撰，丁光迪編注：《諸病源候論校注》卷19《積聚候》，北京：人民衛生出版社，2013年，第381頁。

〔註46〕（隋）巢元方撰，丁光迪編注：《諸病源候論校注》卷27《白髮候》，北京：人民衛生出版社，2013年，第508頁。

（一）天蓋地席的自然之道

房中術的「房中」二字，除了有房屋之中的意思外，在中國文化當中還有另一層意思。如果把天視為屋頂，而地視為床笫話，那麼這樣的房中術，實際上是一種自然之道。天地猶如一房，人在天地之中，猶如置身房中，一切都是那麼的近。修道，是透過事情表象看本質，感悟道之本、法之源。如道德經中的「人法地，地法天，天法道，道法自然」〔註47〕，以這樣的房中術角度去看的話，就變成了在天地之中，行自然之道，人可以以此改變人的體質，改變人身體的構造，改善身體的內部環境。

在明清貞節觀念嚴防死守之前，我國的性觀念並非保守。高羅佩在其《中國古代房內考》一書的序言中曾感歎：「驗以上述材料，使我確信，外界認為古代中國人性習俗墮落反常的流俗之見是完全錯誤的。」〔註48〕他還在《秘戲圖考》中認為對房中術的「虛情矯飾在唐代和唐以前實際上並不存在」〔註49〕，實際在中國歷史進程中，房中術這種現代人看了也要臉紅的話題，在古代中國卻光明正大。在先秦時期就已經把夫婦結合視為「周公之禮」，還有男女浴於河中的上巳節，曾皙還留下了「浴乎沂」的典故。兩漢史書中也有許多有關房中術的記載，如《漢書·藝文志·方技略》中記載的「房中八家」〔註50〕，漢代許多古墓中都有與房中術有關的書籍出土。魏晉時期的士家門閥之間，也不乏修行房中術之士。從現代性科學的觀點來看，房中術的大多數內容與兩性健康息息相關。它把性與性命修行結合在一起，形成了一套包含了體術、引氣的神仙方技。房中術的理論與道家、醫家思想極為密切。明清以來，房中術雖因種種原因被人們塗上一層神秘、禁忌的色彩，但在當時的歷史文化環境中，其內容仍延續了自隋唐以來的性命、導引、修行傳統。

所以，在明清以前，房中之術是很常見的導引之法，並未像明清之時那麼多防範。自漢代以來，房中術一直在宮廷中盛行。古人眼中的房中術還不

〔註47〕朱謙之撰：《老子校釋》，北京：中華書局，1984年，第103頁。
〔註48〕（荷蘭）高羅佩撰，李零、郭曉惠、李曉晨、張進京譯：《中國古代房內考》，作者序，北京：商務印書館，2007年，第2頁。
〔註49〕（荷蘭）高羅佩撰，楊權譯：《秘戲圖考》，英文自序，廣州：廣東人民出版社，2005年，第4頁。
〔註50〕（漢）班固撰，（唐）顏師古注：《漢書》卷30，北京：中華書局，1962年，第1780頁。

止我們現代的性科學這麼簡單。他們很大程度上將房中術視為修身養性的一種法門。東晉葛洪就極其強調房中術的重要性。他在《抱朴子》中表示：「聞房中之事，能盡其道者，可單行致神仙」〔註51〕，唐代孫思邈對此十分贊同，並在《千金要方》中認為「長生之要，其在房中，上士知之，可以延年除病，其次不以自伐。」〔註52〕班固認為房中術是「情性之極，至道之際」〔註53〕。馬王堆出土的房中術著作《天下至道談》更是直接闡明了古人對待房中術的態度。隋唐時期的中國人對待房中術，仍然延續了這種天地至道的傾向。唐代《洞玄子》中提到：「夫天生萬物，唯人最貴。人之所〔以〕上，莫過房欲。」〔註54〕孫思邈在其《千金方》中也表示：「男不可無女，女不可無男。」〔註55〕房中之術是一種關乎人之性命的神仙之術，可以溝通天地人，並非簡單的縱慾。《素問》中就有黃帝御女之後升仙的故事，甚至在佛教經典中也有行房中術可以升仙的理論，如唐代佛教經典《楞嚴經》載「堅固交遘而不休息，感應圓成，名精行仙」〔註56〕。因此，房中術完全可視為一種存性命之真的神仙術。

（二）兩性互補的先天之術

在實際的現實生活中，房中術雖然是先天就有的能力，但人在後天生活中並不一定擁有合格的房中術，往往會因為「不會」房中之術而導致兩性之間陰陽平衡被打破，因此還需要一些理論的指導。孫思邈在《千金要方·房中補益》就有「凡覺陽事輒盛，必謹而抑之，不可縱心竭意，以自賊也」〔註57〕

〔註51〕（晉）葛洪撰，王明校釋：《抱朴子內篇校釋》卷6，北京：中華書局，1986年，第128頁。

〔註52〕（唐）孫思邈著，李景榮等校釋：《備急千金要方校釋》卷27，北京：人民衛生出版社，2014年，第928頁。

〔註53〕（漢）班固撰，（唐）顏師古注：《漢書》卷30，北京：中華書局，1962年，第1779頁。

〔註54〕（荷蘭）高佩羅撰，楊權譯：《秘戲圖考》，廣州：廣東人民出版社2005年，第247頁。

〔註55〕（唐）孫思邈著，李景榮等校釋：《備急千金要方校釋》卷27，北京：人民衛生出版社，2014年，第954頁。

〔註56〕（唐）般剌密帝譯：《楞嚴經》卷8，（日）高楠順次郎、渡邊海旭等輯，小野玄妙等校：《大正新修大藏經》第19冊，東京：大正一切經刊行會，1960年，第145頁。

〔註57〕（唐）孫思邈著，李景榮等校釋：《備急千金要方校釋》卷27，北京：人民衛生出版社，2014年，第953頁。

的論述，對縱慾持批判的態度。其中包括男女性保健的內容，以免因為不恰當的性行為誘發疾病，「且婦人月事未絕而與交合，令人成病，得白駁也。」〔註58〕。

在隋唐時期房中術中，男女是對等的施術對象，要求男女雙方在房中術的過程都要感到愉悅。《玉房秘訣》認為：「女既歡喜，男則不衰。」〔註59〕《玄女經》曰：「情意相合，俱有悅心。」〔註60〕並且要有前戲，《千金方》曰：「必須先徐徐嬉戲，使神和意感良久」〔註61〕，才能交合。房中術並非任何時候都適用：「孤房獨處，心想欲事，大惡起邪。」〔註62〕應當注意時節，「飽食勿入房；日初入後勿入房。」「四月、十月，不得入房（陰陽純凡用事之月）。」「養陽收陰，繼世長生；養陰收陽則滅門（此其行欲之事）。」〔註63〕相關的禁忌也要注意，《千金要方》載：「醉不可以接房。醉飽交接，小者面皯，咳嗽，大者傷絕髒脈損命」〔註64〕，「又不可忍小便交合，使人淋莖中痛，面失血色……且婦人月事未絕而與交合，令人成病」〔註65〕。如果沒有顧及這些禁忌，後還非常嚴重。《房中補益第八》載：「及遠行疲乏來入房，五勞虛損，少子。」〔註66〕在服食、醫術方面還有相關的配合「水銀不可近陰，令玉莖銷縮。」「鹿諸二脂亦不得近陰，令人陰痿不起。」「凡養性之道，在於勿泄，則可以長生，此要道也。但能不泄，經五十日，腰腳輕便，眼目精爽，百

〔註58〕（唐）孫思邈著，李景榮等校釋：《備急千金要方校釋》卷27，北京：人民衛生出版社，2014年，第956頁。

〔註59〕（日）丹波康賴撰，高文柱校注：《醫心方》卷28，北京：華夏出版社，2011年，第582頁。

〔註60〕（日）丹波康賴撰，高文柱校注：《醫心方》卷28，北京：華夏出版社，2011年，第583頁。

〔註61〕（唐）孫思邈著，李景榮等校釋：《備急千金要方校釋》卷27，北京：人民衛生出版社，2014年，第952頁。

〔註62〕（唐）孫思邈著，李景榮等校釋：《備急千金要方校釋》卷27，北京：人民衛生出版社，2014年，第931頁。

〔註63〕參見趙洪聯：《中國方技史（增訂本）》，上海：上海書店出版社，2017年，第674頁。

〔註64〕（唐）孫思邈著，李景榮等校釋：《備急千金要方校釋》卷27，北京：人民衛生出版社，2014年，第934頁。

〔註65〕（唐）孫思邈著，李景榮等校釋：《備急千金要方校釋》卷27，北京：人民衛生出版社，2014年，第956頁。

〔註66〕（唐）孫思邈著，李景榮等校釋：《備急千金要方校釋》卷27，北京：人民衛生出版社，2014年，第956頁。

戰不息。」〔註67〕這些觀點在隋唐時期都已經有所流傳。因此，房中術的節制也是許多古代醫、僧、道們談論的話題。班固在《漢書・藝文志・方技略》中就認為：「樂而有節，則和平壽考。及迷者弗顧，以生疾而隕性命。」〔註68〕不同的態度會影響房中術的效果。唐代孫思邈更是在其《千金方》中根據人的年齡大小，提出了具體的節制要求。〔註69〕

　　此外，隋唐時期的房中術還有許多技巧性的引體之法，也就是不同的交合姿勢。如經常引用的《素女經》中有「九法」：龍翻、虎步、猿搏、蟬附、龜騰、鳳翔、兔吮毫、魚接鱗、鶴交頸〔註70〕。如唐代《洞玄子》中的「卅法」〔註71〕、「九狀六勢」〔註72〕在當時都有廣泛的傳播。甚至在佛經中也有相關記載，如唐代佛教中的房中術，《楞嚴經》載「十交」：「一者，淫習交接，發於相磨研磨不休，如是故有大猛火光於中發動；如人以手自相摩觸，暖相現前，二習相然，故有鐵床、銅柱諸事。是故十方一切如來，色目行淫，同名慾火；菩薩見欲，如避火坑。二者，貪習交計，色目多求；三者，慢習交陵，色目我慢；四者，瞋習交衝，色目瞋恚；五者，詐習交誘，色目姦偽；六者，誑習交欺，色目欺誑；七者，怨習交嫌，色目怨家；八者，見習交明，色目惡見；九者，枉習交加，色目怨謗；十者，訟習交道，色目覆藏。」〔註73〕也於性命之處研究生命的本質。

　　不過房中術中有些觀念，我們也要謹慎對待。比如御女多多益善的觀念，是源自古代一夫多妻制，在早期房中經典《玉房秘訣》中就認為「數數易女

〔註67〕參見趙洪聯：《中國方技史（增訂本）》，上海：上海書店出版社，2017年，第674頁。

〔註68〕（漢）班固撰，（唐）顏師古注：《漢書》卷30，北京：中華書局，1962年，第1780頁。

〔註69〕「人年二十，四日一泄；三十者，八日一泄。」參見（唐）孫思邈著，李景榮等校釋：《備急千金要方校釋》卷27，北京：人民衛生出版社，2014年，第953頁。

〔註70〕參見馮國超：《中國古代性學報告（增補版）》，北京：華夏出版社，2014年，第171～172頁。

〔註71〕參見馮國超：《中國古代性學報告（增補版）》，北京：華夏出版社，2014年，第174～175頁。

〔註72〕參見馮國超：《中國古代性學報告（增補版）》，北京：華夏出版社，2014年，第184頁。

〔註73〕參見趙洪聯：《中國方技史（增訂本）》，上海：上海書店出版社，2017年，第729頁。

則益多，一夕易十人以上尤佳。常御一女，女精氣轉弱，不能大益人，亦使女瘦瘠也。」〔註74〕男子只與一個女子交合，女子陰氣不足，會有害於女子。但我們站在現代醫學的角度去看時，過多地與不同的人交合，會產生許多疾病，顯然這種觀點在現代社會是要謹慎對待的。另外，隋唐時期還流行「交而不泄」的房中觀念，認為「法之要者，在於多御少女而莫瀉精，使人身輕，百病消除也」〔註75〕，即壓抑泄精。在現代醫學中，在精滿時壓抑泄精次數過多，會產生前列腺疾病〔註76〕。這種觀念顯然在現代社會不太合時宜，需要研究好相關的導引之術或者其他輔助之術。

而無論是佛道，還是方士，研究房中術最主要的目的與作用，仍然還是在探究先天性命和修行升仙上，儘管其中有些糟粕需要辨析出來，但對於今日中國人的性健康、性教育來說，房中術作為兩性互補的先天之術時，仍有其積極意義。

（三）諮情縱慾的採補之法

除了以上以存養性命為目的的房中之術以外，還有一類房中術，屬於諮情縱慾的做法。這類房中術往往以採陰補陽或者採陽補陰的形式出現，男女雙方在性交時通過某種手段吸取對方的精氣以補益自身。這很明是一種損人利己的行為，故不同於其他房中術，這類採補之法一直為中國主流社會所批判。恰恰也是因為這類採補之法被歸於房中之術，以致人們在批判採補之法時，連帶房中術也一起批判，所以在宋明理學興起之後，原有的導引房中術隨著採補之法一起被貶斥為下流濫俗之術了。因此，雖然採補之法作為有損先天之法，本不應歸於神仙術類，但還是要著重介紹，作為對比或者警示，從側面助人理解真正的房中術。

首先是採陰補陽之術。隋唐時期除了外丹興盛之外，內丹術也逐漸成型。內丹術與外丹術有一個巨大的區別就在於，外丹用的是火爐，而內丹把人本身作為鼎爐。但在內丹術中，這個鼎爐一般指自己。在採陰補陽的理論中，這個鼎爐往往是指女子。與內丹術修煉自身以求性命雙修不同，採陰補

〔註74〕參見（荷蘭）高佩羅撰，楊權譯：《秘戲圖考》，廣州：廣東人民出版社，2005年，第36頁。

〔註75〕（日）丹波康賴撰，高文柱校注：《醫心方》卷28《至理第一》，北京：華夏出版社，2011年，第579頁。

〔註76〕參見馮國超：《中國古代性學報告（增補版）》，北京：華夏出版社，2014年，第614頁。

陽之術完全就是通過犧牲作為鼎爐女子的先天性命來滿足自身需求的陰損之法。在這個理論中，第一步要做的就是擇鼎。在《玉房秘訣》中對此有相關描述：「彭祖曰：夫男子欲得大益者，得不知道之女為善。又當御童女，顏色亦當如童女。女苦不少年耳。若得十四五以上，十八九以下，還甚益佳也。然高不過三十，雖未三十而已產者，為之不能益也。吾先師相傳此道者，得三千歲。兼藥者可得仙。」〔註77〕十五至三十的未生產女子是好的房中術對象。而到了採陰補陽之術中，她們就成了美鼎，成為了一種工具，因年齡、長相、肥瘦等被挑選作鼎爐，甚至還提出了「四美」〔註78〕的概念。第二步就是用一些方法，如上泥丸、下丹田、散氣全身等工夫，將女子的「紅雪」吸為己有〔註79〕。用現代的觀點來看，所謂能孕育人體的「紅雪」，其實是卵子，而女性一生分泌的卵子是有限的，取卵子會傷及女性身體根本。從古代觀點看，「紅雪」被奪，作為鼎爐的女子輕則傷身，重則喪命。無論古代還是現代，這種採陰補陽之術，都是極為陰損自私的。因此，隋唐以後的歷代學者，都對這種採補之法持反對態度，社會也對使用這種方技的人十分排斥，當然，房中術也隨之而被排斥。宋代曾慥在其《道樞·容成篇》中就認為這是杜撰的邪術，因為古代並沒有這種房中術。元代李道純也在其《中和集·傍門九品·下三品》中認為採陰補陽之術為「大亂之道也，乃下三品之下，邪道也」。甚至連荷蘭漢學家高羅佩，都對採陰補陽之術極為厭惡，是「令人發嘔和殘忍的實驗」。〔註80〕因此，在當代社會中，採陰補陽之術無疑屬於中華傳統文化中的糟粕，應當予以拋棄。

還有採陽補陰之術。作為典型的父權社會，古代中國有關於女子房中術的內容並不多，在隋唐時期常引用的典籍中，只有《玉房秘訣》中以王母為例進行了有關於女子房中術的論述：「沖和子曰：非徒陽可也，陰亦宜然。西

〔註77〕（日）丹波康賴撰，高文柱校注：《醫心方》卷28《養陽第二》，北京：華夏出版社，2011年，第581頁。

〔註78〕參見馮國超：《中國古代性學報告（增補版）》，北京：華夏出版社，2014年，第629頁。

〔註79〕「在宋代曾造的《道樞》中，則介紹了崔希范所寫的《入藥鏡》中關於採陰補陽的方法……在女子子宮中，有一種稱為「紅雪」的物質，男子若能用陰莖把此種物質吸入體內，歸於丹田，便能結丹。」參見馮國超：《中國古代性學報告（增補版）》，北京：華夏出版社，2014年，第631頁。

〔註80〕（荷蘭）高羅佩：《秘戲圖考》，廣州：廣東人民出版社，2005年，第17～18頁。

王母是養陰得道之者也，一與男交，而男立損病，女顏色光澤，不著脂粉，常食乳酪而彈五弦，所以和心繫意，使無他欲。」〔註81〕女子可能通過一些方法採陽補陰，如西王母就以此保持自己青春永駐、長生不老。而採陽補陰的方法，則是女子在交合過程中要穩定心神，使男子精液先泄。在漢代劉向所著的《列仙傳·女丸》中就有記載，一位名為女丸的女子賣酒遇仙，從仙書中偷學房中採補之術，「如此三十年，顏色更如二十」，從而青春常駐的故事。〔註82〕作為採補之術的一種，採陰補陽的效果與採陽補陰是相反的，女子可以以此青春永駐，而男性會因會過多泄精而早衰。其出發點也是損人利己，把男女之間先天賦予的「周公之禮」變成了你我相殺的戰場。早在《漢書·藝文志·方技略》就有對迷戀房中之事的批判〔註83〕。由此觀之，採陽補陰之術亦是一種害人的邪術，不當列為神仙術中。

〔註81〕（日）丹波康賴撰，高文柱校注：《醫心方》卷28《養陰第三》，北京：華夏出版社，2011年，第581頁。

〔註82〕「女丸者，陳市上沽酒婦人也。作酒常美。遇仙人過其家飲酒，以素書五卷為質。丸開視其書，乃養性交接之術。丸私寫其文要，更設房屋，納諸年少，飲美酒，與止宿，行文書之法。如此三十年，顏色更如二十。」參見（漢）劉向撰：《列仙傳》卷下，《女丸》，北京：中華書局，1990年，第22頁。

〔註83〕「房中者，（情性）之極至道之極，是以聖王制內外以禁內情，而為之節文……樂而有節，則和平壽考，及迷者弗顧，以生疾而隕性命。」參見（漢）班固撰，（唐）顏師古注：《漢書》卷30，北京：中華書局，1962年，第1779頁。